普通高等院校国际化与创新型人才培养·现代经济学专业课程“十三五”规划系列教材

# 编委会

普通高等院校国际化与创新型人才培养
现代经济学专业课程“十三五”规划系列教材

· 华中科技大学2019年度教材建设项目成果

# 国际贸易实务

## （第三版）

International Trade Practice

李昭华　潘小春◎编著

華中科技大學出版社
http://www.hustp.com
中国 · 武汉

## 内 容 提 要

本书是关于进出口业务操作的教程。本书围绕进出口合同条款展开，阐述从进出口企业的角度如何实现钱货对流，标的物、运输、保险、价格条件、支付等条款体现货的流动。在支付条款中，支付工具体现钱的流动，支付方式则体现钱货对流步骤。上述五类条款属于进出口合同的必用条款，而检验、索赔、不可抗力及仲裁等四项条款则属于进出口合同的备用条款。通过学习本教程，读者可以初步掌握有关国际货物买卖的基本理论、基本知识和基本技能。

**图书在版编目(CIP)数据**

国际贸易实务：第三版/李昭华，潘小春编著. —武汉：华中科技大学出版社，2019.12
普通高等院校国际化与创新型人才培养・现代经济学专业课程“十三五”规划系列教材
ISBN 978-7-5680-5890-2

Ⅰ.①国… Ⅱ.①李… ②潘… Ⅲ.①国际贸易-贸易实务-高等学校-教材 Ⅳ.①F740.4

中国版本图书馆 CIP 数据核字(2019)第 292964 号

**国际贸易实务(第三版)** 李昭华 潘小春 编著
Guoji Maoyi Shiwu(Disan ban)

策划编辑：周晓方 陈培斌
责任编辑：刘 烨
封面设计：原色设计
责任校对：张会军
责任监印：周治超
出版发行：华中科技大学出版社(中国・武汉) 电话：(027)81321913
武汉市东湖新技术开发区华工科技园 邮编：430223
录 排：华中科技大学惠友文印中心
印 刷：武汉市籍缘印刷厂
开 本：787mm×1092mm 1/16
印 张：18 插页：2
字 数：413 千字
版 次：2019 年 12 月第 1 版第 1 次印刷
定 价：58.00 元

# 总序

Introduction

习近平总书记在全国高校思想政治工作会议上指出，要坚持把立德树人作为中心环节，把思想政治工作贯穿教育教学全过程，实现全程育人、全方位育人。根据这一要求，对于致力于世界一流大学和一流学科建设的中国高校来说，其根本任务就是贯彻落实立德树人宗旨，全面促进一流人才培养工作。

为了体现这一宗旨，华中科技大学经济学院制定了教学与人才培养“十三五”规划。基本思路是：贯彻坚守“一流教学，一流人才”的理念，抓好人才分类培养工作，更加重视国际化与创新型拔尖人才的培养。在教学方面，立足中国实际和发展需要，参照国际一流大学经济系本科和研究生课程设置，制定先进的课程体系和培养方案，为优秀的学生提供优质的专业教育和丰富的素质教育，培养具有创新能力的领军人才。为此，我们必须推进教学的国际化、数字化、数量化、应用化，改进教学方式，大力推进研讨式、启发型教学，加强实践性环节，着力培养创新型、领导型人才；进一步推进教学内容与方式的改革，规划建设一流的现代经济学专业系列教材，构建起我们自己的中国化的高水平的教材体系（即这些教材应当具有国际前沿的理论、中国的问题和中国的素材）。与此同时，注重规范教学，提高教学质量，建设并继续增加国家级精品课程及教学团队，组织教学与课程系统改革并探索创新人才培养的新模式。此外，还要加强实践环节，广泛建立学生实习实训基地。以此培养出一批具备扎实的马克思主义理论功底、掌握现代经济学分析工具、熟悉国际国内经济实践、能够理论联系实际的高素质人才，以适应国家和社会的需要。总之，这一规划确立的主题和中心工作就是：瞄准“双一流”目标，聚焦人才培养，积极行动，着力探索国际化与创新型人才培养新方案、新模式与新途径。我们也意识到，高质量的课程是科研与教学的交汇点，没有一流的课程，“双一流”就不可能实现。因此，抓教学改革、抓教材建设，就是实施这种探索的重要体现。

那么，如何做好现代经济学专业课程系列教材编写呢？习近平总书记提出，应按照“立足中国、借鉴国外，挖掘历史、把握当代，关怀人类、面向未来”的思路，着力建设中国特色社会主义政治经济学。根据习近平总书记系列讲话精神，一是要在经济学科体系建设上，着力在继承性、民族性、原创性、时代性、系统性、专业性上下功夫。要面向未来，从教材体系建设入手，从战略层面重视教材建设，总结提炼中国经验、讲好中国故事，教育引导青年学子在为祖国、为人民立德、立言中成就自我、实现价值。要着眼未来学科建设目标，凝练学科方向，聚焦重大问题，在指导思想、学科体系、学术体系、话语体系等方面充分体现中国特色、中国风格、中国气派。二是要研究中国问题。张培刚先生开创的发展经济学植根于中国建设与发展的伟大实践，是华中科技大学经济学科的优势所在。经济学科要继承好、发扬好这个优良传统，要以我国改革发展的伟大实践为观照，从中挖掘新材料、发现新问题、提出新观点、构建新理论，瞄准国家和地方的重大战略需求，做好经济学科“中国化、时代化、大众化”这篇大文章。

编写本系列教材的思路主要体现在如下几个方面。第一，体现“教书育人”的根本使命，坚持贯彻“一流教学，一流人才”的理念，落实英才培育工程。第二，通过教材建设，集中反映经济学科前沿进展，汇聚创新的教学材料和方法，建立先进的课程体系和培养方案，培养具有创新能力的领军人才。第三，通过教材建设，推进教学内容与方式的改革，构建具备中国特色的高水平的教材体系，体现国际前沿的理论、包含中国现实的问题和具备中国特色的研究元素。第四，通过教材建设，加强师资队伍建设，向教学一线集中一流师资，起到示范和带动作用，培育课程团队。

本系列教材编写的原则主要有如下三个。第一，出精品原则。确立以“质量为主”的理念，坚持科学性与思想性相结合，致力于培育国家级和省级精品教材，出版高质量、具有特色的系列教材。坚持贯彻科学的价值观和发展理念，以正确的观点、方法揭示事物的本质规律，建立科学的知识体系。第二，重创新原则。吸收国内外最新理论研究与实践成果，特别是我国经济学领域的理论研究与实践的经验教训，力求在内容和方法上多有突破，形成特色。第三，实用性原则。教材编写坚持理论联系实际，注重联系学生的生活经验及已有的知识、能力、志趣、品德的实际，联系理论知识在实际工作和社会生活中的实际，联系本学科最新学术成果的实际，通过理论知识的学习和专题研究，培养学生独立分析问题和解决问题的能力。编写的教材既要具有较高学术价值，又要具有推广和广泛应用的空间，能为更多高校采用。

本系列教材编写的规范要求如下。第一，政治规范。必须符合党和国家的大政方针，务必与国家现行政策保持一致，不能有政治错误，不涉及有关宗教、民族和国际性敏感问题的表述。第二，学术规范。教材并非学术专著，对于学术界有争议的学术观点慎重对待，应以目前通行说法为主。注意避免在知识产权方面存在纠纷。第三，表述规范。教材编写坚持通俗易懂、亲近读者的文风，尽量避免过于抽象的理论阐述，使用鲜活的案例和表达方式。

本系列教材的定位与特色如下。第一，促进国际化与本土化融合。将国际上先进的经济学理论和教学体系与国内有特色的经济实践充分结合，在中国具体国情和社会现实的基础上，体现本土化特色。第二，加强中国元素与案例分析。通过对大量典型的、成熟的案例的分析、研讨、模拟训练，帮助学生拓展眼界、积累经验，培养学生独立分析问题、解决问题、动手操作等能力。第三，内容上力求突破与创新。结合学科最新进展，针对已出版教材的不足之处，结合当前学生在学习和实践中存在的困难、急需解决的问题，积极寻求内容上的突破与创新。第四，注重教学上的衔接与配套。与经济学院引进版核心课程教材内容配套，成为学生学习经济学类核心课程必备的教学参考书。

根据总体部署，我们计划，在"十三五"期间，本系列教材按照四大板块进行规划和构架。第一板块:经济学基本原理与方法。包括政治经济学、经济思想史、经济学原理、微观经济学、宏观经济学、计量经济学、国际经济学、发展经济学、中国经济改革与发展、现代管理学等。第二板块:经济学重要分支领域。包括国际贸易、国际金融、产业经济学、劳动经济学、财政学、区域经济学、资源环境经济学等。第三板块:交叉应用与新兴领域。包括幸福经济学、结构金融学、金融工程、市场营销、电子商务、国际商务等。第四板块:创新实践与案例教学。包括各类经济实践和案例应用，如开发性金融、货币银行学案例、公司金融案例、MATLAB与量化投资、国际贸易实务等。当然，在实际执行中，可能会根据情况变化适当进行调整。

本系列教材建设是一项巨大的系统工程，不少工作是尝试性的，无论是编写系列教材的总体构架和框架设计，还是具体课程的挑选，以及内容取舍和体例安排，它们是否恰当，仍有待广大读者来评判和检验。期待大家提出宝贵的意见和建议。

**华中科技大学经济学院院长，教授、博士生导师**

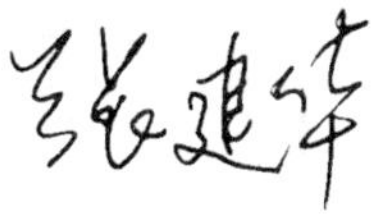

**2017年7月**

# 前言

Preface

本书内容，尤其是 Q&A（提问与解答）模块，是笔者 2008 年至 2017 年期间实行课堂抢答、抢问、纠错得分的教学改革成果。第三版对第二版的主要修订如下：

（1）在导论中修改对课程学习的逻辑线索的表述，第二版用国际货物买卖合同条款作为课程学习的逻辑线索，第三版改用国际贸易企业如何实现钱与货的对流作为课程学习的逻辑线索，将第一章至第四章归纳为阐述货的流向，第五章第一节归纳为阐述钱的流向，第五章第二节归纳为阐述钱与货对流的程序。

（2）第一章第二节，第二版顺序阐述卖方样品、买方样品及对等样品，第三版在买方样品之后增加"Q&A 1-2 卖方样品与买方样品孰优孰劣"，阐述买方样品使卖方面临风险，由此引出对等样品。

（3）第一章第三节，对公量的讨论增加以下内容：增加例 1-6 以说明公量的计算；增加"Q&A 1-3 出口国与进口国的公定回潮率"以证明，虽然贸易两国会有不同的公定回潮率，货物买卖合同只能采用其中一个国家的公定回潮率；增加"Q&A 1-4 干净重与公量"以说明，干净重实际是公量的一个特例。

（4）第二章第一节，对装卸时间的讨论增加以下内容：构造累计 24 小时好天气工作日及连续 24 小时好天气工作日的计算公式，系同类教材阐述装卸时间之首创，根据计算公式修改了例 2-2 的计算；增加了对装卸时间的说明。

（5）第二章第四节，修改对整箱货和拼箱货的定义。第二版对整箱货的定义为：整箱货（Full Container Load，FCL）是指满足四个"同一"的货物：由同一个托运人托运，装载于同一个集装箱，运往同一个目的港，由同一个收货人收取的货物。现改为：整箱货（Full Container Load，FCL）是指由一个托运人独自使用集装箱、支付包箱运价的货物。

第二版对拼箱货的定义为：拼箱货（Less than Container Load，LCL）是指在同一个集装箱所装的货物中，要么不止一个托运人，要么不止一个目的港，要么不止一个收货人。现改为：拼箱货（Less than Container Load，LCL）是指由两个或更多托运人共同使用集装箱、按货量支付运价的货物。

(6) 第二章第五节,对提单的讨论增加以下内容:增加“Q&A 2-1 提单的意义”,揭示提单将货物占有与物权相分离,使不能携带的货物交易以及买卖双方不能面对面的交易可以进行。增加“Q&A 2-2 提单的日期”,进一步厘清提单签发日期和已装船戳记日期以及它们和装船日期之间的关系。增加“Q&A 2-4 提单的收货人 vs. 买方”,阐述为什么提单的收货人通常不填写为买方,而买方通常却能收到货。

(7) 第四章第一节,增加 INCOTERMS 的版本演变,将 INCOTERMS 1936 版到现在划分为 INCOTERMS 的发展期(1936—1989 年)、定型期(1990—2009 年)及创新期(2010 至今),使读者了解 INCOTERMS 的版本演变的总体情况。

(8) 第四章第二节,对 FOB 的讨论增加以下内容:增加“Q&A 4-3 链式销售的风险转移界限”以明确链式销售的第二次及以后交易的风险转移界限;增加“Q&A 4-4 船舷为界 vs. 装上船只为界”以揭示 INCOTERMS2010 为什么要把 FOB 的风险转移界限从船舷为界改为装上船只为界;增加“Q&A 4-5 FOB 不适用于集装箱和滚装滚卸”以揭示 FOB 为什么不适用于货物在上船之前已经交付给承运人的情况,例如,集装箱和滚装滚卸。

修改对实际交货和象征性交货的表述。第二版对实际交货的表述为实际交货是指卖方将货物交付给买方或买方的代理人;现改为实际交货是指交货与收货同时发生的交货。第二版对象征性交货的表述为象征性交货是指将货物交付给自己的代理人;现改为象征性交货是指交货发生时收货并未发生的交货。

对 FCA 的讨论增加“Q&A 4-11 FCA 的交货地选择对卖方装卸货义务的影响”以明确 FCA 有哪些交货地以及选择不同交货地对卖方装卸货义务有何影响。

增加“Q&A 4-12 INCOTERMS 定义术语的个数”以探讨 INCOTERMS 可否采用一两种基准术语,实际使用中再按照需要对基准术语进行更改。

(9) 第五章第一节,对汇票的讨论增加以下内容:增加“Q&A 5-1 汇票的意义”,以揭示汇票的最重要的意义在于将金银的占有与金银索偿权相分离,使任何金额的资金的空间转移及不同国家的货币兑换都容易完成。在“Q&A 5-2 汇票的演变”中增加支票电子化就成为借记卡,银行本票电子化就成为贷记卡。

对本票的讨论增加“Q&A 5-3 国际小额本票 vs. 支票”,从出票人信用等级及兑付时间长短两个方面对比国际小额本票与支票。

(10) 第五章第二节,对支付方式的讨论增加以下内容:增加“Q&A 5-5 汇款方式的缺陷”、“Q&A 5-9 托收方式中钱货制约的有效性”,分别揭示汇款被托收取代、托收被信用证取代的根本原因，使这三种支付方式的演进规律更加明确。

(11) 更新第一章至第四章习题。

本书第三版的撰写分工如下：李昭华负责设计并撰写上述修订内容，潘小春修订附录2并对全书行文加以修订。最后由李昭华统稿和定稿。

感谢华中科技大学经济学院历届国内学生和国际学生在中文授课课堂和英文授课课堂以及毕业之后源源不断、富有想象力的提问。解答学生的提问，不仅成为我课堂讲授内容的补充，也是本书修订内容的不可或缺的源泉。

感谢经济学院张建华院长、江洪洋书记、欧阳红兵副院长、宋德勇副院长、崔金涛副书记支持本书参加“现代经济学专业课程‘十三五’规划系列教材”的出版。

华中科技大学出版社人文社科分社周晓方社长、刘烨编辑对本书第三版选题申报及审稿给予大力帮助，特此表示感谢。

由于作者学识所限，本书缺点和谬误在所难免，敬请读者不吝赐教、批评指正。

**作者**

**2019 年 3 月 28 日**

# 第二版前言

INCOTERMS (《国际贸易价格术语解释通则》)是国际贸易实务的一项重要国际惯例,它所定义的价格术语主要界定货物由卖方交付给买方过程中双方的工作、费用和风险界限。自 1980 年以来,国际商会每 10 年修订一次 INCOTERMS,以解决现有版本的 INCOTERMS 在过往 10 年的国际贸易实务中所遇到的各种问题,使 INCOTERMS 修订版本适应国际贸易实务的最新发展。INCOTERMS 最新版本 INCOTERMS 2010 于 2011 年 1 月 1 日起在全球范围内生效。与 INCOTERMS 2000 及 INCOTERMS 其他以往版本相比,INCOTERMS 2010 有如下重大变化:

(1) INCOTERMS 2010 首次用副标题声明,INCOTERMS 不仅适用于国际贸易,而且适用于国内贸易。

(2) INCOTERMS 2000 涵盖的范围只限于销售合同当事人的权利义务中与已售货物交货有关的事项,货物指"有形的"货物,不包括"无形的"货物,如电脑软件等。而 INCOTERMS 2010 不再局限于"有形的"货物,不再排除"无形的"货物。INCOTERMS 2010 不仅适用于传统的单次买卖,而且适用于货物在运送至销售链终端的过程中被多次转卖的链式销售(String Sales)。

(3) INCOTERMS 1990 及 INCOTERMS 2000 按术语第一个字母将术语分为四组,INCOTERMS 2010 改用按术语适用的运输方式将术语分为两组,凸显了价格术语为适应运输方式的发展而演变的轨迹。

(4) 首次在 FOB, CFR, CIF 这三个经典术语的定义中取消过去长期沿用的"船舷"的概念,不再设定"船舷"的界限,强调卖方承担货物装上船只之前的一切风险,买方承担货物自装运港装上船只之后的一切风险。

(5) INCOTERMS 2010 首次提出安全通关的要求,在各个术语的 A2/B2 和 A10/B10 条款中界定买方和卖方之间获取或协助提供安全通关信息的义务,例如,安全监管链信息。

INCOTERMS 2010 必将对今后 10 年(2011 至 2020 年)的国际贸易实务产生重大影响。目前,我国对外贸易实务正处于 INCOTERMS 2000 向 INCOTERMS 2010 过渡的关键时期。基于我 15 年外贸从业经历及 13 年国际贸易实务教学经历,我深知在国际贸易实务教材中引入

INCOTERMS 2010、以促使外贸从业人员和相关专业学生跟进INCOTERMS最新版本的紧迫性和重要性。2011年暑假，在研读国际商会中国国家委员会的官方出版物《国际贸易术语解释通则2010》及相关研究文献的基础上，我修改了本书第一版涉及INCOTERMS的所有内容，第二版书名增加副标题“采用INCOTERMS 2010”，附录1录入INCOTERMS 2010对FOB，CFR，CIF这三个经典术语的使用说明和买卖双方的义务界限划分。希望本书第二版有助于外贸从业人员和相关专业学生掌握INCOTERMS 2010的核心内容。

本书第二版的撰写分工如下：李昭华改写本书第一版涉及INCOTERMS的所有内容，将INCOTERMS 2010对FOB，CFR，CIF三个术语的使用说明和买卖双方的义务界限划分英文译成中文，潘小春修订附录2并校对全书。最后由李昭华统稿和定稿。

北大出版社编辑徐冰老师对本书第二版选题申报及审稿给予大力帮助，特此表示感谢。

由于作者学识所限，本书缺点和谬误在所难免，敬请读者不吝赐教、批评指正。

李昭华

2011年8月16日于经济学院大楼334室

# 第一版前言

1983年9月，我自华中工学院（现华中科技大学）自控系毕业后进入湖北省外贸公司。由于所学专业与工作不对口，北京对外贸易学院（现对外经济贸易大学）黎孝先等三位老师编写的《国际贸易实务》讲义（上下册）便成为我系统学习进出口业务知识的启蒙老师。一本合用的国际贸易实务教科书对于进出口业务从业人员的重要性是不言而喻的。

在从事进出口业务15年之后，我于1998年底回母校华中科技大学讲授国际贸易实务课程。我注意到，近十年以来，国际贸易实务教材的发展趋势是：一方面，不同作者编写的教材如雨后春笋，别具特色的教材却寥寥无几；另一方面，同一作者编写的教材字数也随版本的更新而大幅度增加，动辄超过50万字，有效信息量却没有增加多少。我从2004年底开始萌动整理出版自己授课讲义的想法，我对自己编写的教材有这样一些设想：一是教材的编写尽量仿真我的课堂讲授，要让读者在阅读教材时仿佛置身于课堂之中；二是对于实际业务中最基本、最重要的知识点，也就是外贸格式合同中的“必用条款”，教材应讲深、讲透；三是对于实际业务中次要的知识点，也就是外贸格式合同中的“备用条款”，教材只做简略阐述，教材的总字数应尽量控制。2008年底，我有幸遇到北京大学出版社编辑徐冰老师，她当时对国际贸易实务教材的策划想法与我的设想不谋而合。

本书的撰写分工如下：李昭华提供导论至第七章的全套讲义，李军扩充该讲义，并编写本书英语词汇和术语索引，再由李昭华改稿和定稿。

北京大学出版社编辑徐冰老师对本书的体例、行文等方面提出了有益的建议，谨此致以衷心的感谢！

感谢华中科技大学经济学院97级及其后的各届本科学生。在国际贸易实务课程学习过程中，甚至在毕业后从事进出口业务时，历届学生提出许多我过去在实际进出口工作中未曾考虑过的问题，在现有教材中也难以找到这些问题的现成答案，对这些问题的思考和解答却成为我授课的生动内容。历届学生的作业答题和考试答卷也成为我授课内容的有益补充。

感谢经济学院徐长生院长、邓华和书记、刘海云副院长、唐齐鸣副院长、刘雅然副书记，以及学院前任领导邓世兰书记、祝欣书记、李焜文副院长、徐彩云副书记，他们对我的教学工作给予了全力支持和充分信任。

感谢华中科技大学教务处 2009 年 10 月批准本书为“华中科技大学教学质量工程第三批精品教材”立项教材。

由于作者学识所限，本书缺点和谬误在所难免，敬请读者不吝赐教、批评指正。

作者<br>2009 年 12 月 5 日于经济学院大楼 334 室

# 目录

Contents

# 导 论

随着全球经济一体化程度的加深，世界各国之间的经济联系越来越紧密，国际贸易活动越来越频繁。国际货物贸易是最为古老的贸易方式，在当今国际贸易迅猛发展过程中，货物贸易仍是国际贸易的最主要的组成部分。

改革开放以来，中国对外贸易发展迅速，贸易量不断扩大，加入 WTO 为中国国内企业提供了更多公平竞争的机会，加速了中国对外贸易的发展。自加入 WTO 至 2017 年，中国对外贸易保持两位数的年增长率，外贸依存度保持着较高的比例，国际贸易成为拉动中国经济增长的"三驾马车"之一。中国对外贸易的发展为中国的外贸人员提供了机会，也对其业务素质提出了更高层次的要求。国际贸易实务课程的学习，使广大外贸人员懂得国际货物买卖的基础知识，了解相关的国际贸易惯例，掌握进出口贸易的基本技能并能用于实际工作，这是我们编写本书的出发点。

## 一、国际贸易与国际贸易实务

### 案例 0-1 国际贸易

有以下三笔交易，请判断哪些交易属于国际贸易？

(A) 武汉居民吴先生在武汉 SOGO 购买中国产长虹彩电一台；

(B) 武汉居民吴先生在武汉 SOGO 购买日本产 Sony 彩电一台；

(C) 武汉居民吴先生在东京 SOGO 购买中国产长虹彩电一台。

国际贸易(International Trade)是指不同国家或地区的自然人、法人或其他组织之间的货物、服务或技术的交换。因此，案例 0-1 的答案应为 C。

国际贸易理论解释货物、服务、生产要素的国际流动的原因、方向和结果，以及各国政府实行的贸易政策。国际贸易实务是相对国际贸易理论而言的一个概念，指国际贸易的活动内容、操作步骤及商务运作规范。

## 二、国际贸易实务课程的研究对象

国际贸易包括理论和实务两个方面。国际贸易理论主要关注国际贸易原理和国际贸易政策，其中国际贸易原理是指两国之间为什么会发生贸易、如何进行贸易以及贸易的利益，而国际贸易政策是指一国出于某些方面的需要而采取的自由贸易政策或保护贸易政策。国际贸易实务主要关注国际货物买卖的具体操作，包括达成合同的条款和条件、国际贸易术语、国际贸易惯例以及主要贸易方式的操作步骤。其关系如图 0-1 所示。

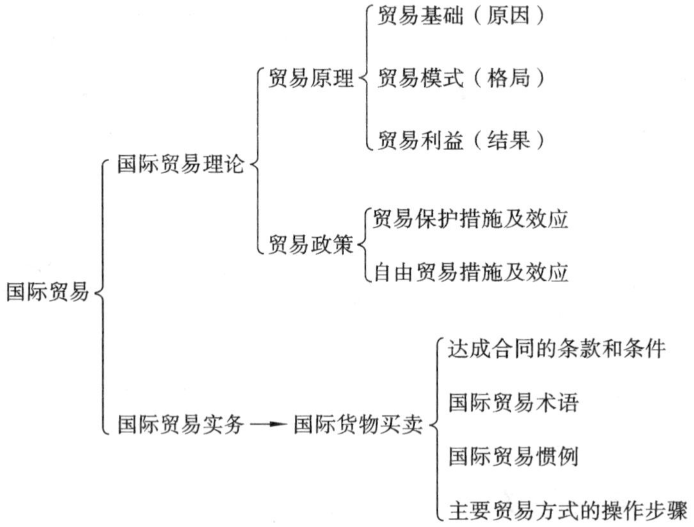


**图 0-1　国际贸易的研究对象**

国际贸易实务课程是一门主要研究国际货物买卖的具体过程及相关活动内容与商务运作规范的学科，包括达成合同的条款和条件、合同订立和履行所涉及的国际贸易术语、规范国际贸易活动的国际惯例以及主要贸易方式的操作步骤。国际贸易实务课程是一门具有涉外商务活动特点、实践性很强的综合性应用学科。通过本课程的学习，学生可初步掌握有关国际货物贸易的基本理论、基本知识和基本技能，因此，凡国际经贸类专业都把本课程作为一门必修的专业基础课程。

## 三、国际货物买卖合同的基本内容及本书的结构

国际货物买卖合同由买卖双方达成合同的各项条款和条件构成，也是对买卖双方权利义务的约定，下面是一个合同实例（见实例 0-1）。

## 实例 0-1 国际货物买卖合同

# CONTRACT

CONTRACT NO. 19FGQM49-9001CE(LZH)
Wuhan, Date ________

The Buyer: Hubei International Trade Corporation
4, Jianghan Beilu, Wuhan, Hubei, 430022, P. R. China
Fax: +86 27 85757329 Tel: +86 27 85767327
The Seller: UNICAM LIMITED—AA
PO BOX 207, YORK STREET, CAMBRIDGE, CB1 2SU, U. K.
FAX: 01223 374437 TEL: 01223 358866

This Contract is made by and between the Buyer and the Seller, whereby the Buyer agrees to buy and the Seller agrees to sell the under-mentioned commodity according to the terms and conditions stipulated below:

| (1) Commodity and Specifications | (2) Qty | (3) Unit Price | (4) Amount |
|---|---|---|---|
| 989 AA SPECTROMETER AND ACCESSORIES<br>CATALOG NUMBER 942339692352 | One set | USD28 000.00 | |
| HELOIS ALPHA PRISM SYSTEM SPECTROMETER AND ACCESSORIES<br>P/N 9423UVA1000E | One set | USD8 000.00 | |
| HELOIS GAMMA UV-VISIBLE SPECTROMETER<br>P/N 9423UVG1000E | One set | USD5 084.34 | |
| —Details as per attached Quotation | | | |
| | TOTAL: | USD41 084.34 | |
| CIP Wuhan Airport Incoterms 2010, Packing charges included. | | | |

(5) COUNTRY OF ORIGIN AND MANUFACTUERS
Unicom Limited, U. K.
(6) TIME OF SHIPMENT
Within 60 days after receipt of L/C
(7) PORT OF SHIPMENT
Main British airports
(8) PORT OF DESTINATION
Wuhan airport, China
(9) INSURANCE
To be covered by the seller.

(10) PACKING
To be packed in new strong wooden case(s)/carton(s) suitable for long distance ocean transportation and well protected against dampness, moisture, shock, rust and rough handling. The seller shall be liable for any damage to the goods on account of improper packing and for any rust damage attributable to inadequate or improper protective measures taken by the seller, and in such case or cases any and all losses and/or expenses incurred in consequence thereof shall be borne by the seller.

(11) SHIPPING MARK
On the surface of each package, the package number, measurements, gross weight, the lifting positions, such cautions as DO NOT STACK UP SIDE DOWN, HANDLE WITH CARE, KEEP AWAY FROM MOISTURE, and the following shipping mark shall be stenciled legibly in fadeless paint:
19FGQM49-9001CE(LZH)
WUHAN CHINA

(12) TERMS OF PAYMENT
Payment by L/C: Two months before shipment, the buyer shall establish with its bank an Irrevocable L/C in favor of the seller, to be available against presentation of the shipping documents stipulated in Clause 11 hereof.

(13) DOCUMENTS
1. Signed commercial invoice in 4 copies mentioning contract no. and L/C No.
2. Air waybills showing freight prepaid indicating freight amount and congined to applicant.
3. Insurance policy/certificate in 2 for 110 pct of the invoice value showing claims payable in China in currency of the draft, blank endorsed, covering air transportation all risks.
4. Packing list/weight memo in 4 copies indicating quantity/gross and net weights of each package and packing conditions as called for by the L/C.
5. Certificate of quality in 2 copies issued by manufacturer.
6. Beneficiary's certified copy of fax dispatched to the accountees within 24 hours after shipment advising AWB No., shipping date, contract no.

(14) SHIPPING ADVICE
Immediately the goods are completely loaded, the sellers shall notify the buyers of the contract number, name of commodity, quantity, gross weight, invoice value, name of the carrying vessel and the date of sailing. If any package is above 9 metric tons in weight, or over 3 400 mm in width, or over 2 350mm in both sides in height, the sellers shall advise the buyers of the weight and measurement of each package. In case the goods are not insured in time owning to the sellers having failed to give timely advice, any and all consequent losses shall be borne by the sellers. In the case of dangerous

goods, the sellers shall cable to notify the buyers and the China National Foreign Trade Corporation at the port of destination of their nature and the method of loading them.

(15) GUARANTEE OF QUALITY

The sellers shall guarantee that the goods are made of best materials, with first-class craftsmanship, brand new, unused and correspond in all respect with the quality, specification and performance as stipulated in this contract. The sellers shall also guarantee that the goods when correctly mounted and properly operated and maintained, will give satisfactory performance for a period of 12 months starting from the date on which the goods arrive at the port of destination.

(16) INSPECTION AND CLAIMS

A. The manufacturer shall before delivery make an inspection of the goods as regards their quality, specifications, performance and quantity/weight, and issue certificates certifying that the goods are in conformity with the stipulations of this contract. The certificates shall form an integral part of the documents to be presented to the paying bank for negotiation/collection of payment but shall not be considered as final in respect of quality, specifications, performance and quantity/weight.

B. After arrival of the goods at the port of destination, the buyer shall apply to CIQ for a preliminary inspection of the goods in respect of their quality, specifications, and quantity/weight. If any discrepancies are found by CIQ regarding the specifications or quantity/weight or both, except those for which either the insurance company or the shipping company is responsible, the buyer shall, within 120 days after discharge of the goods at the port of destination, have the right either to reject the goods or to claim against the seller on the strength of the inspection certificate issued by CIQ.

C. Within the guarantee period stipulated in Clause 15 hereof should the quality and/or the specifications of the goods are found not in conformity with the contracted stipulations, or should the goods prove defective for any reasons, the buyer shall arrange for an inspection to be carried out by CIQ and have the right to claim against the seller on the strength of the inspection certificate issued by CIQ.

D. Any and all claims shall be regarded as accepted if the sellers fail to reply within 30 days after receipt of the buyer's claims.

(17) SETTLEMENT OF CLAIMS

In case the seller is liable for the discrepancies and a claim is made by the buyer within the period of claim or guarantee period as stipulated in Clauses 15 and 16 of this contract, the seller shall settle the claim upon the agreement of the buyer in the following ways:

a. Agrees to the rejection of the goods and refund to the buyer the value of the goods so rejected in the same currency as contracted herein, and to bear all direct losses and expenses in connection therewith including interest accrued, banking charges, freight, insurance premium, inspection charges, storage, stevedore charges and all other necessary expenses required for the custody and protection of the rejected goods.

b. Devaluates the goods according to the degree of inferiority, extent of damage and amount of losses suffered by the buyer.

c. Replaces the defective goods with new ones which conform to the specifications, quality and performance as stipulated in this contract, and bear all expenses incurred to and direct losses sustained by the buyer.

(18) FORCE MAJEURE

The Seller shall not be held responsible for failure or delay to perform all or any part of this contract due to war, earthquake, flood, fire, storm, heavy snow or other causes of Force Majeure. However, the Seller shall advise the Buyer immediately of such occurrence, and within N days thereafter, shall send by registered airmail to the Buyer for their acceptance a certificate issued by the competent government authorities of the place where the accidents occurs as evidence thereof. Under such circumstance, the Seller, however, is still under the obligation to take all necessary measure to hasten the delivery of the goods. In case the accident lasts for more than M weeks, the Buyer shall have the right to cancel the contract.

(19) LATE DELIVERY AND PENALTY

In case of delayed delivery, except for force majeure cases, the seller shall pay to the buyer for every week of delay a penalty amounting to 0.5% of the total value of the goods whose delivery has been delayed. Any fractional part of a week is to be considered a full week. The total amount of penalty shall not, however, exceed 5% of the total value of the goods involved in late delivery and is to be deducted from the amount due to the seller by the paying bank at the time of negotiation, or by the buyer directly at the time of payment.

In case the period of delay exceed 10 weeks after the stipulated delivery date the buyer have the right to terminate this contract but the seller shall not hereby be exempted from the payment of penalty.

(20) ARBITRATION

All disputes in connection with this contract or the execution thereof shall be settled through friendly negotiation. In case no settlement can be reached through negotiation, the case should then be submitted for arbitration to the Foreign Trade Arbitration Commission of the China Council of International Trade, Beijing in accordance with the "Provisional Rules of Procedure of the Foreign Trade Arbitration Commission of the China Council for the Promotion of International Trade". The arbitration shall be taken place in Beijing and the decision rendered by the said Commission shall be final and binding upon both parties, neither party shall seek recourse to a law court or other authorities for revising the decision. The arbitration fee shall be borneby the losing party.

This contract shall become effective from the date of signature by the authorized representatives of both parties.

This contract is made out in two originals with the same effect, one original to be held by each party in witness thereof.

| The Buyer | The Seller |
| --- | --- |
| (Authorized signature) | (Authorized signature) |

合同条款分为必用条款和备用条款，其中，必用条款包括对买卖标的物的约定、标的物的交付、标的物的作价和价款的收付，备用条款主要涉及标的物检验以及争议的预防和处理，如图 0-2 所示。

- 国际货物买卖合同
  - 买卖的标的物
    - 品名
    - 品质
    - 数量
    - 包装
  - 标的物的交付
    - 运输方式
    - 运输途中意外的处理
  - 标的物的作价
  - 价款的收付
  - 标的物的检验、争议的预防和处理

**图 0-2　国际货物买卖合同的基本内容**

国际货物买卖是买卖双方磋商交易条件、签订合同并履行合同的过程。因此，本书先根据国际货物买卖合同的基本内容，分章节阐述合同的各项条款，使读者掌握合同条款所涉及的国际贸易实务基础知识，熟悉合同条款。然后，本书从交易磋商、合同签订和合同履行三个方面，阐述进出口业务的主要操作步骤。本书各章安排如下：

第一章　标的物条款：品名、品质、数量和包装

第二章　国际货物运输

第三章　国际货物运输保险

第四章　价格条件及作价——国际贸易价格术语

第五章　国际货款收付

第六章　备用条款：检验、索赔、不可抗力和仲裁

第七章　进出口业务的操作步骤

## 四、国际贸易实务课程的特点及逻辑线索

### （一）课程特点

作为“实务课”，国际贸易实务课程不同于国际贸易学科的其他课程，表现出以下两个鲜明的特点：

第一，实践性。本课程紧密结合进出口业务的实际操作，实践性很强，着重于培养广大外贸从业人员参与外贸业务的实际技能。结合这一特点，本书在介绍基础知识的同时，结合相关案例，让读者既加强对基础知识的理解，又真正做到学以致用。

第二，综合性。本课程涉及买卖标的、运输、保险、作价、支付等多个环节，每个环节都涉及很多相关的国际贸易惯例和基本技能，而一笔国际贸易业务的顺利完成，必须依赖于每个环节都准确无误。因此，在学习本课程的过程中，读者要做到前后联系，将知识融会贯通。

### （二）学习的逻辑线索

国际贸易理论课程具有很强的逻辑性。国际贸易纯理论，从古典贸易理论到新古典

贸易理论再到要素禀赋理论，这些理论其实都是沿着一条线索展开或演进，即在逐步贴近现实的假设条件下揭示贸易的基础、模式和结果。

国际贸易实务课程涉及合同标的、运输、保险、价格、支付等很多内容，各章节之间却没有一个鲜明的逻辑线索来串联。笔者在给97、99级本科生授课时，学生反映课程内容显得杂乱无章。同时笔者也注意到，在国际贸易实务课程的主流教材中，鲜见阐述课程学习的逻辑线索。

经过十几年的教学，笔者发现，国际贸易实务课程也有内在的逻辑线索：如何从国际贸易企业的角度实现钱与货的对流，钱从一国买方流向另一国卖方，货从一国卖方流向另一国买方。本书第一至第四章，都是阐述货的流向，第五章第一节阐述钱的流向，第五章第二节阐述钱与货对流的程序。

同时，国际货物买卖合同条款可以分为必用条款和备用条款。本书第一至第五章讨论的条款即为必用条款，所用篇幅较大，谓之精讲；第六章讨论的条款则为备用条款，所用篇幅较小，谓之泛讲。希望读者能真正理解合同条款所涉及的国际贸易实务基础知识，读懂并正确拟订合同条款，为正确履行合同条款打好基础。

## 五、国际贸易实务教材的流派及本书的特点

国际贸易实务教材大致可分为学院和实务两派。

学院派教材由院校的教师所编写。笔者又将学院派教材分为"北黎"和"南吴"，"北黎"指对外经贸大学黎孝先教授所著教材，"南吴"则指上海对外贸易学院吴百福教授所著教材。黎孝先教授教材的早期版本可以追溯到黎孝先等人（1980）所编《国际贸易实务》教材（上下册），20世纪80年代初该书在全国外贸系统广为流传。该书由黎孝先、邱年祝、冯大同三位老师合编，未经出版社正式出版，是当时的北京对外贸易学院国际贸易问题研究所、对外贸易系的讲义。该书也许是中国改革开放以来最早版本的国际贸易实务教材。

实务派教材由具有外贸从业经历的人士所著，例如，顾民①（2001）、田运银②（2004，2007）、徐进亮③（2000）等人的著述。

在继承和吸收已有教材主体内容的基础上，本书进行了如下拓展和创新：

1. 在课程内容的阐述中，尽量揭示重要知识点的逻辑规律

（1）用钱货对流作为课程学习的逻辑线索，将合同条款划分为"必用条款"和"备用条款"。

（2）揭示价格术语的两个演变阶段。前期演变，在船运方式之内，卖方的责任和费用逐步加大；后期演变，价格术语所适用的运输方式从船运扩展到各种运输方式。价格术语的前期演变主要是逐步为买方减少租船订舱、投保的麻烦，尽量为卖方从货运和保险中争取盈利机会，后期演变则是为了适应相继出现的各种运输方式。

---

① 原属广西外贸。

② 原属湖北外贸。

③ 原属外贸不详。

(3) 揭示原始票据汇票的三个演变内容,即基本当事人的特定化、票据性质的改变及票据目的的改变。

支付工具的演变主要是为了克服使用金银支付在空间、时间和介质上的障碍。

(4) 揭示原始支付方式的四个演变路径:①从付款与交单互不制约演变为付款与交单相互制约;②付款人的信用基础从商业信用演变为银行信用;③从单纯的支付方式演变为支付方式与融资方式相结合;④从适用于必然事件的支付方式演变为适用于或然事件的支付方式。

支付方式的演变,首先是为了逐渐降低卖方不能收回货款的风险,其次是为了能够向买方提供融资。

2. 在教材的编写形式上,引入 Q&A(提问及解答)模块

本书的 Q&A,集成和凝练了笔者 1998 年底以来在华中科技大学经济学院授课中教、学双方的提问与回答。在教材中采用 Q&A 模块,改变了国内传统教材编写常用的平铺直叙,使读者仿佛置身于"学与问"的课堂之中。

3. 同一笔外贸交易贯穿各章

本书在导论中举出一笔外贸交易中的合同实例,在后续各章中,用同一合同项下的提单、保险单、汇票、信用证、发票、装箱单、品质证书、受益人证实的装运通知等贯穿整个课程内容,使读者对实际交易有完整的了解。

## 习 题

# 第一章
# 标的物条款：品名、品质、数量和包装

学习目标

- 理解商品品名、品质、数量的含义
- 掌握品名、品质、数量的规定方式
- 掌握包装及运输包装的标志
- 理解并能拟订品名、品质、数量、包装条款

合同行为的主体指具有缔约能力的合同当事人，而合同行为的客体是标的物。在货物买卖合同中，合同行为是转移货物的所有权，行为的主体通常是买方、卖方，行为的客体就是被转移所有权的货物，标的物就是所买卖的货物。买卖双方签约时，明确约定的标的物条款，是买卖双方交接货物的基本依据，也是洽谈和拟订其他条款的基础，还是确定买卖双方的权利和义务的基础。具体而言，主要包括标的物的品名、品质、数量和包装条款。

案例 1-1
拟订买卖双方会谈的日程安排

国际货物买卖的标的是有形商品，而成交的商品有其具体的名称，并表现为一定的质量；同时，每笔交易的标的都有一定的数量，且大多数标的物都需要有适当的包装。因此，交易双方签约时，应具体订明成交商品的品名、质量、数量与包装条款，以利合同履行。①

## Q&A 1-1 为什么第一章是标的物条款

**Q**：很多国际贸易实务教材都在第一章讨论价格术语和国际贸易惯例，而本书却将标的物条款放在第一章，这样安排是出于何种考虑？

**A**：从案例 1-1 可以看出，国际货物买卖的商务谈判首先必须确定供货范围，即确定

① 黎孝先(2007)，第 65 页。

标的物。

现在主流的国际贸易实务教材的章节安排大致有两种：一种是教材第一章讨论国际贸易价格术语，其后才讨论标的物条款、货物运输和货物保险；另一种是教材的第一章讨论标的物条款，接着是运输和保险，其后才是国际贸易价格术语。本教材按照第二种思路，首先讨论标的物条款，其次是国际货物运输和国际货物保险，再次是国际贸易价格术语。如此安排是出于以下考虑：首先，在进出口业务谈判过程的第一步就是要明确供货范围，即所要交易的标的物，包括所要交易的标的物的名称、质量、数量和包装。只有确定了标的物条款，买卖货物的其他后续行为才可能进行，因此，将标的物条款作为本书的第一章。其次，中国外贸公司的标准合同的前三条就是品名、品质、数量和包装条款。最后，国际贸易价格术语里面要涉及品名、运输和保险，如果没有之前对标的物条款、运输和保险的介绍做铺垫，价格术语很难阐述清楚。

## 第一节 品名条款

商品的品名是指买卖双方所交易的商品的名称，是能使某种商品区别于其他商品的一种称呼或者概念。在国际货物买卖中，买卖双方应首先对交易标的取得一致意见，并在买卖合同的品名条款中具体订明，这是买卖双方交接货物的一项基本依据，关系到买卖双方的权利和义务。

合同的品名条款一般是在“商品名称”或“品名”(Name of Commodity)项目下，列明买卖双方交易商品的具体名称。品名表面上看是一个简单的名称，实质上却包含着很多无形的信息，因此，如何规定品名就成为国际贸易实务操作技巧的一个首要环节。

### 一、品名的规定方式

进出口合同有规定品名的各种不同方式，大致可以归纳为如下三种。

1. 采用国际上通用的商品名称来规定品名

这种方法可以避免误解，也有利于办理相应的进出口手续，适用于那些为大家普遍认可和理解的大众化商品。如果在《国际商品分类表》中已有正式名称，就应该按照该表的统一称呼处理。

**例 1-1** 合同标的物为大米或缝纫机，则其品名分别直接使用 Rice，Sewing Machine。

国际上通用的商品名称，一般能够高度概括出该产品的自然属性、用途及主要性能特征，具体而言，主要有以下几种命名方式[①]：

第一，以其主要用途命名。这种方法在于突出其用途，便于消费者按其需要购买，这也是《国际商品分类表》第一层次的分类标准，如 Sewing machine（缝纫机）。

第二，以其所使用的主要原材料命名。这种方法能通过突出所使用的主要原材料反映出商品的质量，如 Cotton cloth（棉布）。

第三，以其主要成分命名。这种方法可使消费者了解商品的有效内涵，有利于提高商品的身价，一般适用于以大众所熟知的名贵原材料制造的商品，如 Ginseng solution（人参口服液）。

第四，以其外观造型命名。这种方法有利于消费者从字义上了解该商品的特征，如 Black bean（黑豆）。

第五，以其褒义词命名。这种方法能突出商品的使用效能和特性，有利于促进消费者的购买欲望，如 Antipyretic cough syrup（清热止咳糖浆）。

第六，以人物名字或产地命名。以著名的人物或有特色的地点命名，有利于引起消费者的注意和兴趣，如 Longjing tea（龙井茶）。

第七，以制作工艺命名。这种方法突出了商品的独特性，有利于提高商品的知名度和信誉，如 Handcrafted embroidery（手工刺绣）。

2. 对商品进行定义或者描述

当简单的品名不太容易被理解时，有必要对商品进行简略的定义或描述，避免产生误解。

**例 1-2**

Blowroom with cards: a processing line for cotton cleaning and carding, from bale opening to sliver coiling.

清钢联：从开棉至圈条的清花及梳棉加工成套设备。

3. 简略品名＋供货范围附件

如果买卖货物构成繁复，则可在简略品名后附加供货范围附件，以进一步明确各组成部分的名称和数量，避免歧义，同时也有利于日后缮制单据。

**例 1-3**

Blowroom with cards

—Detailed Scope of Supply as per Attachment No. 1

清钢联

——详见合同附件 1

## 二、规定品名条款的注意事项

（1）品名的规定，要尽可能明确，避免产生歧义和误解。

（2）品名的选用要有利于买方简化进口手续、降低进口关税及降低班轮运费。

有些商品具有不同的品名，因而存在着同一商品因品名不同而交付关税和班轮运费

---

① 吴百福（1999），第 27—28 页。

不一的现象,且其所受的进出口限制也不同。为了降低关税、方便进出口和节省运费开支,在确定合同的品名时,要选取对买方有利的名称。

**案例 1-2　品名的选取对进口手续和进口关税的影响**

20 世纪 90 年代,中国纺织企业大量进口瑞士、意大利等国的清钢联。清钢联生产线由开棉机、清棉机、梳棉机等一系列设备组成,并由一个控制系统控制,以实现全自动或半自动生产。当时的情况是,如果在合同中将控制系统命名为电脑或计算机,则需要到北京找有关部委办理进口许可证,且进口关税税率不低于 70%。但是,如果在合同中将控制系统命名为数字控制系统,则不需要办理进口许可证,且进口关税税率与纺织设备及其配件的进口关税税率相同,约 14%。

# 第二节 品质条款

## 一、商品品质的重要性

商品的品质(Quality of Goods)是指商品内在素质和外观形态的综合表现,直接影响商品的使用价值和价格,是进口商在选择商品时的主要关注因素,关系到商品的销路和声誉。

合同中的品质条款不仅是构成商品说明的重要组成部分,也是买卖双方交接货物的主要依据。《联合国国际货物销售合同公约》(以下简称《公约》)第 35 条规定,卖方交付的货物必须与合同所规定的数量、质量和规格相符,并须按照合同所规定的方式装箱或包装。《公约》第 46 条规定,如果卖方交付的货物不符合合同的品质规定,即构成根本违反合同(Fundamental Breach of Contract),买方有权要求卖方承担违约责任,并可以采取一些措施来弥补所遭受的损失。

## 二、品质的规定方式

### (一) 用实物表示商品品质

用实物表示商品品质,包括看货买卖和凭样买卖两种方式。

1. 看货买卖(Sale by Inspected Goods)

此种交易方式要求双方验看实际要交付的货物的品质,因此称为看货买卖。在国际货物买卖中,由于买卖双方相距遥远,买方到卖方所在地验看货物的成本很大,即使有现货在手,买方也由代理人代为验看货物,而无法逐件查验,故采取看货买卖的情况很少。看货买卖的做法,一般在寄售、拍卖和展卖业务中采用,尤其适用于具有独特性质的商品,如珠宝、首饰、字画、特定工艺制品(牙雕、玉雕、微雕等)。

2. 凭样买卖(Sale by Sample)

样品(Sample)是指从一批商品中抽出来的,或由生产及使用部门设计、加工出来的,足以反映和代表整批商品质量的少量实物。双方确认用样品作为交接货物的品质依据的交易方式,称为凭样买卖。

在国际货物贸易中,根据样品提供者的不同,样品分为:

(1) 卖方样品(Seller's Sample)。由卖方提供的样品称为"卖方样品"。双方确认用卖方样品作为交接货物的品质依据,称为"凭卖方样品买卖"。此时,在买卖合同中应表明"品质以卖方样品为准"(Quality as per Seller's Sample)。履行合同时,卖方所交货物的品质,必须与其提供的样品一致。

(2) 买方样品(Buyer's Sample)。买方为了使其订购的商品符合自身要求,提供样品交由卖方依样承制,如卖方同意按买方提供的样品成交,称为"凭买方样品买卖"。此时,在买卖合同中应表明"品质以买方样品为准"(Quality as per Buyer's Sample)。履行合同时,卖方所交货物的品质,必须与买方样品一致。但在确认凭买方样品买卖时,卖方必须充分考虑按买方来样制作特定产品所需的原材料供应、加工技术、设备和生产安排的可行性,以确保日后得以正确履约。

### Q&A 1-2　卖方样品与买方样品孰优孰劣

**Q:**卖方样品与买方样品,哪种更好?

**A:**卖方样品由卖方生产、提供,一般情况下,批量货物的生产达到样品的质量,在生产技术和所需原材料两个方面都没有问题。

买方样品由买方提供,卖方所生产的批量货物能否达到样品的质量,不仅与卖方的生产技术有关,而且与卖方可以获得的原材料有关。因此,使用买方样品作为卖方批量交货的品质依据,使买卖双方都面临一个风险:因卖方的生产技术或原材料的可获得性所限,交货与样品的质量可能有差异,而且这种差异不能被买方接受。

为了克服买方样品的上述缺陷,国际贸易实务中引入了对等样品。

(3) 对等样品(Counter Sample)。卖方根据买方样品加工复制出一个样品交买方确认,这种经确认后的样品,称为对等样品(Counter Sample)或回样(Return Sample)或确认样品(Confirming Sample)。当对等样品被买方确认后,履约时卖方所交货物的品质,必须与对等样品一致。对等样品实质上是将买方样品转变成卖方样品,这样既可适应国外客户的要求,又能照顾到国内原料供应、生产和加工技术的可能性。

对等样品的业务流程如图 1-1 所示。

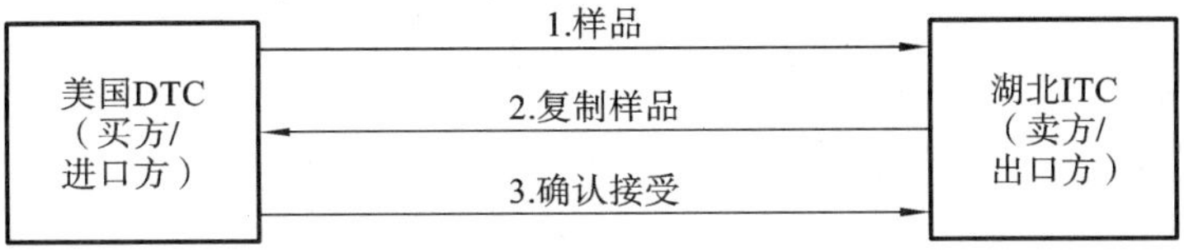


图 1-1 对等样品的业务流程

**(二)用文字说明表示商品品质**

凡以文字、图表、照片等方式来说明商品的质量时,都属于用文字说明表示商品品质。签订合同时,双方确认用文字说明作为交接货物的品质依据的交易方式,称为"凭文字说明买卖"(Sale by Description/Specification)。凭文字说明买卖包括以下方式:

1. 商品规格(Specification)

商品规格是指用以反映商品质量的主要理化指标,如成分、含量、纯度、容量、性能、大小、长短等。用商品规格作为交接货物的品质依据,称为"凭规格买卖"(Sale by Specifications)。这种表示商品品质的方法简单方便、准确具体,被广泛采用。

**例 1-4** 中国东北出口大豆的规格:

| | | |
|---|---|---|
| Oil content | min. | 18% |
| Moisture | max. | 15% |
| Admixture | max. | 1% |
| Imperfect grains | max. | 9% |

2. 商品等级(Grade of Goods)

商品等级是指同一类商品,按其规格上的差异,分为品质优劣各不相同的若干等级。用商品等级作为交接货物的品质依据,称为"凭等级买卖"(Sale by Grade)。

同一类商品不同等级的产生是长期生产与贸易实践的结果,等级不同的商品,规格也不同。因此,买卖双方对交易商品等级理解一致时,只需在合同中明确等级即可;但对于双方不熟悉的等级内容,为便于履行合同与避免产生争议,最好在品质条款中列明等级的同时,详细阐明每一等级的具体规格。

**例 1-5** 出口钨砂的等级如表 1-1 所示。

表 1-1 出口钨砂的等级

| | 三氧化钨最低 | 锡最高 | 砷最高 | 硫最高 |
|---|---|---|---|---|
| 特级 | 70% | 0.2% | 0.2% | 0.8% |
| 一级 | 65% | 0.2% | 0.2% | 0.8% |
| 二级 | 65% | 1.5% | 0.2% | 0.8% |

资料来源:黎孝先:《国际贸易实务(第三版)》,对外经济贸易出版社,2000 年版,第 85 页。

3. 商品标准(Standard of Goods)

商品标准是指经标准化组织、政府机构、行业团体、商品交易所等统一制定并公布作为标准的商品品质指标。世界各国都有自己的标准,另外还有国际标准和国外先进标准。国际标准是指国际组织或机构,例如国际标准化组织(ISO)、国际电工委员会(IEC)等所制定的标准;国外先进标准是指发达国家的国家标准,如美国的 ANSI,德国的 DIN。这些国际标准和国外先进标准均在国际贸易中被广泛采用。用商品标准作为交接货物的品质依据,称为"凭标准买卖"(Sale by Standard)。

随着科学技术、生产技术的发展,商品的标准不断地被修改或者变动。同一组织颁布的某类商品的标准往往有不同年份的版本,版本不同,质量标准内容也不同。在合同中援引标准时,应注明采用标准的版本名称及其年份,以免引起争议。

此外,在国际货物贸易中,对于某些品质变化较大而难以规定统一标准的农副产品,往往采用"良好平均品质"(Fair Average Quality,FAQ)来表示品质。"良好平均品质"是指一定时期内某地出口货物的平均品质水平,一般是对中等货而言。其具体解释和确定办法是:第一,指农产品的每个生产年度的中等货;第二,指某一季度或某一装船月份在装运地发运的同一种商品的"平均品质"。在中国出口的农副产品中,也有用 FAQ 来说明品质的。但是,我们所说的 FAQ 一般是指大路货,是和精选货(Selected)相对而言的。①

4. 卖方样本/彩页(Catalogue)②

卖方样本/彩页主要介绍产品外形、构造、性能、用途、包装等内容,这种方法多用于机器、仪表等技术密集型产品,如计算机、数码产品、精密仪器等。特别是在交易会、展览会等场合,产品宣传的常见方法就是卖方样本/彩页。这种方法采用卖方样本/彩页作为交接货物的品质依据。在签订进出口合同时,将卖方样本/彩页作为合同的附件。实例 1-1 中的图 1-2 是易开罐式热熔胶机的彩页。

5. 卖方产品编号(Part Number,Product Number,P/N)

这种方法采用卖方的产品编号或零部件编号作为交接货物的品质依据。

## 三、规定品质条款的注意事项

(1) 在不同交易类型中,卖方所承担的责任和义务是不同的,如表 1-2 所示。

**表 1-2 不同交易类型中卖方所承担的责任和义务**

| 交易类型 | 卖方所承担的责任和义务 |
|---|---|
| 看货买卖 | 卖方交付的货物必须是买方验看过的货物 |
| 凭样品买卖 | 交货与样品相同 |
| 凭规格买卖 | 交货与规格相符 |
| 既凭样品又凭规格买卖 | 双重义务:交货既与样品相同,也与规格相符 |

① 黎孝先(2000),第 83 页。

② 样本是外贸行业在 20 世纪 90 年代中期以前的用语,彩页则是内贸行业自 20 世纪 90 年代中期以来的用语,这两个用语均指 Catalogue。

## 实例 1-1

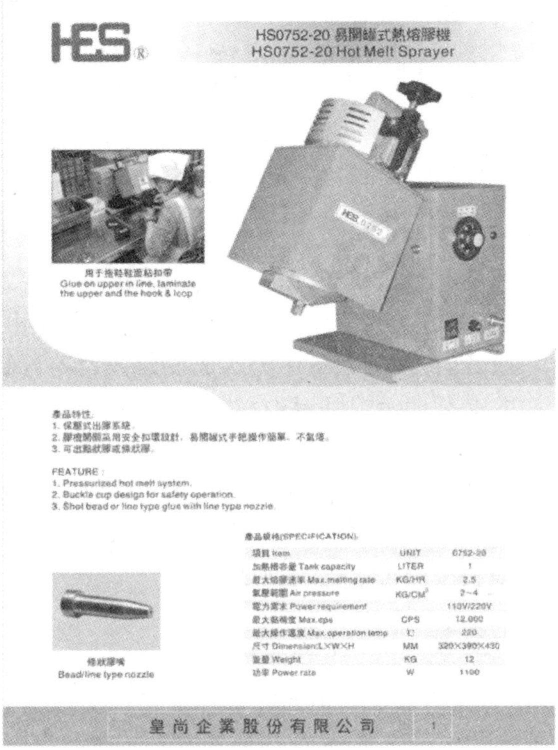


**图 1-2 易开罐式热熔胶机彩页**

图片来源：百度图片

(2) 品质公差(Quality Tolerance)和品质机动幅度(Quality Latitude)。实际交货不可能与样品一模一样、与规格的规定分毫不差，因此，出现了"品质公差"和"品质机动幅度"的规定。

案例 1-3 商品品质不符纠纷

品质公差，指特定的商品标准所允许的品质误差范围，一般用于工业制成品，如手表每天误差几秒钟应视为正常。对于品质公差，即使合同中没有规定，只要卖方交货品质在公差范围内，也不能算违约。但为了明确起见，应在合同的品质条款中订明一定幅度的品质公差范围。

品质机动幅度，指买卖双方约定的品质指标可以浮动的范围，一般用于初级产品，如原材料、农副产品。只要卖方交货没有超过规定的限度，买方就无权拒收，如约定大豆的含油量最低为 18%。

## 第三节 数量条款

商品数量(Quantity of Goods)是指以一定的计量单位所表示的合同标的物的量的测度,主要体现为一定的重量、个数、长度、面积、容积、体积等。

合同的数量条款是买卖双方交接货物的数量依据,是国际货物买卖合同中一项不可缺少的主要交易条件。《公约》把商品数量作为构成发盘内容不可缺少的基本要素之一,要求在提出的订约建议中,必须明示或默示地规定货物的数量或规定数量的方法。在履约过程中,《公约》第37条和第52条明确规定:如果卖方交货数量少于约定的数量,卖方应在规定的期限内补交,由此造成的损失,买方有权提出损害赔偿要求;如果卖方交货数量多于约定的数量,买方可以拒收多交的部分,也可以收取多交部分的全部或一部分,但买方对其多收的货物,仍应按合同价格付款。

### 一、数量的常用计量基础及计量单位

(1) 按重量(Weight)计量。这是目前国际货物贸易广为使用的计量方法,常用于农副产品、矿产品和工业制成品。按重量计量的单位有公吨(Metric Ton)、长吨(Long Ton)、短吨(Short Ton)、公斤(Kilogram)、克(Gram)、盎司(Ounce)、克拉(Carat)等。

(2) 按件数(Pieces)计量。一般用于工业制成品,特别是日用消费品、轻工业品、机械产品以及一部分土特产品。按件数计量的单位有件(Piece)、双(Pair)、套(Set)、打(Dozen)、卷(Roll)、令(Ream)、罗(Gross)、袋(Bag)、包(Bale)等。

(3) 按长度(Length)计量。一般用于金属绳索、丝绸、布匹等类商品,常见计量单位有米(Meter)、英尺(Foot)、码(Yard)等。

(4) 按面积(Area)计量。一般用于玻璃板、地毯、皮革等商品,常见计量单位有平方米(Square Meter)、平方英尺(Square Foot)、平方码(Square Yard)等。

(5) 按体积(Volume)计量。一般用于木材、天然气、化学气体等,常见计量单位有立方米(Cubic Meter)、立方英尺(Cubic Foot)、立方码(Cubic Yard)等。

(6) 按容积(Capacity)计量。一般用于谷类和液体货物,如酒类、油类商品,常见计量单位有蒲式耳(Bushel)、公升(Litre)、加仑(Gallon)等。

在上述数量计量基础中,重量、长度、面积、体积、容积等都是允许出现非整数的数量,比如1.11公斤大米,在合同中一般采用溢短装条款来规定数量机动幅度。而件数则不能出现非整数的数量,例如,不能出现1.11台电脑,在合同中一般不允许有数量机动幅度。

## 二、按重量计量的概念和方法

### (一) 相关概念

皮重(Tare):包装材料的重量。

净重(Net Weight):除去包装材料后商品自身的重量。

毛重(Gross Weight):商品自身重量与包装材料重量之和。

### (二) 计量重量的基本方法

1. 净重

用净重计量商品的数量,此法适用于价值较高的商品。用净重计量商品的数量时,常常需要在毛重的基础上扣除皮重。对于如何计算皮重,通常有以下几种方法:

(1) 实际皮重(Actual Tare):将所有商品的包装逐一秤重,取得实际皮重。

(2) 平均皮重(Average Tare):从整批商品中抽取一定件数,秤出皮重,除以抽取的件数,即得到平均皮重,再乘以整批商品的总件数,作为整批商品的总皮重。

(3) 习惯皮重(Customary Tare):某些商品的包装形成规格化,皮重成为为市场所公认的固定值。

(4) 约定皮重(Computed Tare):买卖双方事先约定的包装重量。

2. 以毛作净(Gross for Net)

用毛重取代净重作为计量商品数量的依据,此法适用于价值较低的商品。

3. 公量(Conditioned Weight)

在计算商品重量时,用仪器抽去商品实际含有的水分,得出商品的干净重,再用干净重加上国际公定回潮量得到商品的公量。此法一般适用于吸潮率较高的商品,如羊毛、棉花。

$$
\begin{aligned}
\text{公量} &= \text{干净重} + \text{公定回潮量} \\
&= \text{商品干净重} \times (1 + \text{公定回潮率}) \\
&= \text{实际重量} \times \frac{1+\text{公定回潮率}}{1+\text{实际回潮率}} \qquad (1\text{-}1)
\end{aligned}
$$

$$
\text{实际回潮率} = \frac{\text{实际含水量}}{\text{商品干净重}} \qquad (1\text{-}2)
$$

**例 1-6** 内蒙古呼和浩特某出口公司向韩国首尔出口 10 公吨羊毛,公定回潮率为 11%,经抽样证明,装运地 10 公斤纯羊毛用科学方法抽干水后净重 8 公斤干羊毛,货物到达韩国时,外包装未损坏,货物实际重量 10.8 公吨。求装运地交货的公量、目的地的实际回潮率。

解:

$$
\text{装运地实际回潮率} = \frac{\text{实际含水量}}{\text{商品干净重}} = \frac{10-8}{8} \times 100\% = 25\% \qquad (1\text{-}3)
$$

$$
\begin{aligned}
\text{装运地交货的公量} &= \text{实际重量} \times \frac{1+\text{公定回潮率}}{1+\text{实际回潮率}} \\
&= 10 \times \frac{1+11\%}{1+25\%} = 8.88(\text{公吨}) \qquad (1\text{-}4)
\end{aligned}
$$

货物到达韩国时，外包装未损坏，故其目的地干净重保持不变，

$$目的地实际含水量=10.80-8(公斤) \quad (1\text{-}5)$$

$$目的地实际回潮率=\frac{10.80-8}{8}\times 100\%=35\% \quad (1\text{-}6)$$

## Q&A 1-3　出口国与进口国的公定回潮率

**Q**：对于纺织纤维，出口国和进口国的公定回潮率并不相同。订立进出口合同时，究竟应该同时采用进口国、出口国的不同公定回潮率还是只能采用其中一个国家的公定回潮率？为什么？

**A**：设公量为CW，干净重为DNW，公定回潮率为SMRR，则有

$$CW_1=DNW\times(1+SMRR_1) \quad (1\text{-}7)$$

$$CW_2=DNW\times(1+SMRR_2) \quad (1\text{-}8)$$

下标1表示出口国，下标2表示进口国，因$SMRR_1\neq SMRR_2$，必有$CW_1\neq CW_2$。式(1-7)、式(1-8)表明，如果同一批货物在出口地、进口地的公量分别采用出口国、进口国的公定回潮率计算，则该批货物在出口地的公量与在进口地的公量必不相等，导致买卖双方无法确定该批货物真实重量是否在两地发生改变。

如果采用一个国家的公定回潮率计算货物公量，则有

$$CW_1=CW_2=DNW\times(1+SMRR_1) \quad (1\text{-}9)$$

或者

$$CW_1=CW_2=DNW\times(1+SMRR_2) \quad (1\text{-}10)$$

因此，为使买卖双方能够确定货物真实重量是否在出口地与进口地发生改变，进出口合同只能采用一个国家的公定回潮率来计算货物公量。

## Q&A 1-4　干净重与公量

**Q**：干净重和公量都是货物的真实重量，为什么要使用公量而不是使用干净重来代表货物的真实重量？

**A**：设公量为CW，干净重为DNW，公定回潮率为SMRR，则有

$$CW=DNW+DNW\times SMRR \quad (1\text{-}11)$$

对于低回潮率货物，$SMRR=0$，$CW=DNW=NW$，公量就等于净重，用干净重代表货物真实重量其实是用公量代表货物重量的一个特例；

对于高回潮率货物，$SMRR>0$，故$CW=DNW+$公定含水量，如果强行使用干净重来代表货物的真实重量，会与实际重量有较大误差。

## 三、约定数量条款的注意事项

1. 计重方法未约定的争议处理

如果合同规定货物是按重量计量和计价，而又没有明确是用净重还是以毛作净，根据《公约》第 56 条，当发生争议时，应按净重计算重量。

2. 必须明确重量单位的制式

公制：Metric Ton(MT)

英制：Long Ton＝1.016 MT

美制：Short Ton＝0.907 MT

3. 数量的机动幅度：溢短装条款

对于实际交货数量难以精确约定的商品，如农副产品、化工原料，为了避免争议，通常要规定交货数量的机动幅度，即溢短装条款(More or Less Clause)。一般情况下，机动幅度在±5%以内。

溢短装条款必须包括：

(1) 溢短装幅度。按照国际商会《跟单信用证统一惯例 600 号》的规定，货物数量的溢短装幅度为 5%；但货物数量按包装单位或个体计数时，这项规则不适用。

(2) 溢短装由谁决定。溢短装一般由卖方决定(at Seller's Option)，例如，China Rice，500 metric tons with 5% more or less at seller's option(中国大米，500 公吨，允许 5%溢短装，由卖方决定)；也可由买方决定(at Buyer's Option)，视成交单件和双方当事人的意愿决定。一般而言，如采用海运，由负责租船订舱安排船舶运输的一方来决定。

(3) 溢短装数量的价格。溢短装货物的计价一般有两种方法：一种是按合同价格计算，另一种是按装船时或到货时的市场价格计算。采用后一种方法，可以防止在市价波动时，享有溢短装权利的一方故意多装或少装货物。不论采用何种方法，最好在合同中明确订明溢短装部分的作价方法。如果合同未明确规定作价方法，一般按合同价格计算。

## 四、品名、品质、数量条款示例

合同中的条款，一般都用序号标明，见本书导论实例 0-1。条款一般包括三项：序号、标题、内容。在实例 0-1 中，合同共有 20 条条款。第(1)条的标题是“Commodity and Specifications”，即品名与规格，其内容为“989 AA SPECTROMETER AND ACCESSORIES, CATALOG NUMBER 942339692352; HELOIS ALPHA PRISM SYSTEM SPECTORMETER AND ACCESSORIES, P/N 9423UVA1000E; HELOIS GAMMA UV-VISIBLE SPECTROMETER，P/N 9423UVG1000E”，分别是原子吸收分光光度计及配件、阿尔法分光光度计及配件、伽马分光光度计及配件。第(2)条的标题是“Qty”，即数量，其内容为三种分光光度计及配件的具体数量，均为“ONE SET”，即壹台/套。第(3)条的标题是“Unit Price”，即单价，内容为每种分光光度计及配件的单价，分别为“USD 28 000.00，USD 8 000.00，USD 5 084.34”。

**例 1-7**　品名、品质、数量条款

| Commodity and Specification | | Quantity |
|---|---|---|
| Fish Meal, Protein | 55% min. | Total 50 metric tons |
| Fat | 9% max. | in 1000 Gunny Bags |
| Moisture | 11% max. | 50 kg/bag |
| Salt | 4% max. | Gross for net |
| Sand | 4% max. | ±5% allowed, |
| | | at the seller's option, |
| | | based on the contract price |

【分析】

例 1-7 中,合同标的物条款是这样规定的:

品名是 Fish Meal(鱼粉),对标的物品质的规定是 Protein 55% min., Fat 9% max., Moisture 11% max., Salt 4% max., Sand 4% max.(蛋白质含量最少 55%,脂肪最多 9%,水分最多 11%,盐分最多 4%,砂粒最多 4%)。

数量条款是 Total 50 metric tons, Gross for net± 5% allowed, at the seller's option(总共 50 公吨,以毛作净,允许 5%的溢短装,并由卖方决定溢短装的选择权)。

包装条款是 in 1 000 Gunny Bag, 50 kg/bag(共装 1 000 麻布袋,每袋 50 千克)。

合同的交易类型是凭规格买卖。

**例 1-8**　品名、品质、数量条款

| Commodity and Specification | Quantity |
|---|---|
| Plush Toy Bear | 10 000 pcs |

Size 24″, ±0.1″ allowed,
Quality to be considered and being
about equal to sample No. HBITC001

请分析判断本例合同的交易类型,是凭样买卖还是凭规格买卖。并如前分析本例合同的标的物条款。

案例 1-4
货物的溢短装

【分析】

标的物条款:

品名:Plush Toy Bear。

品质:玩具熊尺寸 24 英寸*,允许±0.1 英寸的误差,品质与 HBITC001 号样品大致相同。

交易类型:既凭样又凭规格买卖。

* 1 英寸≈2.539 厘米

# 第四节 包装及运输包装的标志

包装条款是国际货物买卖合同中的一项主要条款,按照合同约定的包装要求提交货物,是卖方的主要义务之一。《联合国国际货物销售合同公约》第35条(1)款规定:卖方必须按照合同规定的方式装箱或者包装。如果卖方不按照合同规定的方式装箱或包装,即构成违约。[①]

商品包装的分类方法有很多。通常人们习惯根据包装在流通过程中所起的作用不同,将商品包装分为运输包装(Transport Packing)和销售包装(Selling Packing)两大类。

运输包装又称外包装(Outer Packing),它是将货物装入特定的容器,或以特定的方式成件或成箱的包装。

## 一、运输包装

### (一) 运输包装的分类

运输包装可分为两大类:一类是无包装材料的包装,另一类是有包装材料的包装。

无包装材料的包装指的是散装(In Bulk)和裸装(Nude Cargo)。矿石、煤等大都采用散装形式,钢材、铝锭、巨型设备等大多采用裸装形式。

然而,大多数商品还是有包装材料包装的商品。商品包装的意义在于便于商品储运中的装卸、搬运、保管、清点,便于商品在销售中陈列展示、美化宣传、提高身价、吸引顾客、提高竞争力,便于消费者认购、携带和使用。有包装材料的包装的商品按照包装方式,可以分为单件运输包装和集合运输包装。单件运输包装的具体形式有箱(Case)、捆包(Bundle)、袋(Bag)、桶(Drum,Cask)。其中,箱主要用于不能挤压的商品,捆包、袋、桶主要用于刻意压紧的商品。箱又包括木箱(Wooden Case)、板条箱(Crate)、纸箱(Carton)。袋包括麻袋(Gunny Bag)、布袋(Cloth Bag)、纸袋(Paper Bag)、塑料袋(Plastic Bag)。关于运输包装的分类,概括如图1-3所示。

### (二) 运输包装的标志

运输包装的标志是指货物因运输、装卸、仓储的识别需要,在运输包装上刷写的文字和图形。根据其用途,运输包装的标志可分成运输标志(Shipping Mark)、指示标志(Indicative Mark)和警告标志(Warning Mark)三类。

---

① 转引自吴百福(2003),第37页。

1. 运输标志

又称为唛头,用于指明货物运输的去向。其主要构成包括:收货人标识+目的港名称+国别;其中,收货人标识可以用 logo、简称或编码表示。

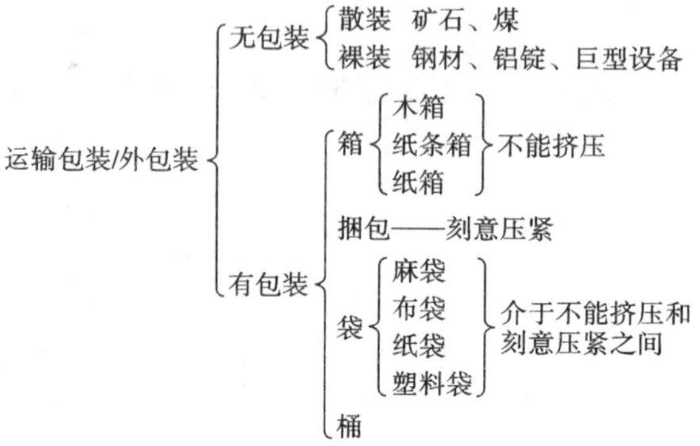


**图 1-3　运输包装的分类**

**例 1-9**　进口运输标志

19FGQM49-9001CN
WUHAN,CHINA

其中,09FGQM49-9001CN 是收货人编码,中国海关和外运公司凭此编码可以迅速识别收货人的公司名称。WUHAN 是目的港名称,CHINA 是进口国别。

**例 1-10**　出口运输标志

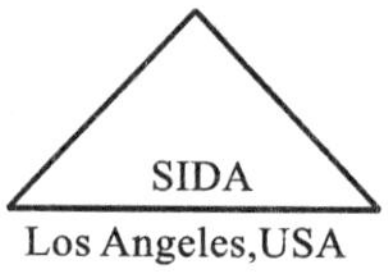


其中,SIDA 是收货人缩写,Los Angeles 是目的港名称,USA 是进口国别。

2. 指示标志

又称操作标志,用于对运输、装卸、储存的具体操作的提示。主要构成包括:图示+指示用语。

**例 1-11**　常用指示标志

向上(This way up)

易碎物品(Fragile)

3. 警告标志

用于标明危险货物的危险性质和等级。主要构成包括:图示+警告用语。

**例 1-12** 常用警告标志

有毒气体(Poison Gas)

腐蚀品(Corrosive)

易燃固体(Inflammable Solid)

放射性物品(Radioactive)

我们可以将这些运输标志与日常生活中的一些标志做一下类比,对这些概念的理解可以更加直观。通常,我们邮寄信件的信封中,收信人地址和收信人姓名就是“唛头”:

| |
|---|
| 武汉市珞喻路 1037 号,邮编 430074<br>华中科技大学　经济学院　国际经济与贸易 1791 班<br><br>×××　　同学收 |

信封上的下列提示语就是“指示标志”:

| |
|---|
| 内有照片　请勿折叠 |

## 二、销售包装

销售包装是相对于运输包装而言的,是消费者在消费过程中见到的包装。运输包装是在运输过程中的包装。但是,这种划分的方法也并不是绝对的。如彩电、洗衣机等家电产品，运输包装和销售包装是同一包装，而诸如化妆品、食品等大多数商品，其销售包装和运输包装是不同的包装。

销售包装并不是国际贸易实务课程所讨论的重点。在国际贸易实务课程中，我们重点讨论的是运输包装的标志，即货物如何能够安全、无误地跨国运送到目的地。销售包装是国际市场营销课程讨论的重点，即如何包装才能使商品卖得更好，更受消费者喜爱。

## 三、中性包装和贴牌

1. 中性包装

中性包装（Neutral Packing）是指既不标明生产国别、地名和厂商名称，也不标明商标或牌号的包装。中性包装包括无牌中性包装和定牌中性包装两种。无牌中性包装是指包装上既无生产地名和厂商名称，又无商标、品牌；定牌中性包装是指包装上仅有买方指定的商标或品牌，但无生产地名和出口厂商的名称。

中性包装有两个重要用途：突破贸易壁垒和转口贸易。在 20 世纪 90 年代中期以前，海峡两岸不能自由通商。运往中国台湾地区的商品的包装上不能出现“中华人民共和国”的字样。因此，中国大陆地区运往台湾地区的商品需要中性包装，即在包装上不标明生产国别、地名和厂商的名称，也不标明商标和牌号。北美地区过去对中国出口的纺织品有配额限制，为了规避壁垒，外贸企业往往将中性包装的纺织品出口到墨西哥或阿根廷，由当地公司再出口到美国。这样就利用中性包装和转口贸易成功地规避了贸易壁垒。

案例 1-5
中性包装

2. 贴牌

贴牌，又称定牌，是指卖方应买方的要求，在出口商品或包装上标明指定的商标或品牌。贴牌主要见于与国际名牌厂商之间的加工贸易，有利于卖方利用买方的经营能力及其商业信誉和名牌声誉，提高商品售价和扩大销路。但卖方采用定牌生产时，要防止出现第三方控告侵权的情况。

## 四、包装及唛头条款示例

1. PACKING

To be packed in new strong wooden case(s)/carton(s) suitable for long distance ocean transportation and well protected against dampness, moisture, shock, rust and rough handling. The seller shall be liable for any damage to the goods on account of improper packing and for any rust damage attributable to inadequate or improper protective measures taken by the seller, and in such case or cases any and all losses and/or expenses incurred in consequence thereof shall be borne by the seller.

2. SHIPPING MARK

On the surface of each package, the package number, measurements, gross weight, the lifting positions, such cautions as DO NOT STACK UP SIDE DOWN, HANDLE WITH CARE, KEEP AWAY FROM MOISTURE, and the following shipping mark shall be stenciled legibly in fadeless paint:

19FGQM49-9001CE(LZH)
WUHAN CHINA

## 本章小结

合同当事人是合同行为的主体,合同标的物是合同行为的客体。

商品的品名、品质、数量和包装是标的物条款的构成要素,是国际货物买卖合同的主要条件,是买卖双方交接货物的重要依据。

商品的品名是指买卖双方所交易的商品的名称,在约定品名条款时要尽可能明确,避免产生误解和歧义。

商品的品质是内在品质和外观形态的综合,常见的表示方法主要有两种:一是以实物表示;二是以文字说明表示。相应的交易类型就有凭实物样品买卖、凭文字说明买卖、既凭样品买卖又凭文字说明买卖等三种,要注意在不同的交易类型中,卖方所承担的责任和义务。

商品的数量是指以一定的计量单位所表示的合同标的物的量的测度,包括重量、个数、长度、面积、体积、容积等的量,注意不同数量表示方法的计量单位。由于货物本身的特性、生产加工条件、包装、运输条件和气候等因素的限制和影响,在约定具体品质和数量时,通常加订品质和数量机动幅度条款,以保证交易的顺利开展,防止争议的发生。

商品的包装是货物的盛载物、保护物与宣传物。它包括运输包装和销售包装。它不仅具有保护商品的性能,而且拥有宣传、美化商品的魅力。包装标志的内容主要包括运输标志、指示性标志和警告性标志,它是各有关当事人识别货物、防止错发错运的重要标志。

## 习 题

# 第二章 国际货物运输

学习目标

- 理解班轮运输的基本特点并掌握班轮运输运费的计算
- 了解租船运输的基本方式及程租船费用
- 了解航空运输、铁路运输的基本营运方式及运费
- 理解集装箱运输的含义、集装箱货量及集装箱货物的交接方式
- 理解海运提单的基本性质和作用
- 掌握国际贸易业务中常见的海运提单种类
- 理解并能填制海运提单
- 理解并能拟订合同中的装运条款

在买卖双方确定标的物之后，接下来的一个重要问题是如何把标的物交付给买方，实现货物所有权的转移。这涉及国际货物买卖的两个环节：标的物的运输，运输途中意外事故的防范与处理。这两个环节就是国际货物运输和运输保险。本书第二章讨论国际货物运输，第三章讨论国际货物运输保险。商品装运是卖方履行的一项重要义务，也是买方非常关心的一个问题。商品装运涉及的内容很多，包括装运的时间和地点、是否允许分批装运和转运、运输方式和运输路线、装卸效率和装卸费、装运通知、装运单据等。因此，商品装运就显得比较复杂。在国际贸易实务中，要求对商品装运条件的磋商和制定做到仔细、全面、适当、可行，以保证进出口交货任务得以顺利完成。

国际货物运输方式可以从多个角度分类。从运输方式方面考察，国际货物运输可以分为四大类：水路运输，包括海洋运输和内河运输；陆路运输，包括铁路运输和公路运输；航空运输；管道运输。

案例 2-1 有关货物运输的磋商

从货物的运输单位方面考察，国际货物运输可以分为两大类：一是散件货物运输，这是传统的运输单位，以单件货物的外包装作为运输单位；二是集装箱货物运输，这是现代运输单位，以集装箱作为运输单位，

集装箱里面可以包括多件散件货物，它可适用于海洋和内河运输、铁路运输、公路运输、航空运输等。集装箱把原本是相互分离的水运、陆运、空运多种运输渠道串联起来，形成多式联运。

# 第一节 海洋运输的营运方式

在现代进出口业务中，海洋运输是最主要的运输方式，其运量在国际货物运输总量中占 80% 以上。海洋运输具有如下优点：①通过能力强。海洋运输可以利用四通八达的天然航道，不像火车、汽车受轨道和道路的限制，故其通过能力很强。②运量大。目前船舶正在向大型化发展，故海洋运输船舶的运载能力，远远大于铁路运输车辆和公路运输车辆。③运费低。因为海运量大、航程远，分摊于每货运吨的运输成本就少，因此，运价相对低。[①]

按照海洋运输船舶经营方式的不同，可分为班轮运输（Shipping by Liner）和租船运输（Shipping by Chartering）。租船运输又可进一步分为定程租船（Voyage Charter）和定期租船（Time Charter）。参照大家所熟悉的日常生活中的交通运输，我们可以把班轮、定程租船和定期租船分别类比为公共汽车、出租车和租车自驾。

## 一、班轮运输

### （一）班轮运输特点

班轮运输又称定期船运输，是指船舶按照预定船期表（Sailing Schedule），在固定的航线和港口往返航行，从事客货运输业务，并按事先公布的费率收取运费的运输。它具有如下特点：

（1）“四固定”。班轮运输船舶按照固定的船期表、沿着固定的航线、固定的停泊港口来往运输，并按照相对固定的运费率收取运费。类似地，我们日常生活中乘坐的公共汽车，也有固定的开车时间、固定的路线和站点、相对固定的价票。

（2）对货种、货量不做限制。班轮运输承运货物的品种、数量比较灵活，货运质量较有保证，一般采取在码头仓库交接货物，故为货主提供了较便利的条件。

（3）船公司负责配载、装卸货物，装卸费包括在运费当中。由船方负责配载装卸，装卸费包括在运费中，货方不再另付装卸费，船货双方也不计算滞期费和速遣费。

---

① 黎孝先（2007），第 101 页。

(4) 托运人和承运人的权利义务以班轮提单条款为依据。

**(二) 班轮运输运费**

班轮公司运输货物所收取的运送费用，是按照班轮运价表(Liner's Freight Tariff)的规定计收的。不同的班轮公司或班轮公会各有不同的班轮运价表。班轮运价表一般包括货物分级表、各航线费率表、附加费率表、冷藏货及活牲畜费率表等。目前，中国海洋班轮运输公司使用的是"等级运价表"，即将承运的货物分成若干等级(一般分为20个等级)，每一个等级的货物有一个基本费率，其中1级费率最低，20级费率最高。

班轮运费包括基本运费和附加运费两部分。前者是指货物从装运港到卸货港所应收取的基本运费，它是构成全程运费的主要部分；后者是指对一些需要特殊处理的货物，或者由于突然事件的发生或客观情况变化等原因而需要另外加收的费用。

1. 基本运费

基本运费按照班轮运价表固定的计收标准计收。在班轮运价表中，根据不同的商品，对运费的计收标准，通常采用下列几种：

(1) 按货物毛重即重量吨(Weight Ton)计收运费，运价表内用"$W$"表示。1公吨记为1重量吨。

$$基本运费=重量吨（公吨）\times r_W$$

$r_W$为按重量吨计算的运价。这种方法适合比重较大的货物(实货)。

(2) 按货物的体积/容积即尺码吨(Measurement Ton)计收，运价表中用"$M$"表示。1立方米记为1尺码吨。

$$基本运费=尺码吨（立方米）\times r_M$$

$r_M$为按尺码吨计算的运价。这种方法适合比重较小的货物(泡货)。

上述计算运费的重量吨和尺码吨统称为运费吨(Freight Ton)，又称计费吨，现在国际上一般都采用公制(米制)，其重量单位为公吨(Metric Ton，缩写为MT)，尺码单位为立方米。计算运费时，1重量吨=1尺码吨，1尺码吨=1立方米，1重量吨=1尺码吨=1运费吨。

(3) 按毛重或体积计收，由船公司选择其中收费较高的作为计费的运费吨，运价表中以"WM"表示。船公司不确定货物是实货还是泡货时，用此种方法。此时，

$基本运费=\max\{W, M\}=\max\{WT\times r_W, MT\times r_M\}$，或者

$基本运费=r_{FT}\times\max\{重量吨，尺码吨\}$

$r_{FT}$为按运费吨计算的运价。这种方法适合比重难以确定的货物。

(4) 按商品价格计收，又称为从价运费，运价表内用"AV"表示。从价运费一般按货物FOB[①]价格的百分之几收取。这种方法适合高价值货物。

在实际业务中，基本运费的计算标准以按货物的毛重"$W$"和按货物的体积"$M$"或按重量、体积选择"WM"的方式为多。贵重物品较多的是按货物的FOB总值"AV"

① FOB指"装运港船上交货"，常用价格术语，第四章将作重点讲解。

计收。

2. 附加费

附加费是指除基本运费外，另外加收的各种费用。附加费的计算办法，有的是在基本运费的基础上，加收一定百分比；有的是按每运费吨加收一个绝对数计算。附加费名目繁多，而且会随着航运情况的变化而变动。在班轮运输中常见的附加费有以下几种：

(1) 超重附加费(Extra Charges on Heavy Lifts)。它是指由于货物单件重量超过一定限度而加收的一种附加费。

(2) 超长附加费(Extra Charges on Over Lengths)。它是指由于单件货物的长度超过一定限度而加收的一种附加费。

(3) 选卸附加费(Additional on Optional Discharging Port)。对于选卸货物(Optional Cargo)需要在积载方面给予特殊的安排，这就会增加一定的手续和费用，甚至有时会发生翻船，由于上述原因而追加的费用，称为选卸附加费。

(4) 直航附加费(Additional on Direct)。如一批货达到规定的数量，委托人要求将一批货物直接运达非基本港口卸货，船公司为此加收的费用，称为直航附加费。

(5) 转船附加费(Transshipment Additional)。如果货物需要转船运输的话，船公司必须在转船港口办理换装和转船手续，上述作业所增加的费用，称为转船附加费。

(6) 港口附加费(Port Additional)。由于某些港口的情况比较复杂，装卸效率较低或港口收费较高等原因，船公司特此加收一定的费用，称为港口附加费。

除了上述各种附加费外，船公司有时还根据各种不同情况临时决定增收某种费用，例如燃油附加费、货币附加费、绕航附加费等。

3. 班轮运费的计算

班轮运费的计算步骤如下：

第一，选择相关的船公司运价表。

第二，根据货物名称，在货物分级表中查出相应的费用计算标准(Basis)和等级(Class)。

第三，在等级费率表的基本费率部分，找到相应的航线、起运港和目的港，按等级查到基本运价。

第四，从附加费部分查出所有应付的附加费项目和数额(或百分比)及货币种类。

第五，根据基本运价和附加费算出实际运价。

第六，总运费＝实际运价×运费吨。

根据上述步骤，总结出班轮运费的计算公式为：

$$F = \mathrm{Fb} \times \left(1 + \sum s\right) \times Q$$

$F$ 为班轮运费，Fb 为基本运费率，$\sum s$ 为附加费率之和，$Q$ 为总货运量。[①]

① 黎孝先(2007)，第 103 页。

**例 2-1** 班轮运费的计算[①]

某轮船公司班轮运价表规定的货物分级表如下：

| 货　　名 | 计算标准 | 等　　级 |
| --- | --- | --- |
| 农机(包括拖拉机) | WM | 9 |
| 未列名豆 | *W* | 3 |
| 钟及零件 | *M* | 10 |
| 五金及工具 | WM | 10 |
| 人参 | AV/M | 20 |
| 玩具 | *M* | 11 |

班轮运价表规定由中国口岸至东非主要港口的费率如下：

| 等　　级 | 运费(HKD) |
| --- | --- |
| 1 | 243.00 |
| 2 | 254.00 |
| 3 | 264.00 |
| 4 | 280.00 |
| ⋮ | ⋮ |
| 9 | 404.00 |
| 10 | 443.00 |
| 11 | 477.00 |
| ⋮ | ⋮ |
| 20 | 1 120.00 |
| AV | 2.9% |

现有工具 100 箱，每箱 0.45 立方米，每箱毛重为 580 公斤，试计算该批货物运往东非某主港口的运费(燃料附加费 40%，港口拥挤费 10%)。

① 彭福永(2000)，第 149 页。

【解】

运费计算步骤：

第 1 步　按货物名称查出运费计算方式、费率等级：工具的运费计算方式是 W/M，费率等级是 10。

第 2 步　按费率等级查出费率 $r_{FT}$ 为 10 级　$r_{FT}=443.00$(HKD)

第 3 步　基本运费＝max{0.58×443，0.45×443}×100＝25 694(HKD)

第 4 步　附加运费＝25 694×(40%＋10%)＝12 847(HKD)

最后　运费＝基本运费＋附加运费＝25 694＋12 847＝38 541(HKD)

## 二、租船运输

租船运输[①]与班轮运输有很大的差别。在租船运输业务中，没有预定的船期表，船舶经由航线和停靠的港口也不固定，须按船租双方签订的租船合同来安排，有关船舶的航线和停靠的港口、运输货物的种类以及航行时间等，都按承租人的要求，由船舶所有人确认而定，运费和租金也由双方根据租船市场行市在租船合同中加以约定。

### (一) 租船运输方式

租船运输的方式有两大类：一类是定程租船，另一类是定期租船。

1. 定程租船

定程租船又称为航次租船，是指由船舶所有人提供船舶，在指定港口之间进行一个航次或数个航次，承运指定货物的租船运输。定程租船就其出租的方式不同可分为：①单程租船，又称为单航次租船；②来回航次租船；③连续航次租船；④包运合同。[②]

2. 定期租船

定期租船是指由船舶所有人将船舶出租给承租人，供其使用一定时期的租船运输。[③]定期租船中租期短的仅有几个月，长的可达几年或者十几年甚至一直到船报废时为止。除租船合同另有规定外，承租人也可将此期租船充作班轮或程租船使用。

3. 定程租船与定期租船的差异

定程租船和定期租船有许多不同之处，主要表现在以下几个方面：

第一，在租赁基础上，定程租船是按航程出租船舶，而定期租船则是按期限出租船舶。

第二，关于船、租双方的责任和义务，前者以定程租船合同为准，后者以定期租船合同为准。

第三，在货物及船舶管理上，定程租船的船方直接负责船舶的经营管理，除负责船舶航行、驾驶和管理外，还应对货物运输负责。但定期租船的船方，仅对船舶的维护、修理、机器正常运转和船员工资与给养负责，而船舶的调度、货物运输、船舶在租期内的营运管

① 黎孝先(2007)，第 104 页。

② 黎孝先(2007)，第 104 页。

③ 黎孝先(2007)，第 104 页。

理和日常开支,如船用燃料、港口费以及货物的搬运、装卸、理舱平舱等费用,均由租方负责。

第四,在租金和装卸费用上,定程租船的租金或运费一般按装运货物的数量计算,也有按航次包租总金额计算的。而定期租船的租金一般是按租期每月每吨若干金额计算。同时,采用定程租船时要规定装卸期限和装卸率,以凭此计算滞期费和速遣费;而采用定期租船时,则船、租双方不规定装卸率和滞期速遣费。①

此外,还有一种称作光船租船(Bare Boat Charter)的定期租船方式。它与一般的定期租船不同的是,船舶出租人向租船人提供不配备船员的船舶,在约定的期间内由租船人占有、使用和营运,并向出租人支付租金。

近年来,国际上发展起一种介于航次租船和定期租船之间的租船方式,即航次期租(Time Charter on Trip Basis,TCT),这是以完成一个航次运输为目的,按完成航次所花的时间,按约定的租金率计算租金的一种租船方式。

就外贸企业来说,使用较多的租船方式是定程租船。它主要用于运输批量较大的大宗初级产品,如粮食、油料、矿产品和工业原料等。②

#### (二)定程租船的费用

定程租船的费用主要包括租船运费和装卸费,此外还有速遣费、滞期费等。

1. 程租船运费

程租船运费是指货物从装运港到目的港的海上运费。程租船运费的计算方式与支付方式,须由租船人与船东在所签订的程租船合同中明确规定。其计算方式主要有两种:一种是按运费率(Rate of Freight),即规定每单位重量或单位体积的运费额,同时还要规定是按装船时的货物重量(Intake Quantity)还是按卸船时的货物重量(Delivered Quantity)来计算总运费的方法。另一种是整船包价(Lump-sun Freight),即规定一笔整船运费,船东保证船舶能提供的载货重量和容积,不管租方实际装货多少,一律按整船包价付。

程租船运费率的高低取决于诸多因素,如租船市场运费水平、承运的货物价、装卸货物所需设备和劳动力、运费的支付时间、装卸费的负担方法、港口费用高低及船舶经纪人的佣金高低等。

程租船运费有预付和到付之分。预付有全部预付的,也有部分预付的,到付有船到目的港开始卸货前付的、边卸边付的,也有货物卸完后支付的。

2. 程租船的装卸费

程租船运输情况下,有关货物的装卸费用由租船人和船东协商确定后,在程租船合同中明确做出规定。具体做法有如下几种:

(1) 船东负担装货费和卸货费,又可称为"班轮条件"(Gross Terms,Liner Terms 或

---

① 黎孝先(2007),第105页。

② 吴百福(2003),第97页。

Berth Terms)。类似班轮运输，装卸费包括在运费之中。

(2) 船方管装不管卸(Free Out，即 F. O.)，即船方负担装货费，不负担卸货费。

(3) 船方管卸不管装(Free In，即 F. I.)，即船方负担卸货费，不负担装货费。

(4) 船方装和卸均不管(Free In and Out，即 F. I. O.)，即船方既不负担装货费，也不负担卸货费。这种条件一般用于散装货。采用这一规定方法时，必要时还须明确规定理舱费和平舱费由谁负担，如规定由租方负担，则称为"船方不管装卸、理舱平舱"(Free In and Out，Stowed and Trimmed，即 F. I. O. S. T.)，即下面一种。

(5) 船方不管装卸、理舱平舱。理舱(Stow)是指堆装有包装的货物。平舱(Trim)是指配平散装货物。

3. 装卸时间、滞期费和速遣费

程租船运输情况下，装卸货时间的长短影响到船舶的使用周期和在港费用，直接关系到船方利益。因而，在承租船合同中，除须规定装卸货时间外，还需规定一种奖励与处罚措施，以督促租船人快装快卸。[①]

装卸时间或称装卸期限，是指租船人承诺在一定期限内完成装卸作业，因为装卸时间直接关系到船舶的周转与出租人的营运成本，因此，它是程租船合同的一项重要内容。装卸期限可用若干日表示，也可用装卸率表示，即平均每天装卸若干吨。此外，还要规定哪些时间应算为工作日，哪些时间除外。装卸时间的计算，通常有以下几种[②]：

(1) 日或连续日(Running Days，Consecutive Days)。

装货或卸货所经历的日历日数，就是总的装货或卸货时间。在此期间内，不论是实际不可能进行作业的时间(如雨天)还是星期日或节假日，都应计为装卸时间。这种规定对租船人不利。

(2) 累计 24 小时好天气工作日(Weather Working Days of 24 (accumulative) Hours，即 WWD of 24 (accumulative) Hours)。

在好天气的情况下，以累计 24 小时作为一个工作日。这种规定对租船人有利，对船方不利。

$$\text{装卸时间}=\frac{\sum_{1}^{n-1}\text{好天气供给时间}_i+\text{作业时间}_n}{24}\text{天，}n\text{ 为好天气的段数。}$$

$\sum_{1}^{n}\text{好天气供给时间}_i \geqslant 24$，即好天气累计供给必须大于或等于 24 小时。

(3) 连续 24 小时好天气工作日(Weather Working Days of 24 Consecutive Hours，即 WWD of 24 Consecutive Hours)。

在好天气的情况下，连续作业 24 小时算 1 个工作日，中间因坏天气影响而不能作业的时间应予扣除。此法适用于昼夜作业的港口。国际上普遍采用此规定，中国一般也采

① 吴百福(2003)，第 100 页。

② 黎孝先(2000)，第 140 页。

用。采用时应说明星期日和节假日是否计算。

$$装卸时间 = \left\{\sum_{1}^{n-1}\left[\frac{好天气供给时间_i}{24}\right]+\frac{作业时间_n}{24}\right\}天，n\ 为好天气的段数。$$

第 $n$ 段好天气连续供给必须大于或等于 24 小时。

对装卸时间的说明：

(1)“累计 24 小时好天气工作日”与“连续 24 小时好天气工作日”均属基本做法，不同港口会在基本做法的基础上对装卸时间的计算给予放宽或收紧。例如，周末或法定假日究竟如何计算，港口会采用条款说明。

放宽的条款：星期日和节假日除外，即使用了也不算。Sundays and holidays excepted even used.

收紧的条款：星期日和节假日除外，但用了要算。Sundays and holidays excepted unless used.

(2) 天气由老天供给，装卸时间是租方对好天气的使用。在规定装卸时间末尾的前段时间，只要老天供给一天(累计 24 小时好天气工作日或连续 24 小时好天气工作日)，即使租方不使用，也必须算作租方的装卸时间。

(3) 但是，在规定装卸时间的末尾，如果老天供给的好天气大于或等于一天(连续 24 小时好天气工作日)，则存在作业尾数，

$$作业尾数=\frac{作业时间_n}{24}天。$$

$n$ 表示第 $n$ 个时间段。

如果老天供给的好天气不足 24 小时，则不存在作业尾数。

**例 2-2** 装卸时间的计算

自 4 月 1 日开始装载一批货物，4 月 1 日至 3 日非周末，非节假日。下雨时不能装货，天气条件及装货工作情况如下表所示：

| 日期 | 下雨时间 | 装货工作情况 |
|---|---|---|
| 4 月 1 日 | 15 小时 | 未下雨时装货 |
| 4 月 2 日 | 20 小时 | 未下雨时装货 |
| 4 月 3 日 | 没有下雨 | 装货自 0 点开始，至 10 点结束 |

(1) 按照日或连续日计算，

装货时间＝ 3(天)。

(2) 按照累计 24 小时好天气工作日计算，

$$装货时间=\frac{(24-15)+(24-20)+10}{24}天=0.96\ 天。$$

注意，这里好天气累计供给时间必须大于或等于 24 小时。如果好天气累计供给时间小于 24 小时，则装货时间为 0 天，不存在作业尾数。

(3) 按照连续 24 小时好天气工作日计算。

只有最大装货时间的解个数有限,其他解个数无限。最大装货时间对应于 4 月 1 日的连续 9 小时好天气与 4 月 2 日的连续好天气相连接,4 月 2 日的另一段连续好天气与 4 月 3 日的 10 小时装货时间相连接。

设 4 月 2 日与 4 月 3 日相连接的好天气时间为 $m$ 小时,则有 $0\leqslant m\leqslant 4$。

第一段好天气供给时间为 $9+(4-m)$小时,

第二段(末段),装货时间为 $m+10$ 小时,

$$装货时间=\left\{\left[\frac{9+(4-m)}{24}\right]+\frac{m+10}{24}\right\}天。$$

若 $m=0$,装货时间= 0.42 天;若 $m=4$,装货时间=0.58 天。

在规定的装卸期限内,如果租船人未能完成装卸作业,为了弥补船方的损失,对超过的时间租船人应向船方支付一定的罚款。这种罚款称为滞期费(Demurrage)。反之,如果租船人在规定的装卸期限内,提前完成装卸作业,则所节省的时间船方要向租船人支付一定的奖金。这种奖金称为速遣费(Dispatch Money)。因此,滞期费是指实际装卸时间超过约定的装卸时间,租方因此支付给船方的罚金。速遣费是指实际装卸时间少于约定的装卸时间,船方因此支付给租方的奖金。

为了使程租船合同有关条款符合实际并能保证兑现,必须根据货物的种类、船舶舱口数、港口的装卸能力、港口习惯、航运市场运费水平等因素,在充分了解和掌握的基础上慎重确定。而且,还应在买卖合同中对装卸时间和滞期费、速遣费条款做相应规定,防止进出口合同条款与租船合同不一致而造成损失。

**例 2-3** 滞期费和速遣费[①]

我方以 FOB 条件达成进口货物 10 000 吨,进口合同规定每天装 400 吨,延期 1 天罚款 500 元,提前 1 天奖 250 元,而程租船合同规定每天装 500 吨,滞期 1 天罚 600 元,速遣 1 天奖 300 元。结果 22 天 6 小时装完全部货物。我方要对国外出口人支付速遣费 2.75 天计 687.50 元;同时,还要对船方支付滞期费 2.25 天计 1 350 元,双重损失合计 2 037.50元。

### (三) 定期租船费用或租金

在定期租船的情况下,租船人为使用船舶而付给船舶所有人的代价称为租金(Rent)。租金率取决于船舶的装载能力和租期的长短,通常规定为每月载重吨若干金额或整船每天若干金额。

租船人必须按时按规定的金额支付租金。一般说来,如租金未在到期之日付到船舶所有人指定的收款银行,则船舶所有人有权撤回船舶。

---

① 引自吴百福(2003),第 101 页。

# 第二节 航空运输

航空运输(Air Transport)是一种现代化的运输方式。它与海洋运输、铁路运输相比,具有交货迅速、准确方便、节省包装、减少保险和储存费用、保证运输质量且不受地面条件限制等优点。在国际贸易中,航空运输特别适合易腐商品、鲜活商品和季节性强的商品。

## 一、国际空运的营运方式

国际航空运输包括班机运输、包机运输、集中托运和航空急件传送等方式。[①]

1. 班机运输(Transport by Scheduled Airline)

班机是指在固定的航线上定期航行的飞机。这种飞机有固定始发站、到达站和途经站。一般航空公司都是用客货混合型飞机。一些较大的航空公司也在某些航线上开辟了全货机航班运输。

2. 包机运输 (Transport by Chartered Carrier)

包机可分为整架包机(单个托运人)和部分包机(多个托运人)两种形式。整架包机是指航空公司按照事先约定的条款和费率,将整架飞机租给租机人,从一个或几个航空站装运货物至指定目的地的运输方式。它适合运输大宗货物。部分包机是指由几家航空货运代理公司或发货人联合包整架飞机,或者由包机公司把整架飞机的舱位分别租给几家航空货运代理公司。部分包机适用于一吨以上不足整机的货物运输,运费率较班机要低,但运送时间较班机要长。

3. 集中托运 (Consolidation)

集中托运是指航空货运代理公司把若干批单独发运的货物组成一批向航空公司办理托运,填写一份总运单将货物发运到同一目的站,由航空货运代理公司在目的地站的代理人负责收货、报关,并将货物分别转交给各收货人的一种运输方式。

4. 航空急件传送 (Air Express Services)

航空急件传送是目前国际航空运输中最快捷的运输方式。它不同于航空邮寄和航空货运,而是有一个专门经营此项业务的机构与航空公司密切合作,设专人用最快的速度在货主、机场、收件人之间传送急件,特别适用于急需的药品、医疗器械、贵重物品、图

① 吴百福(2003),第 108—109 页。

纸资料、货样及单证等的传送，被称为“桌到桌运输”(Desk to Desk Service)。

## 二、航空运输的运费

比照海洋运输中的“重量吨”和“尺码吨”，本书作者在航空运输中引入“重量公斤”和“尺码公斤”。

1 重量公斤＝1 公斤

1 尺码公斤＝6 000 立方厘米

1 重量公斤的运费与 1 尺码公斤(6 000 立方厘米)的运费相等。

设航空公司的运价为 $r$，则

$$\text{运费} = r \times \max\{\text{重量公斤}, \text{尺码公斤} \times \text{公斤/立方厘米}\}$$

$$= r \times \max\left\{\text{重量公斤}, \frac{\text{长(厘米)} \times \text{宽(厘米)} \times \text{高(厘米)}}{6\ 000\ \text{立方厘米}} \times \text{公斤}\right\}$$

注意，“重量公斤”和“尺码公斤”不是实际进出口工作中的说法。

**例 2-4** 航空运费的计算

有货物 5 箱，每箱尺码 0.5 米×0.8 米×0.9 米，每箱毛重 55 公斤。武汉至意大利米兰航空运价为人民币 35 元/公斤，试计算航空运费。

**【解】** 重量公斤＝55(公斤)

尺码公斤＝50×80×90/6 000＝60(立方厘米)

航空运费＝35×max{55，60}×5＝10 500(元)

# 第三节 铁路运输

在国际货物运输中，铁路运输(Rail Transport)是一种仅次于海洋运输的主要运输方式，海洋运输的进出口货物，也大多是靠铁路运输进行货物的集中和分散的。

铁路运输有许多优点，一般不受气候条件的影响，可保障全年的正常运输，而且运量较大，速度较快，有高度的连续性，运输过程中可能遭受的风险较小。办理铁路货运手续比海洋运输简单，而且发货人和收货人可以在就近的始发站和目的站办理托运和提货手续。

## 一、铁路运输分类

铁路运输可分为国际铁路货物联运和国内铁路货物运输两种。

### （一）国际铁路货物联运

凡是使用一份统一的国际联运票据，由铁路负责经过两国或者两国以上的铁路的全程运送，并由一国铁路向另一国铁路移交货物时，不需发货人和收货人参加，这种运输方式称为国际铁路货物联运。

采用国际铁路货物联运，有关当事国事先必须有书面的约定。欧洲国家的铁路联运工作开始较早，1890 年欧洲各国在瑞士首都伯尔尼举行的各国铁路代表大会上制定了《国际铁路货物运送规则》，之后在 1938 年修改后称为《国际铁路货物运送公约》。加入该公约的国家有德国、奥地利、比利时、丹麦、西班牙、法兰西、希腊、意大利、列支敦士登、卢森堡、挪威、荷兰、葡萄牙、英国、瑞典、瑞士、土耳其、保加利亚、匈牙利、波兰、罗马尼亚、捷克斯洛伐克和南斯拉夫等。从 1951 年 4 月 1 日起，中国同苏联开办铁路联运，同年 11 月，苏联和东欧各国签订了《国际铁路货物联运协定》，简称《国际货协》。

1954 年 1 月，中国成为《国际货协》的参加国，开办了国际间的铁路联运。接着朝鲜、蒙古和越南也加入了国际铁路联运。直到 1990 年 10 月，由于德国的统一，民主德国终止了《国际货协》。随后东欧各国形势发生巨变，匈牙利、捷克也于 1991 年 10 月起终止了《国际货协》。

目前，中国对朝鲜、俄罗斯的大部分进出口货物以及东欧一些国家的小部分进出口货物，都是采用国际铁路联运的方式运送的。按照《国际货协》的规定，从参加《国际货协》的国家向未参加《国际货协》的国家或者相反方向运送货物，亦可办理联运。具体做法是从参加《国际货协》的国家发货，使用国际铁路货协的联运运单，当货物运到离开《国际货协》参加国的最终出口国国境站时，由铁路边境站负责改换适当的联运票据继续转运至终点站。从未参加《国际货协》的国家向参加《国际货协》的国家铁路发货，其继续转运发送事宜，则由参加《国际货协》的第一过境铁路的进口国国境站负责办理。

### （二）国内铁路运输

国内铁路运输是指仅在本国范围内按《国内铁路货物运输规程》的规定办理的货物运输。中国出口货物经铁路运至港口装船以及进口货物卸船后经铁路运往各地，均属国内铁路运输的范畴。

供应中国港、澳地区的物资经铁路运往香港（含九龙），也属于国内铁路运输的范围。对港铁路运输是由中国内地段运输和香港段铁路运输两部分构成。它是一种特殊的租车运输方式的两票运输。具体做法是从发货地至深圳北站的中国内地段运输，由发货人或发货地外运机构依照对港铁路运输计划的安排，填写中国内地铁路运单，先行运往深圳北站，收货人为中国对外贸易运输公司深圳分公司。深圳分公司作为各外贸企业的代理，负责在深圳与铁路局办理货物运输单据的交换，并向深圳铁路局租车，然后申报出口，经检查放行后，将货物运输至九龙港。货车过轨后，由深圳外运分公司在香港的代理人——香港中国旅行社向香港九广铁路公司办理港段铁路运输的托运、报关等工作，火车到达九龙目的站后，由香港中国旅行社将货物卸交给香港收货人。[①]

## 二、铁路运输货量

按中国铁路技术条件，现行的铁路运输货物货量分为整车、零担、集装箱三种。它是根据托运货物的数量、性质、包装、体积、形状和运送条件等确定的。

1. 整车

整车适于运输大宗货物。一般来说，一批货物按照它的重量或体积需要单独使用三十吨以上的一辆或超过一辆的货车装运，或者虽然不能装满一辆货车，但是由于货物的性质、形状或运送条件等的原因，必须单独使用一辆货车装运时，都应该以整车的方式运输。

2. 零担

零担适于运输小批量的零星货物。如果按照货物的性质、形状、运送条件等不需要单独使用一辆货车运输，可以与其他几批货物拼装一辆货车运送时，则按零担的方式运输。零担运输一件货物体积不能小于 0.02 立方米（一件重量在 10 公斤以上的除外），每批不得超过 300 件。

但是，下列货物必须按照整车办理：①需要冷藏、保温或加温运输的货物；②规定限按整车办理的危险货物；③易于污染其他货物的污秽品；④蜜蜂；⑤不易计算件数的货物；⑥未装容器的活动物（铁路局规定在管辖路段内可按零担运输的除外）；⑦一件重量超过 2 吨，或体积超过 3 立方米，或长度超过 9 米的货物（经发站确认不致影响中转站和到站装卸车作业的除外）。

3. 集装箱

铁路集装箱适于运输精密、贵重、易损的货物。为了节约货物包装材料、降低商品成本、简化运输手续、提高装卸作业效率、加速货物和车辆周转，以贵重、易碎、怕湿货物为主，在铁路集装箱运输营业所或集装箱办理站之间，可办理集装箱运输。

整车、零担和集装箱的区别在于：

第一，在数量上，零担货物规定一批的重量和体积不足装满一个三十吨货车，一件货物的体积最小不得小于 0.02 立方米，每批不得超过 300 件；使用集装箱运输的货物重量，每箱不得超过集装箱最大载重量。铁路集装箱最大载重量为一吨箱 810 公斤、五吨箱4 200公斤。

第二，在货物种类及其性质上，采用零担或集装箱运输时有一定的限制，有八类货物限制采用零担运输，有三类货物限制采用集装箱运输；而采用整车运输时则没有这类限制。

第三，在货物运送的单位上，整车以每车为一批，跨装、爬装及使用游车的货物，以每车组为一批，而零担或集装箱运输的货物，则以每张运单为一批；使用集装箱运输货物，

① 黎孝先(2007)，第 107 页。

铁路按批办理，每批必须同一箱型，至少一箱，最多不得超过铁路货车一车所能装运的箱数。

第四，在货物运费的核收上，整车货物与零担货物的运价号、运价率都不同。按集装箱运输时，一整车集装箱按货车标重及其适用的整车运价率计费；零担集装箱按货物重量（低于起码重量的按起码重量）及其适用的零担运价率计费。

### 三、铁路运输运费

铁路货运运费（铁路货物运输费用）是对铁路运输企业所提供的各项生产服务消耗的补偿，包括车站费用、运行费用、服务费用和额外占用铁路设备的费用等。

在铁路货运运费核收工作中，铁路工作人员按以下步骤操作得到最终运费：

第一，按《货物运价里程表》计算出发站至终点站的运价里程。

第二，根据货物运单上填写的货物名称查找《铁路货物运输品名分类与代码表》、《铁路货物运输品名检查表》，确定适用的运价号。

第三，整车、零担货物按货物适用的运价号，集装箱货物根据箱型，冷藏车货物根据车种，分别在"铁路货物运价率表"中查出适用的发到基价和运行基价。

第四，货物适用的发到基价与按《铁路货物运输规则》确定的计费重量（集装箱为箱数）相乘，计算出发到运费；运行基价与货物的运价里程相乘之积再与按《铁路货物运输规则》确定的计费重量（集装箱为箱数）相乘计算出运行运费。

第五，杂费按《铁路货物运价规则》的规定计算。

综上得出铁路货物运费计算公式为：

铁路货物运费＝发到运费＋运行运费＋杂费

＝发到基价×货物计费重量＋运行基价×运价公里×货物计费重量＋杂费

## 第四节 集装箱运输

集装箱运输（Container Transport）是以集装箱作为运输单位进行货物运输的一种现代化运输方式。它可用于海洋运输、铁路运输、公路运输、内河运输和国际多式联运等。航空运输也可使用集装箱。

### 一、集装箱的含义

集装箱（Container）是指专供周转使用的大型装货容器，它具有一定的强度、刚度和规格。集装箱又称为“货柜”或“货箱”。

国际标准化组织(International Organization for Standardization，ISO)第104条规定，集装箱应具备下列条件：①能长期反复使用；②途中转运，不动容器内的货物，可直接换装；③能快速装卸，并能从一种运输工具上直接且方便地换装到另一种运输工具上；④便于货物的装满和卸空；⑤每个容器具有一立方米或以上的容积。

集装箱对传统运输有如下突破：

(1) 使运输单位从自然形成的、不规则的散件货物转变成为标准化、集成化、可周转使用的容器；

(2) 使货物的安全性得到最大限度的保障；

(3) 使货物的装卸效率得到极大的提高；

(4) 使船舶等传统运输工具的运载量得到充分的扩展；

(5) 使相互独立的海、陆、空运输方式得以串联。

## 二、集装箱规格

国际标准化组织为统一集装箱的规格，推荐了三个系列13种规格的集装箱，而在国际航运上使用的主要为20英尺*和40英尺两种(见表2-1)。为适应运输各类货物的需要，集装箱除通用的干货集装箱外，还有罐式集装箱、冷冻集装箱、框架集装箱、平台集装箱、开盖集装箱、通风集装箱、牲畜集装箱、散货集装箱、挂式集装箱等。[②]

**表2-1 常用规格的干杂货集装箱**

| 规格 | 内径尺寸<br>长(米)×宽(米)×高(米) | 容积<br>(立方米) | 净载重量<br>(公吨) |
|---|---|---|---|
| 20英尺标准箱 | 5.89×2.35×2.39 | 33.10 | 21.74 |
| 40英尺标准箱 | 12.029×2.35×2.398 | 67.70 | 26.63 |
| 40英尺高柜 | 12.029×2.35×2.698 | 76.30 | 26.60 |

资料来源：田运银(2007)，第62页。

## 三、集装箱货量

集装箱货量有整箱货和拼箱货之分。

整箱货(Full Container Load，FCL)是指由一个托运人独自使用集装箱、支付包箱运价的货物。

拼箱货(Less than Container Load，LCL)是指由两个或更多托运人共同使用集装箱、按货量支付运价的货物。

---

* 1英尺=0.3048米

② 吴百福(2003)，第111页。

## 四、集装箱货物的交接方式

### （一）相关概念[①]

（1）集装箱堆场（Container Yard，CY）（见图 2-1）是专门用来保管和堆放集装箱（重箱和空箱）的场所，是整箱货办理交接的地方，一般设在港口的装卸区内。堆场签发场站收据（Dock Receipt，D/R），办理集装箱的装卸并编制集装箱的装船配载计划，签发设备交接单和收、发空箱，办理货柜存储、保管、维修、清扫、熏蒸和出租。

**图 2-1　集装箱堆场**

（图片来源：百度图片）

（2）集装箱货运站（Container Freight Station，CFS），又叫中转站或拼装货站，是拼箱货办理交接的地方，一般设在港口、车站附近，或内陆城市交通方便的场所。对于不足一箱的货物，由货主或货代将货物送到货运站，由货运站组合进行拼装（Consolidation）。办理重箱运往堆场、拼箱、保管、报关、铅封、签发场站收据等。

### （二）常用交接方式

（1）CY-CY：托运人在装运港堆场交货（整箱货），收货人在目的港堆场提货。

（2）CFS-CFS：托运人在装运地货运站交货（拼箱货），收货人在目的地货运站提货。

（3）Door-Door：承运人在指定的装运地收取货物，在指定的目的地卸载货物。

## 五、集装箱海运运费

集装箱海运运费的计算基本上分为两类：①沿用传统的运费计算方法，单件包装以运费吨为计费单位；②以集装箱作为计费单位，即包箱费率。总的趋势是包箱费率的计

① 刘文广，http://www.jemcc.net/department/gushuangjpk/d4/4.6.1.htm。

算方法逐步取代传统件杂货运费的计算方法。

集装箱包箱费率有三种规定方法[①]：

(1) FAK 包箱费率(Freight for All Kinds)是指不分货物种类，也不计货量，只规定统一的每个集装箱收取的费率，如表 2-2 所示。

**表 2-2 中国至新加坡航线集装箱费率[②]**

| 装港 | 货类 | CFS/CFS | CY/CY | |
|---|---|---|---|---|
| | | per F/T | 20′FCL | 40′FCL |
| 大连 | 杂货 | 78.50 | 1 250.00 | 2 310.00 |
| 新港 | 杂货 | 70.00 | 1 150.00 | 2 035.00 |
| 上海 | 杂货 | 70.00 | 1 150.00 | 2 035.00 |
| 黄埔 | 杂货 | 63.00 | 950.00 | 1 750.00 |

(2) FCS 包箱费率(Freight for Class)是按不同货物等级制定的包箱费率，如表 2-3 所示。

**表 2-3 中国至澳大利亚航线集装箱费率**

基本港：Brisban，Melbourne，Sydny，Fremantle　　in USD

| 等级 | 计算标准 | 20′(CY/CY) | 40′(CY/CY) | LCL(per F/T) |
|---|---|---|---|---|
| 1—7 | W/M | 1 700.00 | 3 230.00 | 95.00 |
| 8—13 | W/M | 1 800.00 | 3 420.00 | 100.00 |
| 14—20 | W/M | 1 900.00 | 3 510.00 | 105.00 |

(3) FCB 包箱费率(Freight for Class & Basis)是指按不同货物等级或货物类别以及计算标准制定的包箱费率，如表 2-4 所示。

**表 2-4 中国至地中海航线集装箱费率**

基本港：Algiers，Genoa，Marseilles　　in USD

| 等级 | LCL per W | LCL per M | FCL 20′(CY/CY) | FCL 40′(CY/CY) |
|---|---|---|---|---|
| 1—7 | 131.00 | 100.00 | 2 250.00 | 4 200.00 |
| 8—13 | 133.00 | 102.00 | 2 330.00 | 4 412.00 |
| 14—20 | 136.00 | 110.00 | 2 450.00 | 4 640.00 |

① 吴百福(2003)，第 113—114 页。

② 仅供教学使用，不代表当前运价。下同。

三种包箱费率的主要区别，集中体现在拼箱货的收费方式。如表 2-5 所示。

表 2-5　三种包箱费率的区别

| | 拼箱货费率与等级 | 拼箱货费率种类 | 拼箱货费率算式 | 整箱货费率与等级 |
|---|---|---|---|---|
| FAK | 不分等级 | $r_{FT}$ | $r_{FT} \times \max(W, M)$ | 不分等级 |
| FCS | 分等级 | $r_{FT}$ | $r_{FT} \times \max(W, M)$ | 分等级 |
| FCB | 分等级 | $r_W, r_M$ | $\max(r_W \times W, r_M \times M)$ | 分等级 |

## 六、集装箱铁路运费

集装箱一口价（集装箱货物运费）是指集装箱自进发站货场至出到站货场铁路运输全过程各项价格的总和。

集装箱一口价由发送运输费用、发站其他费用和到站其他费用三部分组成：

（1）发送运输费用：在零担运费中出现的费用除押运人乘车费、过秤费、保价费外全部包含在发送运输费用中，发送运输费用是这些费用相加之和。

（2）发站其他费用（发站合计）：集装箱装卸综合作业费、运单表格费、货签表格费、施封材料费、组织服务费。

（3）到站其他费用（到站合计）：集装箱装卸综合作业费、铁路集装箱清扫费、护路联防费、地方铁路的到达运费、自备集装箱管理费和合资铁路或地方铁路的到达运费、自备集装箱管理费、合资铁路或地方铁路的集装箱使用费等，依实际情况而定。

## 七、国际多式联运

国际多式联运（International Multimode Transport，International Intermodal Transport）又称国际联合运输（International Combined Transport），是在集装箱运输的基础上产生和发展起来的一种综合性的连贯运输方式，一般以集装箱为媒介，把海、陆、空单一的运输方式有机地结合起来，组成一种国际间的连贯运输。《联合国国际货物多式联运公约》对国际多式联运的定义为：国际多式联运是指按照多式联运合同，以至少两种不同的运输方式，由多式联运经营人把货物从一国境内接运货物的地点运至另一国境内指定交付货物的地点。

因此，构成国际多式联运必须具备以下几个条件：第一，必须有一个多式联运合同；第二，必须是国家之间两种以上的不同运输方式的连贯运输；第三，必须使用一份包括全程的多式联运单据；第四，必须由一个多式联运经营人对全程运输负总责；第五，必须是全程单一的运费费率。

国际多式联运较之个别单一运输方式或一般的联运方式，有简化手续、加快货运速度、方便运输费用计算、缩短发货人收回货款时间的优点，而且还有助于货运质量的提高。货物的交接方式也可以做到门对门、门到港站、港站到港站、港站到门等。

目前中国已开办的多式运输路线可到达欧、美、非洲的港口和内地城市，形式也多种多样。

### 八、托盘

托盘(Pallet)是为了使物品能有效地装卸、运输、保管，将其按一定数量组合放置于一定形状的台面上。这种台面有供叉车从下部叉入并将台板托起的叉入口。以这种结构为基本结构的台板和在这种基本结构基础上所形成的各种形式的集装器具都可统称为托盘。

托盘是一种重要的集装器具，是在物流领域中适应装卸机械化而发展起来的一种集装器具，托盘的发展可以说是与叉车同步。

叉车与托盘的共同使用，形成有效的装卸系统，大大促进了装卸活动的发展，使装卸机械化水平大幅度提高，使运输过程中长期存在的装卸瓶颈得以解决或改善。所以，托盘的出现有效地促进了全物流过程水平的提高。

托盘最初是在装卸领域出现并发展的，在应用过程中又进一步发展成为储存设施，发挥了运输单位的重要作用，使托盘成了物流系统化的重要装备。托盘对现代物流的形成、对物流系统的建立起了不小的作用。

托盘的出现也促进了集装箱和其他集装方式的形成和发展，现在，托盘已是和集装箱一样重要的集装方式。托盘和集装箱成为集装系统的两大支柱。

## 第五节 运输单据

运输单据是承运人收到承运货物后签发给托运人的证明文件，它是交接货物、处理索赔与理赔以及向银行结算货款或进行议付的重要单据。在国际货物运输中，运输单据的种类很多，其中包括海运提单、铁路提单、承运货物收据、航空运单、多式联运单据和邮政收据等。在本书中，着重介绍海运提单、大副收据、海运单、空运单、铁路运输单据、国际多式联运单据等常用单据。

### 一、海运提单

海运提单(Bill of Lading，B/L)简称提单，是指船公司或代理收到托运货物时签发给托运人的书面凭证。

### (一) 海运提单的性质和作用

1. 货物收据(Receipt for the Goods)

提单是承运人或代理人在收到托运货物时签发给托运人的货物收据。

2. 货物所有权的凭证(Document of Title)

提单是货物所有权的凭证,提单在法律上具有物权凭证书的作用,船货抵达目的港后,承运人应向提单的合法持有人交付货物。提单可以通过背书转让,从而转让货物的所有权。

3. 运输契约的证明(Evidence for the Contract of Carriage)

提单是承运人与托运人之间订立的运输契约的证明。提单条款明确规定了承、托双方各自的权利和义务、责任与豁免,是处理承运人和托运人之间争议的法律依据。

**Q&A 2-1 提单的意义**

**Q:** 为什么会发明提单?提单有什么意义?

**A:** 在提单出现之前,对货物的占有与货物所有权是相连接的。换句话说,谁占有货物谁就拥有货物所有权。这种货物占有与物权的相连接,只适合于可携带的货物并且是买卖双方面对面的交易,却不适合于不能携带的货物的交易,以及买卖不能面对面的交易。

提单的最重要的意义,就在于它将货物占有与物权相分离,使不能携带的货物交易以及买卖双方不能面对面的交易可以进行。

### (二) 海运提单的基本当事人

基本当事人是指签发提单时提单上载明的当事人。通常包括:

(1) 承运人(Carrier)一般是指船方,即船舶的所有人或租船人(租用船舶经营运输业务的人)。

(2) 托运人(Shipper/Consignor)通常是指出口方。

(3) 收货人(Consignee)通常由出口方指定。

(4) 被通知人(Notify Party)。因为提单没有收货人的具体名称、地址,所以提单必须要有被通知人的记载,以便承运人将到货的情况通知被通知人,被通知人再转告提货人。

## (三) 提单实例

### 实例 2-1 提单(正面)

**PAN AMERICAN CONTAINER CORP.**
**COMBINED TRANSPORT BILL OF LADING**
**NOT NEGOTIABLE UNLESS CONSIGNED TO ORDER**

| | |
|---|---|
| SHIPPER/EXPORTER<br>**KAYBE MACHINE COMPANY**<br>**1140 OLD DURHAM ROAD, PO BOX 980**<br>**ROXBORD N. C. 25735 U. S. A** | DOCUMENT NO.<br><br>EXPORT REFERENCE<br>FORWARDER REF. NO.<br>SHIPPER'S REF. NO. |
| CONSIGNEE(COMPLETE NAME&ADDRESS)<br>**TO ORDER** | |
| NOTIFY PARTY(COMPLETE NAME&ADDRESS)<br>**CHINA NATIOANL FOREIGN TRADE TRANSPORTATION CORP. WUHAN BRANCH, 322 SHUILI RD. ,QINGNIAN AVENUE, WUHAN** | FORWARDING AGENT, FMC NO.<br>POINT AND COUNTRY OF ORIGIN OF MERCHANDISE<br><br>FOR CARGO ARRIVAL AND INFORMATION APPLY TO |

| | | |
|---|---|---|
| PRE-CARRIAGE BY | PLACE OF RECEIPT BY PRE-CARRIER | PIER/TERMINAL |
| VESSEL FLAG<br>**CHAO HE VOY. 60W** | PORT OF LOADING<br>**NEW YORK, U. S. A** | TYPE OF MOVE |
| PORT OF DISCHARGE<br>**WUHAN, CHINA** | PLACE OF DELIVERY BY<br>**ON-CARRIER** | **ORIGINAL** |

PARTICULAR FURNISHIED BY SHIPPER

| MARKS AND NUMBER | NO. OF PKGS OR CNTNERS | DESCRIPTION OF PACKAGES AND GOODS | GROSS WEIGHT | MEASURE |
|---|---|---|---|---|
| 08FGQM404-3008CK<br>WUHAN CHINA | 1×20FT | FREIGHT PREPAID<br>CONTAINER NO. ____, SEAL# ____<br>CONTAINER SAID TO CONTAIN:<br>16 PACKAGES | 3780 LBS | |

**PAN AMERICAN CONTAINER CORP.**
**MAY 15 2008**
**ON BOARD**

**TOTAL NUMBER OF CONTAINERS OR OTHER PACKAGES RECEIVED BY THE CARRIER (IN WORDS)**

LIMITATION ON CARRIER'S LIABILITY/SHIPPER'S AD VALOREM OPTION. The carrier shall in no event be liable for any loss or damage to or in connection with the transportation of Goods in an amount exceeding us $500 per package, or in the case of goods not shipped in packages per customary freight unit, or the equivalent of that sum in other currency unless the nature and higher value of such goods have been declared by the shipper before shipment and inserted in the Bill of lading. If the Merchant desires to be covered for valuation in excess of said US$500 per package or customary freight unit or any other applicable limitation, the Merchant must so stipulate in this Bill of Lading and such additional liability only will be assumed by the Carrier upon payment of the Carrier's ad valorem freight charge.

See cl. 12 hereof

| | | |
|---|---|---|
| Declared Value ____ Read Clause 12 hereof concerning extra freight and Carrier's limitation of liability | Freight and Charges Payable at: | Hazardous Cargo See Clauses, 7&8 hereof |

| | |
|---|---|
| B/L NUMBER DATED | RECEIVED BY PAN AMERICAN CONTAINER CORP. the goods, or the containers, vans, trailers, palletized units or other packages said to contain the goods herein mentioned, in apparent outward good order and condition unless otherwise indicated to be transported and delivered or transshipped herein provided.<br>The receipt, custody, carriage, delivery and transshipping of the goods are subject to the terms appearing on the face and back hereof, as well as the provisions contained in the filed freight tariff.<br>In witness whereof the carrier by its agent has signed 3 Bills of lading, all of the same tenor and date, one of which being accomplished, the others to stand void.<br>PAN AMERICAN CONTAINER CORP.<br>BY ____________<br>FOR THE MASTER<br>ISSUED AT ____________ |

**（四）提单的基本内容**

提单正面的记载事项，分别由托运人和承运人或其代理人填写，通常包括下列事项：

1. 对提单的描述

(1)“提单”的字样：BILL OF LADING。

(2) 不得转让，除非收货人凭指示：NOT NEGOTIABLE UNLESS CONSIGNED TO ORDER。

(3) 提单号码：DOCUMENT NO.。

(4) 签发日期：DATE OF ISSUE。

(5) 正本提单：ORIGINAL。

2. 对当事人的描述

(1) 船公司的名称（承运人）：CARRIER。

(2) 托运人名称、地址：CONSIGNOR/SHIPPER。

(3) 收货人（抬头）：CONSIGNEE。

(4) 被通知人名称、地址：NOTIFY PARTY。

3. 运输状况

(1) 船名：OCEAN VESSEL。

(2) 装运港：PORT OF LOADING。

(3) 卸货港：PORT OF DISCHARGE。

(4) 戳记（备运提单加此戳记，则变为已装船提单）：ON BOARD。

4. 货物情况

(1) 唛头：MARKS。

(2) 大件数或集装箱数：NO. OF PACKAGES OR CONTAINERS。

(3) 小件及货物的描述：DISCRIPTION OF PACKAGES AND GOODS。

(4) 毛重：GROSS WEIGHT。

(5) 尺码：MEASUREMENT。

(6) 集装箱总数或包装大件总数（大写）：TOTAL NUMBER OF CONTAINERS OR OTHER PACKAGES RECEIVED BY THE CARRIER (IN WORDS)。

5. 承运人的赔偿责任限额/托运人的从价运费选择权（LIMITATION ON CARRIER'S LIABILITY/SHIPPER'S AD VALOREM OPTION）

The carrier shall in no event be liable for any loss or damage to or in connection with the transportation of Goods in an amount exceeding US $500 per package, or in the case of goods not shipped in packages per customary freight unit, or the equivalent of that sum in other currency unless the nature and higher value of such goods have been declared by the shipper before shipment and inserted in the Bill of lading. If the Merchant desires to be covered for valuation in excess of said US$500 per package or customary freight unit or any other applicable limitation, the Merchant must so stipulate in this Bill of Lading and such additional liability only will be assumed by the Carrier upon payment of the Carrier's ad valorem freight charge.

货物价值超过每件 US$500 的金额，或者装运货物的包装不符合惯常的运费计费单位，或者货物价值是与上述金额等值的其他货币，承运人对与该货物运输相关的任何损坏或灭失概不负责，除非货物的性质及较高的价值已由托运人于装船前申报并列入提单。如果贸易商希望被承担的责任价值超过上述每件 US$500 或惯常的运费计费单位或任何其他的适用限制，则贸易商必须照此在本提单中规定，并且只有在向承运人支付从价运费之后，该额外责任才能得到保证。

6. 申报价值、运费及其他费用(Declared Value, Freight and other Charges)

7. 契约文句：装船条款、内容不知悉条款、接受条款与签署条款

RECEIVED BY PAN AMERICAN CONTAINER CORP. the goods, or the containers, vans, trailers, palletized units or other packages said to contain the goods herein mentioned, in apparent outward good order and condition unless otherwise indicated to be transported and delivered or transshipped herein provided.

泛美集装箱公司收到的货物，或集装箱、篷车、拖车、托盘或其他包装的货物，据称包括本提单所述货物，外表状况良好，另作注明者除外，将按本提单记载进行运输及交付或转运。

The receipt, custody, carriage, delivery and transshipping of the goods are subject to the terms appearing on the face and back hereof, as well as the provisions contained in the filed freight tariff.

该货物之收受、保管、运输、交付及转运，以本提单之正面和背面条款以及既定运价表所包括的条件为准。

In witness whereof the carrier by its agent has signed 3 Bills of lading, all of the same tenor and date, one of which being accomplished, the others to stand void.

承运人由其代理人已签发三份提单，以立为凭证，皆为相同期限和签发日期，其中一份完成提货，其余各份即为失效。

### Q&A 2-2 提单的日期

**Q:**一份提单到底有几个日期，每个日期分别代表什么？

**A:**船公司出具提单时，提单共有两个日期：

(1) 提单签发日期：如果契约文句是“已装船”，则签发日期就代表装船日期，如果契约文句是“收妥备运”，则签发日期只代表承运人收到货物的日期。

(2)“已装船”戳记日期：“已装船”戳记日期代表装船日期。

当然，提单在使用过程中，提单上还会出现别的日期。例如，银行加盖戳记的日期，等等。

### （五）海运提单的分类

海运提单可从不同的角度进行分类，主要有以下几种：

1. 按照货物装船情况，可分为已装船提单和备运提单

已装船提单（On Board B/L）是指承运人在货物已经装上指定船舶后所签发的提单。已装船提单必须以文字表明货物已装上或已装运于某具名船只，提单签发日期即为装船日期。

备运提单（Received for Shipment B/L），又称收讫待运提单，是指承运人已收到托运货物等待装运期间所签发的提单。在签发备运提单情况下，发货人可在货物装船后凭以调换已装船提单；也可经承运人或其代理人在备运提单上批注货物已装上某具名船舶及装船日期，并签署后使之成为已装船提单。

按国际贸易惯例，除非另有约定，卖方有义务向买方提交已装船提单。[①] 已装船提单和备运提单的比较如表 2-6 所示。

**表 2-6　已装船提单和备运提单比较**

| | 已装船提单<br>On Board B/L | 备运提单<br>Received for Shipment B/L |
|---|---|---|
| 签发提单时 | 货物已装载到船上 | 承运人已收到货物，但没有装载到船上 |
| 特征 | 契约文句的开头是 SHIPPED ON BOARD<br>或者，加盖 ON BOARD 戳记 | 契约文句的开头是 RECEIVED<br>如果加盖 ON BOARD 戳记，则转变成已装船提单 |
| 是不是货物所有权凭证 | 是 | 否 |

2. 根据提单上对货物外表状况的描述，可分为清洁提单和不清洁提单

清洁提单（Clean B/L）是指货物在装船时表面状况良好，承运人在提单上不带有明确宣称货物受损及/或包装有缺陷状况的不良批注的提单。

不清洁提单（Unclean B/L）是指承运人在签发的提单上带有明确宣称货物及/或包装有缺陷状况的不良批注的提单。例如，提单上有“被雨淋湿”、“三箱破损”、“四件沾污”等类似批注。

按国际贸易惯例，除非另有约定，卖方有义务提交清洁提单。清洁提单也是提单转让时必须具备的基本条件之一。清洁提单和不清洁提单的比较如表 2-7 所示。

---

① 吴百福（2003），第 102 页。

表 2-7 清洁提单和不清洁提单比较

| | 清洁提单<br>Clean B/L | 不清洁提单<br>Unclean B/L |
|---|---|---|
| 提单对货物外表状况的描述 | 外表状况良好 | 有"货物包装状况不良"、"存在缺陷"等批注 |
| 特征 | 契约文句印就"in apparent outward good order and condition"之类的字句 | 在印就的契约文句之外另加批注 |

3. 根据提单收货人抬头的不同或是否转让,可分为记名提单、不记名提单和指示提单

记名提单(Straight B/L),又称收货人抬头提单,是指提单上的收货人(Consignee)栏内填写特定收货人名称的提单。记名提单只能由该特定收货人用以提货,而不能由托运人通过背书的方式转让给第三者。由于记名提单不能流通,所以在国际贸易中只有在特定情况下使用。

不记名提单(Bearer B/L),又称来人抬头提单,是指提单上的收货人栏内不写明具体收货人的名称,只写明"货交提单持有人"(To bearer)或不填写任何内容的提单。按中国《海商法》第 79 条第 3 款规定,不记名提单无须背书即可转让。但在实际业务中,一般也经托运人背书后转让。在国际贸易中,不记名提单使用极少。

指示提单(Order B/L)是指提单上的收货人栏内填写"凭指示"(To order)或"凭某某人指示"(To the order of...)字样的提单。"凭指示"和"凭托运人指示"的含义相同,在托运人背书转让前,物权仍归托运人。这种提单经过背书(Endorsement)后可以转让,故其在国际贸易中使用最广。背书的方式又有空白背书和记名背书之分。前者指背书人在提单背面签名,而不注明被背书人名称;后者是指背书人除在提单背面签名外,还列名被背书人名称。记名背书的提单受让人(被背书人)如需再转让,必须再加背书。在国际贸易业务中,使用最多的是"凭指示"并经空白背书的提单,习惯上称其为空白抬头、空白背书提单。①

## Q&A 2-3 不记名提单 vs. 空白抬头、空白背书提单

**Q:**不记名提单的货物权利人是任何持单人吗?

**A:**是的,谁持有提单,谁就可以提货。

**Q:**空白抬头、空白背书提单的货物权利人是谁呢?

**A:**谁持有提单,谁就可以把被背书人写成自己的名字。也就是说,也是谁持有提单,

① 吴百福(2003),第 102 页。

谁就可以提货。

**Q:**那不记名提单与空白抬头、空白背书提单之间又有什么区别呢?

**A:**在转让方式上,不记名提单单纯通过交付就可以转让,空白抬头、空白背书提单须通过背书才可以转让;在是否能作为追索凭证上,不记名提单不能作为追索凭证,空白抬头、空白背书提单可以作为追索凭证。

记名提单、不记名提单和指示提单的比较如表 2-8 所示。

**表 2-8 记名提单、不记名提单和指示提单比较**

| | 收货人填写 | 能否转让 | 实现转让的方式 | 货物权利人 | 是否独立的追索凭证 |
|---|---|---|---|---|---|
| 记名提单 Straight B/L | ABC | 否 | — | ABC | — |
| 不记名提单 Bearer B/L | Bearer | 能 | 单纯交付无背书 | 任何持单人 | 否 |
| 指示提单 Order B/L | To order | 能 | 记名背书 | 确定的被背书人 | 是 |
| | | | 空白背书 | 不确定的被背书人=任何持单人 | 是 |

在实际业务中,使用最多的是"凭指示"并经空白背书的清洁已装船提单,习惯上称其为"清洁已装船、空白抬头、空白背书提单"(Clean on board ocean bill of lading made out to order,blank endorsed)。

## Q&A 2-4 提单的收货人 vs. 买方

**Q:**提单的收货人通常不填写为买方,而买方通常能收到货,这两者能同时成立吗?

**A:**这两者能同时成立。提单收货人通常填写为凭(托运人)指定,谁支付货款,托运人就指定谁是收货人,买方通常都会支付货款,故买方会成为托运人指定的收货人。

**Q:**提单的收货人通常不填写为买方,这是否意味着买方通常不是收货人?

**A:**提单的收货人通常不填写为买方,并不意味着买方通常不是收货人,通常买方都会支付货款,故买方通常都是收货人。

4. 其他分类

根据不同的运输方式,提单可分为直达提单(Direct B/L)、转船提单(Transhipment

B/L)、联运提单(Through B/L)三种;根据船舶营运方式的不同,又可分为班轮提单(Liner B/L)和租船提单(Charter Party B/L);根据提单内容的繁简,可分为全式提单(Long Form B/L)和略式提单(Short Form B/L);根据提单的使用效力,可分为正本提单(Original B/L)和副本提单(Copy B/L)。

5. 在实际业务中经常遇到的其他提单

(1) 过期提单(Stale B/L),是指提单签发后超过信用证规定的期限才交到银行的提单。过期提单的原意是指晚于货物到达目的港的提单。自国际商会《跟单信用证统一惯例》规定银行拒绝接受晚于信用证规定的从装运日期后特定期间提交的单据后,有人也把这种晚交的提单归入过期提单。但就其本质而言,真正的过期提单应当主要是指晚于货物到达目的港的提单。在实践中,近邻国家之间的贸易,常因运输路线短,提单邮寄时间往往超过实际运输时间而不能在船到目的港前为进口人所收到,而产生提单"过期"。由于过期提单可能造成进口人不能如期提货而造成损失的情形,所以,在实际业务中,鉴于近邻国家的贸易产生过期提单在所难免,为便于进口人及时提货,买卖双方往往事先商定,待货物装运后,由卖方负责将一份正本提单委托船公司随货带往目的地交开证行或代收银行,由进口商向银行付款后领取,然后,再凭以向船公司提取货物。至于非近邻国家之间的一般交易,如在买卖合同或信用证中规定"过期提单也可接受"(stale bill of lading is acceptable)的条款,对出口方也是有利的。

(2) 甲板提单(On Deck B/L)又称舱面提单,是指承运人签发的表明货物装运于船舶甲板上的提单。有些货物如危险品或动物等,只能装在甲板上;有些货物因体积过大或舱位不够而装在甲板上。承运人在签发提单时加批"货装甲板"字样。货物装在甲板上受损失的风险较大,进口人一般不愿意接受货物装在甲板上的提单。依照《跟单信用证统一惯例》的规定,除非信用证另有规定,银行一般不接收甲板提单。

(3) 运输代理行提单(House B/L),是只有运输代理人签发的提单,他只是运输代理人收到托运货物的收据,而不是可以转让的物权凭证。因此,银行一般不接收这种提单。

案例 2-2
海运提单

## 二、大副收据

大副收据(Mate's Receipt)也称作收货单,是指在海运中,货物装船后,由船长或大副签发的收货单。收货单是船公司签发给托运人的表明货物已装船的临时收据。托运人凭收货单向外轮代理公司交付运费并换取正本提单。收货单上如有大副批注,则在换取提单时,将该项大副批注转注到提单上。

大副收据是海洋运输业务中的主要货运单据之一,它是划分船货双方责任的依据，同时也是托运人换取已装船提单的依据。可见，大副收据的作用是十分重要的。

**（一）大副收据的签发**

大副收据的内容和格式与装货单相同，只是在最后有“大副签字”一栏。

根据《海牙规则》（全称《统一提单的若干法律规定的国际公约》），承运人对货物所负的责任是从货物装上船后才开始的。所以，为了明确船、货双方责任，在货物装船时，大副应将货物的实际情况与装货单上的记载内容进行仔细核对、校正，然后签发大副收据。

**（二）大副批注与提单**

大副如果发现货物外包装状况不良或存在缺陷等情况，就会如实地记载到收货单上，这就是大副批注。

大副收据是签发提单的依据。有无不良批注，是托运人能否换取清洁提单的重要依据。

经大副签字的收货单如果没有任何不良批注，托运人持此单并且付清预付运费，可以换取已装船清洁提单。从本质上讲，清洁提单就是货物表面处于良好状态，并已被装上船的证明文件。

如果大副收据上出现了不良批注，在换发提单时，不良批注就要被原封不动地转注到提单上，这就构成了不清洁提单。批注的主要原因是“货物残损”或“包装不良”，批注的内容常标有“包装不固、标志不清、残损、渗漏、污渍、封条、铁皮脱落、松包、散包、下雨时装船”等字样。银行拒收载有不良批注的运输单据，“银行只接受清洁运输单据。清洁运输单据指未载有明确宣称货物或包装有缺陷的条款或批注的运输单据。‘清洁’一词并不需要在运输单据上出现，即使信用证要求运输单据为‘清洁已装船’的”（《跟单信用证统一惯例》（以下称 UCP 600）第 27 条）。

所以，在条件许可的情况下，托运人应及时地对包装或表面状况有问题的货物进行整修或更换，力求取得清洁提单，以利于安全收汇。

同时也应当指出，在托运人提供的货物情况资料正确的前提下，签发的大副收据应实事求是。这是因为大副收据不仅影响着托运人议付收汇，而且也是船货双方划清责任、索赔理赔的有力证据。

**（三）签发大副收据应注意的问题**

按照某些国际法或公约的规定，有些货物的灭失、损坏属于承运人免责范围，或者提单条款有些免责事项已成为一种惯例，承运人均可不负赔偿责任，大副在签发收货单时，没有必要将此类免责条款逐一批注，使之与提单条款内容重复。例如，中远提单背面“木材条款”规定：“……承运人对上述木材的玷污、裂缝、洞孔或碎块不负责任。”如果在大副收据上批注，不仅与提单条款重复，可能还会给货主收汇造成不必要的麻烦。

银行接受具有下列批注或类似意思的提单。

（1）不明显地指出货物或其包装有缺陷的批注。例如旧箱、旧桶、旧包装袋、包装材料脆弱、没有包装等字样。

（2）强调由于货物性质或包装而引起的风险，承运人不负担责任的批注。例如，对装入纸袋中的货物因包装质量引起的损失或损坏不负责任。

(3) 宣布对货物内容、重量、容量、质量或技术规格等情况不知情的批注。例如，承运人对货物质量和箱内数量不负责任，或装货人装船和计数，内容据装货人报称，承运人在装船时未核对。

(4) 在大副收据上的诸如"装卸自理"(FIO)等装卸条件，不构成不良批注。UCP 600 第 26 条 C 款规定："运输单据上可以以印戳或其他方式提及运费之外的费用。"

## 三、海上货运单

海上货运单，简称海运单(Sea Waybill)，是证明海上货物运输合同和货物由承运人接管或装船，以及承运人保证据以将货物交付给单证所载明的"收货人"的一种不可流通的单证，因此又称为"不可转让海运单"(Non-negotiable Sea Waybill)。[①]

海运单不是物权凭证，故而不可转让。收货人不凭海运单提货，承运人亦不凭海运单而凭海运单所载明的"收货人"提货或凭收货凭条交付货物，只要该凭条能证明其为运单上指明的收货人即可。目前，欧洲、北美和远东、中东某些地区的贸易界越来越倾向于用不可转让的海运单，主要是因为海运单能简化手续，节省费用，方便进口人及实体，还可以在一定程度上减少以假单据进行诈骗的现象。

## 四、空运单

### (一) 空运单的性质和作用

(1) 空运单(Air Waybill)是承运人或其代理人签发的货物收据。

(2) 空运单不是代表货物所有权的凭证，也不能通过背书转让。收货人提货不是凭空运单，而是凭航空公司的提货通知单。

(3) 空运单是承运人和托运人之间存在运输契约的证据。

(4) 在空运单的收货人栏内，必须详细填写收货人的全称和地址，而不能做成指示性抬头或不记名抬头。

### (二) 空运单实例

空运单共有正本一式三份：第一份正本注明"original for the shipper"，应交由托运人；第二份正本注明"original for the issuing carrier"，由航空公司留存；第三份正本注明"original for the consignee"，由航空公司随即代交收货人；其余副本则分别注明"for airport of destination"、"delivery receipt"、"for second carrier"、"extra copy"等，由航空公司按规定和需要进行分发，作为报关、结算、国外代理中转分拨等用途分别使用。

空运单依签发人的不同可分为主运单(Master Air Waybill)和分运单(House Air Waybill)。前者是由航空公司签发的，后者是由航空货运代理公司签发的，两者在内容上基本相同，法律效力也无不同。

---

① 吴百福(2003)，第 105 页。

## 实例 2-2 空运单

999 LHR 9265 5452 U 999-92655452

| Shipper's Name and Address | Not Negotiable |
|---|---|
| Shipper's account number<br>**UNICAM LIMITED ATOMIC ABSORPTION**<br>**PO BOX 207, YORK STREET, CAMBRIDGE**<br>**CB1 2SU ENGLAND**<br>**FAX: 01223 374437 TEL: 01223 358866** | **Air Waybill**①<br>Issued by **Issued by AIR CHINA INTERNATIONAL CORP.**<br>**CAPITAL INTERNATIONAL AIRPORT**<br>**BEIJING 100621**<br>**P. R. CHINA**<br>Copies 1, 2 and 3 of this Air Waybill are originals and have the same validity |
| Consignee's Name and Address<br>Consignee's account number<br>**HUBEI PROVINCIAL INTERNATIONAL**<br>**TRADE CORPORATION**<br>**4, JIANGHAN BEILU**<br>**WUHAN, CHINA** | It is agreed that the goods described herein are accepted in apparent good order and condition(except noted) for carriage SUBJECT TO THE CONDITIONS OF CONTRACT ON THE REVERSE HEREOF. ALL GOODS MAY BE CARRIED BY ANT OTHER MEANS INCLUDING ROAD OR ANY OTHER CARRIER UNLESS SPECIFIC CONTRARY INSTRUCTIONS ARE GIVEN HEREON BY THE SHIPPER, AND SHIPPER AGREES THAT THE SHIPMENT MAY BE CARRIED VIA INTERMEDIATE STOPPING PLACES WHICH THE CARRIER DEEMS APPROPTIATE. THE SHIPPER'S ATTENTION IS DRAWN TO THE NOTICE CONCERNNING CARRIER'S LIMITATION OF LIABILITY. Shipper may increase such limitation of liability by declaring a higher value for carriage and paying a supplemental charge if required. |
| Issuing Carrier's Agent Name and City<br>**INTER FORWARD FREIGHT SERVICES YORK STREET CAMBRIDGE CB1 2PX**<br>Agent's IATA Code 99-9 6879/0014 \| Account No.<br>Airport of Departure (Addr. of first Carrier) and requested Routing<br>**LONDON IIEATHROW** | Accounting Information<br>**AGENT'S REF: FWAE00561**<br>**SHIPPER'S REF: 100032-1** |

| to | By first Carrier | Routing and Destination | to | by | to | by | Currency | | WT/VAL PPD | WT/VAL COLL | Other PPD | Other COLL | Declared Value for Carriage | Declared Value for Customs |
|---|---|---|---|---|---|---|---|---|---|---|---|---|---|---|
| PEK | CA | LHR/PEK | WUH | CA | | | GBP | | XX | | XX | | **NVD** | **NVC** |

| Airport of Destination | Flight/Date | Flight/Date | Amount of insurance | |
|---|---|---|---|---|
| **WUHAN AIRPORT CHINA** | **CA938/22** | **F. AV.** | | |

Handling Intonation
**4 CTNS ADDRESSED INVOICES ATTACHED, PLEASE NOTIFY CONSIGNEE ON ARRIVAL**
**"FREIGHT PREPAID" IRREVOCABLE DOCUMENTARY CREDIT NUMBER: lc42111103A**

| No. of pieces RCP | Gross Weight | kg lb | Rate Class Commodity Item No. | Chargeable Weight | Rate Charge | Total | Nature and Quantity of Goods (incl. Dimensions or Volume) |
|---|---|---|---|---|---|---|---|
| 4 | 147.0 | K | Q | 176.0 VOL | 5.06 | 890.56 | **989 AA SPECTROMETER AND ACCESSORTES ONE SET USD 28 000.00 CATALOG NUMBER 942339692352 HELOITS ALPHA PRISM SYSTEM SPECTROMETER AND ACCESSORIES ONE SET USD 8 000.00 P/N 9423UVA1000E HELOIS GAMMA UV-VISIBLE SPECTRO-METER ONE SET USD5084.34 P/N 9423UVG1000E TOTAL: USD41084.34 CIP WUHAN AIRPORT, INCOTERMS 2010, PACKING CHARGES INCLUDED.** ** |
| 4 | 147.0 | | | | | | |

** PACKING: BY STANDARD EXPORT PACKING
MANUFACTURER: UNICAM LIMITED, U. K.
SHIPPING MARK: 19FGQM49-9001CE(LZH)
WUHAN CHINA

| Prepaid | Weight Charge | Collect | Other Charges |
|---|---|---|---|
| 890.56 | | | AWA 5.25<br>CHC 14.50<br>CHARGES INCLUDED. ** |
| Valuation Charge | | | |
| Tax | | | |
| Total other Charges Due Agent 5.25 | | | Shipper certifies that the particulars on the face hereof are correct and that insofar as any part of the consignment contains dangerous goods, such part is properly described by name and is In proper condition for carriage by air according to the applicable Dangerous Goods Regulations.<br>INTER FORWARD FREIGHT SERVICES<br>Signature of Shipper or his Agent |
| Total other charges Due Carrier 14.50 | | | |
| Total prepaid 910.31 | | Total collect | 22 MARCH 2019 CAMBRIDGE<br>Executed on (Date) at (Place) Signature of issuing Carrier or its Agent |
| Currency conversion rates | | Charges in Dest Currency. | |
| For carrier's use only at destination | | Charges at destination | Total collect charges |

① 本书导论实例 0-1 的合同项下空运单。

## 五、铁路运输单据

铁路运输可分为国际铁路联运和国内铁路运输两种方式，前者使用国际铁路联运运单，后者使用承运货物收据。通过铁路对港、澳地区出口的货物，由于国内铁路运单不能作为对外结汇的凭证，故使用承运货物收据这种特定性质和格式的单据。①

### （一）国际铁路联运运单

国际铁路联运运单是国际铁路联运的主要运输单据，它是参加联运的发送国铁路与发货人之间订立的运输契约，其中规定了参加联运的各国铁路和收、发货人的权利和义务。对收、发货人和铁路都具有法律约束力。当发货人向始发站提交全部货物，并付清应由发货人支付的一切费用，经始发站在运单和运单副本上加盖始发站日期戳记，证明货物已被接妥承运后，即认为运输合同已经生效。

运单正本随同货物到达终到站，并交给收货人，它既是铁路承运货物出具的凭证，也是铁路与货主交接货物、核运杂费和处理索赔与理赔的依据。运单副本与运输合同缔结后交给发货人，是卖方凭以向收货人结算货款的主要证件。

### （二）承运货物收据

承运货物收据(Cargo Receipt)是在特定运输方式下所使用的一种运输单据，它既是承运人出具的货物收据，也是承运人与托运人签订的运输契约。中国内地通过铁路运往港、澳地区的出口货物，一般多委托中国对外贸易运输公司承办。当出口货物装车发运后，对外贸易运输公司即签发一份承运货物收据给托运人，以作为对外办理结汇的凭证。它还是收货人凭以提货的凭证。

承运货物收据的实际内容和海运提单基本相同，主要区别是它只有第一联为正本。在该正本的反面印有“承运简章”，载明承运人的责任范围。该简章第二条规定由该公司承运之货物，在铁路、轮船、公路、航空及其他运输机构范围内，应根据各自机构的规章办理，可见这种“承运货物收据”，不仅适用于铁路运输，也可用于其他运输方式。②

## 六、国际多式联运单据

国际多式联运单据(Multimode Transport Document，简称 M. T. D；或者 Combined Transport Document，简称 C. T. D)，是指证明国际多式联运合同以及证明多式联运经营人接管货物，并负责按照合同条款交付货物的单据，它是适应国际集装箱运输需要而产生的，在办理国际多式联运业务时使用。国际多式联运单据也称为国际多式联运提单(Multimode Transport B/L)。

国际集装箱多式联运经营人在接收集装箱货物时，应由本人或其授权的人签发国际集装箱多式联运单据。多式联运单据并不是多式联运合同，而只是多式联运合同的证明，同时是多式联运经营人收到货物的收据和凭其交货的凭证。根据中国于 1997 年 10

① 黎孝先(2007)，第 132 页。
② 黎孝先(2007)，第 133 页。

月 1 日施行的《国际集装箱多式联运管理规则》，国际集装箱多式联运单据（简称“多式联运单据”）是指证明多式联运合同以及多式联运经营人接管集装箱货物并负责按合同条款交付货物的单据，该单据包括双方确认的取代纸张单据的电子数据交换信息。

**（一）多式联运单据的内容**

对于国际集装箱多式联运单据的记载内容，《联合国国际货物多式联运公约》以及中国的《国际集装箱多式联运管理规则》都做了具体规定，根据中国的《国际集装箱多式联运管理规则》的规定，多式联运单据应当载明下列事项：

(1) 货物名称、种类、件数、重量、尺寸、外表状况、包装形式；

(2) 集装箱箱号、箱型、数量、封志号；

(3) 危险货物、冷冻货物等特种货物应载明其特性、注意事项；

(4) 多式联运经营人名称和主营业所；

(5) 托运人名称；

(6) 多式联运单据表明的收货人；

(7) 接收货物的日期、地点；

(8) 交付货物的地点和约定的日期；

(9) 多式联运经营人或其授权人的签字及单据的签发日期、地点；

(10) 交接方式，运费的支付，约定的运达期限，货物中转地点；

(11) 在不违背中国有关法律、法规的前提下，双方同意列入的其他事项。

当然，缺少上述事项中的一项或数项，并不影响该单据作为多式联运单据的法律效力。

《联合国国际货物多式联运公约》对多式联运单据所规定的内容与上述规则基本相同，只是公约中还规定多式联运单据应包括下列内容：①表示该多式联运单据为可转让或不可转让的声明；②如在签发多式联运单据时已经确知，预期经过的路线、运输方式和转运地点等。

**（二）多式联运单据的转让**

多式联运单据分为可转让的和不可转让的。根据《联合国国际货物多式联运公约》的要求，多式联运单据的转让性在其记载事项中应有规定。

作为可转让的多式联运单据，具有流通性，可以像提单那样在国际货物买卖中扮演重要角色。多式联运公约规定，多式联运单据以可转让方式签发时，应列明按指示或向持票人交付：如列明按指示交付，须经背书后转让；如列明向持票人交付，无须背书即可转让。此外，如签发一套一份以上的正本，应注明正本份数；如签发任何副本，每份副本均应注明“不可转让副本”字样。对于签发一套一份以上的可转让多式联运单据正本的情况，如多式联运经营人或其代表已正当按照其中一份正本交货，该多式联运经营人便已履行其交货责任。

作为不可转让的多式联运单据，则没有流通性。多式联运经营人凭单据上记载的收货人而向其交货。按照多式联运公约的规定，多式联运单据以不可转让的方式签发时，应指明记名的收货人。同时规定，多式联运经营人将货物交给此种不可转让的多式联运单据所指明的记名收货人或经收货人以书面形式正式指定的其他人后，该多式联运经营人即已履行其交货责任。

对于多式联运单据的可转让性，中国的《国际集装箱多式联运管理规则》也有规定。根据该规则，多式联运单据的转让依照下列规定执行。

(1) 记名单据：不得转让。

(2) 指示单据：经过记名背书或者空白背书转让。

(3) 不记名单据：无须背书，即可转让。

# 第六节 装运条款

在国际货物买卖合同中，买卖双方必须对交货时间、装运地、目的地、分批装运、转运、装运通知、滞期、速遣条款等合同内容做出具体的规定。明确、合理地规定装运条款，是保证买卖合同顺利履行的重要条件。

## 一、装运条款的要素

1. 运输方式(Mode of Transportation)

首先必须明确采取何种运输方式，是海运、陆运、空运，还是国际联运。如果是海运，可以进一步明确是班轮运输方式还是租船运输方式，这些都要在装运条款中明确说明。

2. 装期(Time of Shipment)

装期又称装运时间，是指卖方将合同规定的货物装上运输工具或交给承运人的期限。装运时间是国际货物买卖合同的主要交易条款，卖方必须严格按规定时间交付货物，不得任意提前和延迟。否则，如造成违约，则买方有权拒收货物，解除合同，并要求损害赔偿。

关于装运时间的规定方法，主要有两种：

(1) 规定明确、具体的装运时间。规定一段时间或规定最后期限。例如，Shipment during July(7月份装运)，Shipment during July/August/September(7/8/9月份装运)；Shipment not later than July 31(装运期不迟于7月31日)，Shipment at or before the end of September(9月底或以前装运)。这种规定方法明确、具体，使用最为广泛。

(2) 推算装期。例如：Shipment within 30 days after receipt of L/C(收到信用证后30天内装运)。为防止买方不按时开证，一般还规定"The buyers must open the relative L/C to reach the sellers before...(买方必须不迟于某月某日将信用证开到卖方)"的限制条款。对某些进口管制较严的国家或地区，或专为买方制造的特殊商品，或对卖方资信不够了解，为防止买方不履行合同而造成损失，可采用此种规定方法。

3. 装运港、目的港

装运港（Port of Shipment）是指货物起始装运的港口，目的港（Port of Destination）是指最终卸货的港口。在国际贸易中，装运港一般由卖方提出，经买方同意后确认；目的港一般由买方提出，经卖方同意后确认。

4. 是否允许分批装运

分批装运（Partial Shipment）规定全部货物的装运时间段或最后期限，规定批次，不必规定各批货的数量和期限。

5. 是否允许分期装运

分期装运（Shipment by Installments）是指规定全部货物的装运时间段或最后期限，规定各期货物的数量和期限。

6. 是否允许转运

转运（Transshipment）是指从装运港（地）至卸货港或目的地的货运过程中进行转装或重装，包括从一运输工具或船只移至另一同类运输方式的运输工具或船只，或由一种运输方式转为另一种运输方式的行为。卖方在交货时，如驶往目的港没有直达船或船期不定或航次间隔太长，为了便于装运，则应在合同中定明“允许转船”（Transshipment to be allowed）。

### Q&A 2-5　分批装运 vs. 分期装运

**Q：**关于分批装运和分期装运，两个概念很容易混淆，吴百福（2003，第 92 页）也认为：分批装运又称分期装运，是指一个合同项下的货物分若干批或若干期装运。分批装运与分期装运到底是同一装运行为的两个不同的称谓还是两个不同的装运行为呢？

**A：**分批装运与分期装运是两个不同的装运行为。分批装运规定全部货物的装运时间段或最后期限，规定批次，却不必规定各批货的数量和期限。各批装货量相互依赖，前次多装，后次就要少装。分期装运规定全部货物的装运时间段或最后期限，规定各期货物的数量和期限，各期装货量相互独立。

UCP 600 将分批装运和分期装运分列成第 31 条和第 32 条，这也说明分批装运与分期装运是两个不同的装运行为。第 31 条表明：“使用同一运输工具并经由同次航程运输的数套运输单据在同一次提交时，只要显示相同目的地，将不视为部分发运，即使运输单据上标明的发运日期不同或装卸港、接管地或发送地点不同。”“含有一套或数套运输单据的交单，如果表明在同一种运输方式下经由数件运输工具运输，即使运输工具在同一天出发运往同一目的地，仍将被视为部分发运。”“含有一份以上快递收据、邮政收据或投邮证明的交单，如果单据看似由同一快递或邮政机构在同一地点和日期加盖印戳或签字并且表明同一目的地，将不视为部分发运。”第 32 条对分期装运中的任一期没有如期装运所导致的后果做出了规定，如信用证规定在指定的时间段内分期支款或分期发运，任何一期未按信用证规定期限支取或发运时，信用证对该期及以后各期均告失效。除非信用证另有规定。但是,对于分批装运,第 32 条却没有做出类似的规定。这是因为分批装运不必规定各批货的数量和期限,因而也不会出现某一批装运不能如期履行的情况。

案例 2-3
海运提单

## 二、合同的装运条款实例

案例 2-4
装运条款

Shipment on or before Nov. 20th, 2018 with partial shipments are not allowed transshipment is allowed from Shanghai to New York.

2018 年 11 月 20 日或之前装运,由上海运至纽约,不允许分批装运,允许转运。

## 本章小结

海洋运输的方式主要有班轮运输和租船运输两种方式。班轮运输具有固定航线、固定停靠港口、固定船期和相对固定运费率的特点,装运货物的品种、数量灵活,班轮运费的计算需查阅运价表;租船运输包括定程租船与定期租船,大宗货物常常采用租船运输,租船时要特别注意了解船运行市及租船合同与贸易合约的衔接。

运输单据是承运人收到承运货物后签发给托运人的证明文件,也是交接货物、处理索赔和理赔以及向银行结算货款或进行议付的重要单据。海运提单是物权凭证。

航空运输、铁路运输、集装箱运输、国际多式联运,各具特点,运作程序各异,应在实践中熟练掌握。

合同装运条款是对何时交货和如何交货等问题的规定,包括交货时间、装运地、目的地、分批装运、转运、装运通知、滞期、速遣费等条款。买卖双方应根据各自的实际情况,实事求是地做出安排。

## 习　题

# 第三章 国际货物运输保险

学习目标

- 了解全部损失和部分损失的含义和区别
- 理解单独海损和共同海损的区别以及构成共同海损的基本条件
- 掌握平安险、水渍险和一切险的承保范围及责任起讫
- 了解伦敦保险协会海洋运输货物保险的主要险别
- 理解保险费的核算
- 理解并能填制保险单
- 理解并能拟定合同中的保险条款

第二章讨论了合同标的物的运输，本章详细讨论如何预防和处理标的物运输过程中的意外事故，即国际货物运输保险。

保险是一种经济补偿制度，从法律角度看，它是一种补偿性契约行为，即被保险人向保险人提供一定的对价（保险费），保险人则对被保险人将来可能遭受的承保范围内的损失负赔偿责任。

保险的种类很多，按照保险标的，可分为财产保险、责任保险、信用保险和人身保险，国际货物运输保险属于财产保险的范畴。由于国际货物一般都需要通过长途运输，货物在整个运输过程中，可能遇到自然灾害或意外事故而遭受损失，货主为了转嫁货物在运输过程中的风险损失，就需要办理货物运输保险。通过投保运输险，将可能发生的损失变为固定的费用，在货物遭到承保范围内的损失时，可以从有关保险公司及时得到经济上的补偿，这不仅有利于进出口企业加强经济核算，而且也有利于进出口企业保持正常的运营，从而有效地促进国际贸易的开展。[①]

在国际贸易中，有关货物运输保险问题，买卖双方在洽谈交易时必须谈妥，并在合同中具体订明。因此，了解有关国际货物运输保险的知识，正确拟定合同的保险条款，也是外贸从业人员必须具备的业务技能。

---

① 黎孝先(2007)，第137—138页。

# 第一节 海运货物保险保障的风险范围

海运货物保险保障的风险范围，包括海上风险、海上损失与费用以及外来原因所引起的风险和损失。

## 一、海上风险

海上风险（Perils of the Sea），又称海难，指船舶或货物在海上航行中遭遇的自然灾害和意外事故。

所谓自然灾害（Natural Calamities），是指自然界的力量所引起的灾害。在海上货运保险中，自然灾害特指船舶航行时遭遇的恶劣气候（Heavy Weather）、雷电（Lightning）、海啸（Tsunami）、地震（Earthquake）或洪水（Flood）。

意外事故（Fortuitous Accidents），是指由于外来的、偶然的、难以预料的原因造成的事故。在海上货运保险中，意外事故特指船舶或货物搁浅（Grounding）、触礁（Stranding）、沉没（Sunk）、碰撞（Collision）、失踪（Missing）、失火（Fire）、爆炸（Explosion）。

## 二、海上损失和费用

### （一）海上损失

海上损失（Average），简称海损，是指被保险货物在运输途中遭遇海上风险而造成的损坏或灭失。根据国际保险市场的一般解释，凡与海陆连接的陆运过程中所发生的损失或者灭失，也属于海损范围。就货物损失的程度而言，海损可分为全部损失和部分损失。①

1. 全部损失

全部损失（Total Loss）是指被保险货物全部遭受损失。全部损失有实际全损和推定全损两种。实际全损是指被保险货物全部灭失，或被保险货物丧失、无法挽回，或被保险货物丧失商业价值或失去原有用途，或被保险货物失踪达到一定时期。推定全损是指被保险货物发生事故后，对其进行修理，或整理和续运，或收回所有权的费用超过标的的价值的情形。

2. 部分损失

部分损失（Partial Loss）是指被保险货物没有达到全部损失程度的损失。在海上运

---

① 黎孝先（2007），第 139—140 页。

输途中,被保险货物发生承保范围内的损失,凡不属于实际全损和推定全损的损失为部分损失。按照损失性质的不同,部分损失可分为单独海损和共同海损。

### 案例 3-1 共同海损与单独海损

一艘载货船舶在海上航行,货物方位如图 3-1 所示,其中:

托运人 **A**:7 个货柜机电产品

7×USD100 000.00

托运人 B:6 个货柜机电产品

6×USD100 000.00

托运人 C:100 箱玻璃器皿

100×USD1 000.00

船只价值:USD200 000.00

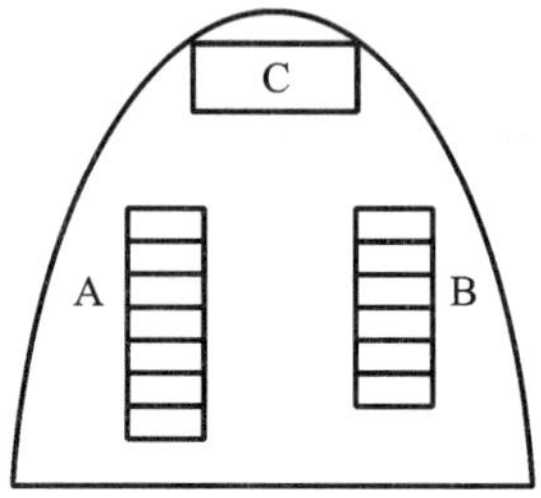


**图 3-1 货物方位**

途中遭遇大风浪,船体倾斜,摔破 30 箱玻璃器皿;为防止船体继续倾斜而导致倾覆,船长下令将托运人 A 的 1 个货柜抛货入海,托运人 C 与 A 都遭受部分损失,这两个部分损失有什么区别?

【分析】

遭遇大风浪,船体倾斜,摔破 30 箱玻璃器皿,其部分损失是海上风险造成的,由托运人 C 自己承担。船长下令将托运人 A 的 1 个货柜抛货入海,其部分损失是人为造成的,目的是解除船方和托运人面临的船体倾覆的共同危险,此部分损失由船方及托运人 A、B、C 四方共同承担。

托运人 A 与 C 所遭受的部分损失,分别是下文所阐述的单独海损和共同海损。

(1) 单独海损(Particular Average,PA)是指海上风险直接造成的、由受损方单独承担的部分损失。例如,货物中途遭遇狂风恶浪,使舱内一批货物被海水浸泡受损而贬值 50%,此项损失与其他货主及船东的利益无关,而应当由受损货物的货主自行承担。如受损货物的货主已投保了相应的保险,则由保险人按保险条款的规定予以赔偿。

综上所述,单独海损有其特定的含义和解释。构成单独海损应具备两个条件:第一,单独海损必须是意外的、偶然的海上风险事故直接导致的船舶或货物的损失;第二,单独海损由受损的货主或船方自行承担。①

(2) 共同海损(General Average,GA),是指船舶和货物在航行中遭遇海上风险,为了共同安全,有意识地、合理地采取措施所直接造成的特殊牺牲、支付的特殊费用。在船舶发生共同海损后,凡属于共同海损内的牺牲和费用,均可通过共同海损理算,由有关获

① 黎孝先(2007),第 140—141 页。

救受益方(船方、货方和运费收入方)根据获救价值按比例分摊。这种分摊,称为共同海损分摊。

以上所述表明,共同海损涉及各方利益关系。因此,构成共同海损必须具备以下条件:第一,船、货的共同危险客观存在;第二,船方必须是为了解除或减轻船、货的共同危险,有意识地采取的合理措施;第三,所做出的牺牲具有特殊性,支出的费用是额外的,也就是说,牺牲和费用是为了解除危险,而不是由危险直接造成的;第四,牺牲和费用最终必须是有效的,也就是说,经过采取某种措施以后,船舶和/或货物的全部或一部分最后安全抵达目的港,从而避免了船、货同归于尽的局面。

因此,共同海损和单独海损是有明显区别的,其区别主要表现在两个方面:第一,造成海损的直接原因不同。单独海损是海上风险造成的;而共同海损是为了解除或减轻共同危险而人为造成的损失。第二,承担海损的主体不同。单独海损的损失由受损方单独承担;而共同海损的损失,则应由获救各方按照收益大小的比例共同分摊。

## Q&A 3-1 全部损失、部分损失与共同海损、单独海损之间的关系

**Q:**全部损失、部分损失与共同海损、单独海损之间到底是什么关系?全部损失是否也可以分成共同海损和单独海损?

**A:**全部损失、部分损失与共同海损、单独海损之间的关系可以用图 3-2 来表示:

- 损失
  - 全部损失
  - 部分损失
    - 共同海损
    - 单独海损

**图 3-2 各种海损之间的关系**

同时,只有部分损失可以区分为共同海损和单独海损。而按照黎孝先(2000,第 158 页)的表述:"就货物损失的程度而言,海损可分为全部损失和部分损失;就货物损失的性质而言,海损又可分为共同海损和单独海损。"这意味着,不仅部分损失可以区分为共同海损和单独海损,全部损失也可以区分为共同海损和单独海损。因此,不断有学生引证黎孝先(2000,第 158 页)的表述,对图 3-2 所示的海损关系提出质疑。本书作者的解释如下。

(1) 按照黎孝先(1994,第 118—119 页)的阐述,只有部分损失可以按其性质区分为共同海损和单独海损,这一观点在黎孝先(2000,第 158 页)的阐述中发生了变化,变化的原因却未予以说明。

(2) 本书作者能够查阅到的其他教材,几乎都与黎孝先(1994,第 118—119 页)的观点相同,例如,但不限于,吴百福(1999,第 191 页)、彭福永(2000,第 153 页)、徐进亮(2000,第 90 页,第 103—104 页)等人的观点。

(3) 董瑾(2001)系根据英国剑桥大学考试委员会提供的《国际贸易与实务课程(模块)考试大纲》编写,其中第 278 页指出:"按照英国海上保险法所下的定义,所谓部分损失是指除了全部损失以外的一切损失。部分损失可以分为以下三类:共同海损、单独海

损与单独费用。”海损(average)一词来自法文 avarie，是指船舶或货物的损失。这个词被用在两个本来是各不相干的术语上，一个叫共同海损，这是一个独立于保险的术语，是在保险出现之前就已经存在的；另一个叫单独海损，这是保险法上的术语，是指单独的货物或利益一方的部分损失。在保险法中，两者都属于部分损失。董瑾(2001，第 279 页)强调指出：“共同海损是一种部分损失而不是全部损失。”

(4) 沈达明等人(1982，下册，第 151 页)指出：单独海损是与共同海损相对而言。单独海损是不可预料地发生的，而共同海损是有意发生的。另一方面单独海损是与全部损失相对而言。单独海损是指局部的、部分损失。单独海损最经常的表现形式是货物受海水浸泡致损，不是全损。

(5) 只有采用黎孝先(1994，第 118—119 页)的观点，平安险的各项赔付责任条款合起来才能解释成为“单独海损不赔”。否则，平安险的赔付责任范围很难解释成“单独海损不赔”。

综合上述五个方面的理由，本书仍采用这样的观点：只有部分损失可以区分为共同海损和单独海损。

---

### （二）费用

海上风险还会造成费用上的损失。海上费用是指为营救被保险货物所支出的费用，主要包括施救费用和救助费用。

施救费用(Sue and Labor Expenses)是指被保险的货物在遭受承保责任范围内的灾害事故时，被保险人或其代理人为了避免或减少损失，采取了各种抢救或防护措施而所支付的合理费用。

救助费用(Salvage Charges)是指被保险货物在遭受了承保责任范围内的灾害时，由保险人和被保险人以外的第三者采取了有效的救助措施，在救助成功后，由被救方付给救助人的一种报酬。

## 三、外来风险

外来风险(Extraneous Risks)，是指海上风险以外由于其他各类外来的原因所造成的风险和损失，外来风险和损失包括一般外来风险和特殊外来风险两种类型。

一般外来风险(General Extraneous Risks)是由一般的外来原因所造成的风险和损失。这类风险损失通常包括：偷窃、沾污、渗漏、破碎、受热受潮、串味、生锈、钩损、淡水雨淋、短少和提货不着、短量、碰损等。

特殊外来风险(Special Extraneous Risks)是指由于军事、政治、国家政策法令和行政措施等原因所致的风险损失，如战争、罢工、船舶被扣、突然实行进口配额等。

除上述各种风险损失外，保险货物在运输途中还可能发生其他损失，如运输途中的自然损耗以及由于货物本身的特点和内在缺陷所造成的货损等。这些损失不属于保险公司承保的范围。

# 第二节 中国海运货物保险的险别

保险险别是对保险公司赔偿责任的划分。为了适应国际货物海运保险的需要，中国人民保险公司(The People's Insurance Company of China,PICC)根据中国保险实际情况并参照国际保险市场的习惯做法，分别制定了各种条款，总称中国保险条款(China Insurance Clauses,CIC)，其中包括海洋运输货物保险条款、海洋运输货物战争险条款以及其他专门条款。投保人可根据货物特点和航线与港口实际情况，自行选择投保适当的险别。

按照是否可以单独投保区分险别，中国海运货物保险可以分为基本险和附加险。

## 一、基本险别(Basic Risks)

中国人民保险公司所规定的基本险别包括平安险(Free from Particular Average,FPA)、水渍险(With Average or With Particular Average,WA or WPA)和一切险(All Risks)。

### (一) 平安险

平安险，字面含义即单独海损不负责赔偿。投保了平安险，保险公司对下列损失负赔偿责任：

(1) 运输过程中，由于自然灾害造成被保险货物的实际全损或推定全损。

(2) 由于运输工具遭遇搁浅、触礁、沉没、互撞、与流冰或其他物体碰撞以及失火、爆炸等意外事故造成被保险货物的全部或部分损失。

(3) 在运输工具已经发生搁浅、触礁、沉没、焚毁等意外事故的情况下，货物在此前后又在海上遭受恶劣气候、雷电、海啸等自然灾害所造成的部分损失。

(4) 在装卸、转船过程中，被保险货物一件或数件落海所造成的部分损失或全部损失。

(5) 被保险人对遭受承保责任内危险的货物采取抢救、防止或减少货损的措施而支付的合理费用，但以不超过该批被救货物的保险金额为限。

案例 3-2 平安险的赔付范围

(6) 运输工具遭遇海难后，在避难港由于卸货所引起的损失，以及在中途港、避难港由于卸货、存仓以及运送货物所产生的特别费用。

(7) 共同海损的牺牲、分摊和救助费用。

(8) 运输契约订有“船舶互撞责任”条款，按该条款规定应由货方偿还船方的损失。

上述责任范围表明，在投保平安险的情况下，保险公司对自然灾害造成的全部损失和对意外事故造成的全部损失及部分损失承担赔偿责任。而对于自然灾害造成的部分损失，必须有意外事故伴随，保险公司才负赔偿责任；如果没有意外事故伴随，则自然灾害造成的部分损失，保险公司不赔。

### （二）水渍险

水渍险，字面含义即单独海损负责赔偿。

投保水渍险后，保险公司除担负上述平安险的各项责任外，还对被保险货物由于恶劣气候、雷电、海啸、地震、洪水等自然灾害所造成的部分损失负赔偿责任。

上述责任范围表明，水渍险的赔偿范围是平安险的范围加上自然灾害造成的部分损失。

### （三）一切险

一切险，并非是一切包赔。投保一切险后，保险公司的赔偿责任范围包括：

(1) 平安险和水渍险的全部责任。

(2) 被保险货物在运输途中由于一般外来原因造成的全部损失或部分损失，即 11 种一般附加险所包含的责任。

上述责任范围表明，一切险的赔偿范围是水渍险的范围加上 11 种一般附加险的范围。11 种一般附加险的具体内容参见下面“附加险别”的介绍。

从上述三种基本险别的责任范围来看，平安险的责任范围最小，它对自然灾害造成的全部损失和意外事故造成的全部及部分损失负赔偿责任，而对自然灾害造成的部分损失，一般不负赔偿责任。水渍险的责任范围比平安险的责任范围大，凡因自然灾害和意外事故所造成的全部或部分损失，保险公司均负责赔偿。一切险的责任范围是三种险别中最大的，它除包括平安险、水渍险的责任范围外，还包括被保险货物在运输过程中，由于一般外来原因所造成的全部或部分损失，如货物被盗窃、钩损、碰损、受潮、受热、淡水雨淋、短量、包装破裂和提货不着等。由此可见，一切险是平安险、水渍险和一般附加险的总和。在这里还需要特别指出，一切险并非保险公司对一切风险损失均负赔偿责任，它只对水渍险和一般外来原因引起的可能发生的风险损失负责，而对货物的内在缺陷、自然损耗以及由于特殊外来原因（如战争、罢工等）所引起的风险不负赔偿责任。[①]

### （四）基本险别的承保责任的空间界定

中国的《海洋运输货物保险条款》除了规定上述各种基本险别的责任外，还对保险责任的起讫作了具体的规定。在海运保险中，保险责任的起讫主要采用“仓至仓”条款（Warehouse to Warehouse Clause，W/W）。“仓至仓”条款规定：

---

① 黎孝先(2007)，第 144 页。

(1) 保险公司的保险责任,从被保险货物运离保险单所载明的起运地发货人仓库开始,一直到货物到达保险单所载明的目的地收货人仓库为止。

(2) 当货物从目的港卸离船舶时起60天,无论被保险货物是否进入收货人的仓库,保险责任均告终止。

(3) 在这60天内,如被保险货物转运至非保险单载明的目的地,则保险责任从开始转运时终止。

**(五) 基本险别的承保责任的时间界定(索赔时效)**

基本险别的承保责任索赔时效是自被保险货物在最后卸载港全部卸离船舶之日起两年。超过两年,保险索赔失效。

**(六) 基本险别下(保险公司)的除外责任(Exclusion)**

在基本险别下,保险公司对下列损失不负赔偿责任:

(1) 被保险人的故意行为或过失所造成的损失;

(2) 属于发货人的责任所引起的损失;

(3) 在保险责任开始前,被保险货物的品质不良或数量短差所造成的损失;

(4) 被保险货物的自然损耗、本质缺陷、固有特性,以及市价跌落、运输延迟所引起的损失;

(5) 属于海洋运输货物战争险条款和罢工险条款规定的责任范围和除外责任。

## 二、附加险别

在海运保险业务中,进出口商除了投保货物的上述基本险别外,还可根据货物的特点和实际需要,酌情再选择若干适当的附加险别(Additional Risks)。附加险别包括一般附加险(General Additional Risks)和特殊附加险(Special Additional Risks)。

**(一) 一般附加险**

一般附加险不能作为一个单独的项目投保,而只能在投保平安险或者水渍险的基础上,根据货物的特性和需要加保一种或若干种一般附加险。如加保所有的一般附加险,这就叫投保一切险。可见一般附加险被包括在一切险的承保范围内,故在投保一切险时,不存在再加保一般附加险的问题。①

一般附加险主要包括:

(1) 偷窃提货不着险(Theft, Pilferage and Non-delivery, TPND)。保险公司对保险货物遭受下列损失,按保险价值负责赔偿:①偷窃行为所致的损失;②整件提货不着;③根据运输契约规定船东和其他责任方免除赔偿的部分。被保险人必须及时提货、遇有第①项所列的损失,必须在提货后十日内申请检验;遇有第②项损失必须向责任方取得整件提货不着的证明。否则,不负赔偿责任。同时,保险公司有权收回被保险人向船东或其他有关责任方面追偿到的任何赔款,但其金额以不超过保险公司支付的赔款为限。

① 黎孝先(2007),第145页。

(2) 淡水雨淋险(Fresh Water & Rain Damage,FWRD)。本保险对被保险货物因直接遭受雨淋或淡水所致的损失负责赔偿,但包装外部应有雨水或淡水痕迹或有其他适当证明,被保险人必须及时提货,并在提货后十天内申请检验,否则,保险公司不负赔偿责任。

(3) 短量险(Risk of Shortage)。本保险对被保险货物在运输过程中,因外包装破裂或散装货物发生数量散失和实际重量短缺的损失负责赔偿,但正常的途耗除外。

(4) 混杂、沾污险(Risk of Intermixture & Contamination)。本保险对被保险货物在运输过程中,因混杂、沾污所致的损失,负责赔偿。

(5) 渗漏险(Risk of Leakage)。本保险对被保险货物在运输过程中,因容器损坏而引起的渗漏损失,或用液体储藏的货物因液体的渗漏而引起的货物腐败等损失,负责赔偿。

(6) 碰损、破碎险(Risk of Clash & Breakage)。本保险对被保险货物在运输过程中因震动、碰撞、受压造成的破碎和碰撞损失,负责赔偿。

(7) 串味险(Risk of Odor)。本保险对被保险食用物品、中药材、化妆品原料等货物在运输过程中,因受其他物品的影响而引起的串味损失,负责赔偿。

(8) 受热、受潮险(Damage caused by Heating & Sweating)。本保险对被保险货物在运输过程中因气温突然变化或由于船上通风设备失灵致使船舱内水汽凝结、发潮或发热所造成的损失,负责赔偿。

(9) 钩损险(Hook Damage)。本保险对被保险货物在装卸过程中因遭受钩损而引起的损失,以及对包装进行修补或调换所支付的费用,均负责赔偿。

(10) 包装破碎险(Loss or Damage caused by Breakage of Packing)。本保险对被保险货物,在运输过程中因搬运或装卸不慎、包装破裂所造成的损失,以及为继续运输安全所需要对包装进行修补或调换所支付的费用,均负责赔偿。

(11) 锈损险(Risk of Rust)。本保险对被保险货物在运输过程中发生锈损,负责赔偿。

**(二) 特殊附加险**

1. 战争险

战争险(War Risk)的赔偿范围包括:①直接由于战争、类似战争行为和敌对行为、武装冲突或海盗行为所致的损失;②由于上述①款引起的捕获、拘留、扣留、禁制、扣押所造成的损失;③各种常规武器,包括水雷、鱼雷、炸弹所致的损失;④本条款责任范围引起的共同海损的牺牲、分摊和救助费用。但是对于由于敌对行为使用原子或热核制造的武器所致的损失和费用,或根据执政者、当权者或其他武装集团的扣押、拘留引起的承保航程的丧失和挫折而提出的任何索赔,不负责赔偿。

凡加保战争险时,保险公司则按加保战争条款的责任范围,对由于战争和其他各种敌对行为所造成的损失负赔偿责任,按中国人民保险公司的保险条款规定,战争险不能作为一个单独的项目投保,只能在投保上述三种基本险别之一的基础上加保。战争险的保险责任起讫和货物运输险不同,它不采取“仓至仓”条款,而是从货物装上海轮开始至货物运抵目的港卸离海港为止，即只负责水面风险。[①]

2. 罢工险

罢工险(Strikes Risk)对被保险货物由于罢工者，被迫停工工人或参加工潮、暴动、民动、民众斗争的人员的行动，或任何人的恶意行为所造成的直接损失和上述行为或行为所引起的共同海损、牺牲、分摊和救助费用负赔偿责任。但是，对于在罢工期间由于劳动力短缺或不能运用所致的保险货物的损失，包括因此而引起的动力或燃料缺乏使冷藏机停止工作所致的冷藏货物的损失，保险公司不承担赔偿责任。

罢工险的保险期限与海运货物基本险相同，即“仓至仓”条款。根据国际保险市场的习惯做法，一般将罢工险与战争险同时承保。如投保了战争险又需要加保罢工险时，仅需要在保单中附上罢工险条款即可，保险公司不再另行收费。

案例 3-3 全部损失 vs. 部分损失

3. 其他特殊附加险

为了适应各种对外贸易货物运输保险需要，中国人民保险公司除承包上述各种附加险外，还承保下列附加险：

(1) 交货不到险(Failure to Deliver)；

(2) 进口关税险(Import Duty)；

(3) 舱面险(On Deck)；

(4) 拒收险(Rejection)；

(5) 黄曲霉素险(Aflatoxin)；

(6) 货物出口到香港(包括九龙)或澳门存仓火险责任扩展条款(Fire risk extension clause—for storage of cargo at destination Hong Kong, including Kowloon, or Macao)。

案例 3-4 水渍险 vs. 淡水雨淋险

## 第三节 伦敦保险协会海洋运输货物保险险别

在国际保险市场上，英国伦敦保险协会所制定的“协会货物保险条款”(Institute Cargo Clauses, ICC)对世界各国有着广泛的影响。目前，世界上许多国家在海运保险业务中直接采用该条款，还有许多国家在制定本国条款时，参考或采用该条款的内容。在中国，按 CIF 条件出口，虽然一般以 PICC 所制定的保险条款为依据，但如果国外客户要

① 黎孝先(2007)，第 145 页。

求按 ICC 为准，我们也可酌情接受。

现行的 ICC 于 1982 年 1 月 1 日修订，1983 年 4 月 1 日起实行，主要有以下六种险别：

(1) 协会货物条款(A)(Institute Cargo Clauses (A)，ICC(A))；

(2) 协会货物条款(B)(Institute Cargo Clauses (B)，ICC(B))；

(3) 协会货物条款(C)(Institute Cargo Clauses (C)，ICC(C))；

(4) 协会战争险(货物)(Institute War Clauses-Cargo)；

(5) 协会罢工险(货物)(Institute Strikes Clauses-Cargo)；

(6) 恶意损害险(Malicious Damage Clauses)。

其中，ICC(A)、ICC(B)和 ICC(C)是独立险，有独立完整的结构，对承保风险及除外责任均有明确的规定，可以单独投保。战争险和罢工险，也具有独立完整的结构，如征得保险公司同意，也可独立投保，故属于准独立险。恶意损害险属于附加险别，不能单独投保。

在承保范围方面，ICC(A)最大，ICC(B)次之，ICC(C)最小。

## 一、协会货物条款(A)

ICC(A)险大体上相当于中国人民保险公司所规定的“一切险”，其责任范围最广。ICC(A)采用的是“一切风险减去除外责任”的列举办法，其意思基本是除了“除外责任”不负责以外，其他风险损失都给予赔偿。ICC(A)的除外责任详见表 3-1。

**表 3-1　ICC(A)的除外责任**

| 类别 | 除外责任 | |
|---|---|---|
| 一般除外责任 | ① | 因被保险人故意的不法行为造成的损失或费用 |
| | ② | 自然渗漏、重量或容量的自然损耗或自然磨损 |
| | ③ | 包装或准备不足或不当所造成的损失或费用 |
| | ④ | 保险标的的内在缺陷或特性所造成的损失或费用 |
| | ⑤ | 直接由于迟延所引起的损失或费用 |
| | ⑥ | 由于船舶所有人、经理人、租船人或经营破产或不履行债务造成的损失或费用 |
| | ⑦ | 由于使用任何原子或热核武器等所造成的损失或费用 |
| 不适航、不适货除外责任 | ① | 保险标的在装船时，被保险人或其受雇的人已经知道船舶不适航，以及船舶装运工具如集装箱等不适货 |
| | ② | 违反适航、适货的默示保证为被保险人或其受雇的人所知悉 |
| 战争除外责任 | ① | 由于战争、内战、敌对行为等造成的损失或费用 |
| | ② | 由于捕获、拘留、扣留(海盗除外)所造成的损失或费用 |
| | ③ | 由于漂流水雷、鱼雷等造成的损失或费用 |

续表

| 类别 | | 除外责任 |
|---|---|---|
| 罢工除外责任 | ① | 由于罢工者、被迫停工工人等造成的损失或费用 |
| | ② | 罢工、被迫停工造成的损失或费用 |
| | ③ | 任何恐怖主义者或出于政治动机而行动的人所造成的损失或费用 |

资料来源：田运银(2007)，第105页。

注：(1)“不适航”是指载货船舶本身存在着“安全航行的隐患、不适合航行”的危险状态；“不适货”是指货物的运输工具(如火车、轮船、飞机等)及/或装载工具(如集装箱等)存在着危及货物安全、极有可能造成货物损失甚至灭失的潜在危险。

(2)“违反适航、适货的默示保证为被保险人或其受雇的人所知悉”是指被保险人等明明知道承运人的运载工具存在着安全隐患，却在事先不加以制止，听之任之；“适航、适货”本来就是承运人应该保证做到的事情，不管他在书面上或口头上是否做过类似的承诺。

## 二、协会货物条款(B)

ICC(B)险大体上相当于中国人民保险公司所规定的“水渍险”，它比ICC(A)险的责任范围小，故采用“列举承保风险”的方式。这种规定办法，既便于投保人选择投保适当的险别，又便于保险人处理损害赔偿。

### (一) ICC(B)险的承保范围

(1) 火灾、爆炸；

(2) 船舶或驳船触礁、搁浅、沉没或倾覆；

(3) 陆上运输工具倾覆或出轨；

(4) 船舶、驳船或运输工具同水以外的外界物体碰撞；

(5) 在避难港卸货；

(6) 地震、火山爆发、雷电；

(7) 共同海损牺牲；

(8) 抛货；

(9) 浪击落海；

(10) 海水、湖水或河水进入船舶、驳船、运输工具、集装箱、大型海运箱或贮存处所；

(11) 货物在装卸时落海或摔落造成整件的全损。

其中，“抛货”是指一种类似于“共同海损牺牲”性质的善意、合理行为下的投弃，它与其他处于破坏动机的恶意违法行为不是同一回事。①

### (二) ICC(B)险的除外责任

(1) ICC(A)险的全部除外责任；

(2) 由于被保险人以外的任何个人或数人的非法行动故意损害或破坏保险标的所造成的损失或费用；

① 田运银(2007)，第106页。

(3) 海盗行为所造成的损失或费用;

(4) 一般外来原因造成的损失。

## 三、协会货物条款(C)

ICC(C)承保风险比 ICC(A)、ICC(B)要小得多,它只承保"重大意外事故"而不承保"自然灾害及非重大意外事故"。其具体承保风险有:

(1) 火灾,爆炸;

(2) 船舶或驳船触礁、搁浅、沉没或倾覆;

(3) 陆上运输工具倾覆或出轨;

(4) 船舶、驳船或运输工具同水以外的外界物体碰撞;

(5) 在避难港卸货;

(6) 共同海损牺牲;

(7) 抛货。

ICC(C)险的除外责任与 ICC(B)完全相同。

ICC(A)条款的承保风险类似中国的"一切险";ICC(B)条款类似"水渍险";ICC(C)条款类似"平安险",但比平安险的责任范围要小些。

为了便于大家理解和掌握,现将 ICC(A)、ICC(B)和 ICC(C)三种险别中保险公司承保的风险责任综合列表,见表 3-2。

**表 3-2 ICC(A)、ICC(B)、ICC(C)的承保责任一览表**

| 承保风险 | | ICC (A) | ICC (B) | ICC (C) |
|---|---|---|---|---|
| 1 | 火灾、爆炸 | √ | √ | √ |
| 2 | 船舶、驳船的触礁、搁浅、沉没、倾覆 | √ | √ | √ |
| 3 | 陆上运输工具的倾覆或出轨 | √ | √ | √ |
| 4 | 船舶、驳船或运输工具同除水以外的任何外界物体碰撞 | √ | √ | √ |
| 5 | 在避难港卸货 | √ | √ | √ |
| 6 | 共同海损牺牲 | √ | √ | √ |
| 7 | 共同海损分摊和救助费用 | √ | √ | √ |
| 8 | 运输合同订有"船舶互撞责任条款",根据该条款的规定应由货方偿还船方的损失 | √ | √ | √ |
| 9 | 抛货 | √ | √ | √ |
| 10 | 地震、火山爆发或雷电 | √ | √ | × |
| 11 | 浪击落海 | √ | √ | × |
| 12 | 海水、湖水或河水进入船舶、驳船、运输工具、集装箱、大型海运箱或贮存处所 | √ | √ | × |
| 13 | 货物在船舶或驳船装卸时落海或跌落造成任何整件的全损 | √ | √ | × |

续表

| 承保风险 | | ICC (A) | ICC (B) | ICC (C) |
|---|---|---|---|---|
| 14 | 由于被保险人以外的其他人(如船长、船员等)的故意违法行为造成的损失或费用 | √ | × | × |
| 15 | 海盗行为 | √ | × | × |
| 16 | 一般外来原因造成的损失 | √ | × | × |

说明:表格中"√"代表保险人的承保风险,"×"代表免责或不承保风险。

资料来源:田运银(2007),第107页。

## 四、协会货物保险条款主要险别的保险期限

保险期限亦称保险有效期,是指保险人承担保险责任的起止期限。伦敦保险协会货物保险条款对保险期限的规定包括下列三个条款:

### (一) 运输条款

(1) 自货物运离保险单所载明的起运地仓库或储存处所开始运输时生效,包括正常运输过程,直至运到下述地点终止:①保险单所载明的目的地收货人或其他最后仓库或储存处所;②在保险单所载明目的地之前或目的地的任何其他仓库或储存处所,由被保险人选择用作:在正常运输过程之外储存货物,或分配或分派货物;③被保险货物在最后卸载港全部卸离海轮后满60天为止。

这一点同中国《海运货物保险条款》的规定基本一致,均以"仓至仓"为限。

(2) 如货物在本保险责任终止前于最后卸载港卸离海轮,需转运到非保险单载明的其他目的地时,保险责任仍按上述规定终止,但以该项货物开始转运时终止。

(3) 在被保险人无法控制的运输延迟、任何绕道、被迫卸货、重新装载、转载以及船东或租船人运用运输契约赋予的权限所做的任何航海上的变更的情况下,本保险仍继续有效(仍需按照上述有关保险终止期限和下述运输契约终止条款的规定办理)。

### (二) 运输契约终止条款

如由于被保险人无法控制的情况,致使运输契约在非保险单载明的目的地的港口或处所终止,或者运输在按上述运输条款规定发货前终止,本保险亦应终止,除非被保险人立即通知保险人并提出续保要求,并在必要时加缴保险费的情况下,本保险继续有效。

(1) 直至货物在该港口或处所出售和交货,除非有特别约定,在被保险货物抵达该港口或处所后满60天为止,以先发生者为准;

(2) 如果货物在上述60天期限内(或任何约定的延长期限内),继续运往非保险单所载明的目的地或任何其他目的地时,保险责任仍按上述运输条款的规定终止。

### (三) 航程变更条款

当本保险责任开始后,被保险人变更目的地,应立即通知保险人,经另行商定保险费和条件,本保险仍然有效。

# 第四节 中国陆运、空运与邮包运输保险的险别

陆运、空运与邮包运输保险是在海运保险的基础上发展起来的。由于陆运、空运与邮包运输同海运可能招致货物损失的风险种类不同,所以陆运、空运、邮包运输保险与海运保险的险别及其承保范围也有所不同。[①] 本节就中国人民保险公司承保的陆运、空运与邮包运输保险的险别分别进行介绍。

## 一、中国陆运保险的险别

根据中国人民保险公司1981年1月1日修订的《陆上运输货物保险条款(火车、汽车)》(*Overland Transportation Cargo Insurance Clauses*)的规定,陆上运输货物保险的基本险别分为陆运险和陆运一切险两种。适用于陆运冷藏货物的专门保险,即陆上运输冷藏货物险,也具有基本险的性质;而陆上运输货物战争险(火车)则属于附加险别。

### (一) 陆运险与陆运一切险

1. 承保范围

陆运险(Overland Transportation Risks)的承保责任范围与海洋运输保险条款中的"水渍险"相似。其赔偿范围包括:

(1) 被保险货物在运输途中遭受暴风、雷电、洪水、地震自然灾害,或由于运输工具遭受碰撞、倾覆、出轨或在驳运过程中因驳运工具遭受搁浅、触礁、沉没、碰撞,或由于遭受隧道坍塌、崖崩或失火、爆炸意外事故所造成的全部或部分损失。

(2) 被保险人对遭受承保责任内危险的货物采取抢救、防止或减少货损的措施而支付的合理费用,但以不超过该批被救货物的保险金额为限。

陆运一切险(Overland Transportation All Risks)的承保责任范围与海洋运输保险条款中的"一切险"相似。除包括上述陆运险的责任外,本保险还负责被保险货物在运输途中由于外来原因所致的全部或部分损失。

以上责任范围均适用于火车和汽车运输,并以此为限。

2. 除外责任

陆运险和陆运一切险对下列损失不负赔偿责任:

(1) 被保险人的故意行为或过失所造成的损失;

(2) 属于发货人责任所引起的损失;

---

① 黎孝先(2007),第159页。

(3) 在保险责任开始前，被保险货物已存在的品质不良或数量短差所造成的损失；

(4) 被保险货物的自然损耗、本质缺陷、特性以及市场跌落、运输延迟所引起的损失或费用；

(5) 本公司陆上运输货物战争险条款和货物运输罢工险条款规定的责任范围和除外责任。

3. 责任起讫

陆运险和陆运一切险负"仓至仓"责任，自被保险货物运离保险单所载明的起运地仓库或储存处所开始运输时生效，包括正常运输过程中的陆上和与其有关的水上驳运在内，直至该项货物运达保险单所载目的地收款人的最后仓库或储存处所或被保险人用作分配、分派的其他储存处所为止，如未运抵上述仓库或储存处所，则以被保险货物运抵最后卸载的车站满 60 天为止。

4. 索赔期限

从被保险货物在最后目的地车站全部卸离车辆后计算，最多不超过两年。

### (二) 陆上运输冷藏货物险

陆上运输冷藏货物险(Overland Transportation Insurance-Frozen Products)，是陆运货物保险中一种专门的险别，适用于陆运冷藏货物，并具有基本险的性质。

1. 承保范围

(1) 被保险货物在运输途中由于下列原因造成的全部或部分损失：暴风、雷电、地震、洪水；陆上运输工具遭受碰撞、倾覆或出轨；在驳运过程中驳运工具的搁浅、触礁、沉没、碰撞；隧道坍塌、崖崩、失火、爆炸。

(2) 被保险货物在运输途中由于冷藏机器或隔温设备的损坏或者车厢内贮存冰块的溶化所造成的解冻溶化而腐败的损失。

(3) 被保险人对遭受承保责任内危险的货物采取抢救、防止或减少货损的措施而支付合理费用，但以不超过该批被救货物的保险金额为限。

2. 除外责任

本保险对下列损失不负赔偿责任：

(1) 被保险人的故意行为或过失所造成的损失；

(2) 属于发货人责任所引起的损失；

(3) 被保险货物在运输过程中的任何阶段，因未存放在有冷藏设备的仓库或运输工具中，或辅助运输工具没有隔温设备或车厢内没有贮存足够的冰块所致的货物腐败；

(4) 被保险货物在保险责任开始时因未保持良好状态，包括整理加工和包扎不妥、冷冻上的不合规定及骨头变质所引起的货物腐败和损失；

(5) 被保险货物的自然损耗、本质缺陷、特性及市价跌落、运输延迟所引起的损失和费用；

(6) 本公司陆上运输货物战争险条款和货物运输罢工险条款所规定的责任范围和除外责任。

3. 责任起讫

本保险责任自被保险货物运离保险单所载起地点的冷藏仓库装入运送工具开始运

输时生效。包括正常运输和与其有关的水上驳运在内,直至该项货物到达保险单所载明的目的地收货人仓库时继续有效,但最长保险责任以被保险货物到达目的地车站后十天为限。

4. 索赔期限

从被保险货物在最后目的地车站全部卸离车辆后起算,最多不超过两年。

**(三) 陆上运输货物战争险(火车)**

陆上运输货物战争险(火车)(Overland Transportation Cargo War Risks-by Train)是陆上运输货物保险的特殊附加险,只有在投保了陆运险或陆运一切险的基础上经过投保人与保险公司协商方可加保。

1. 责任范围

本保险负责赔偿:直接由于战争、类似战争行为和敌对行为、武装冲突所致的损失;各种常规武器包括地雷、炸弹所致的损失。

2. 除外责任

本保险对下列各项不负赔偿责任:

(1) 由于敌对行为使用原子或热核制造的武器所致的损失和费用;

(2) 根据执政者、当权者或其他武装集团的扣押、拘留引起的承保运程的丧失和挫折而提出的任何索赔要求。

3. 责任起讫

(1) 本保险责任自被保险货物装上保险单所载起运地的火车时开始到卸离保险单所载目的地的火车时为止。如果被保险货物不卸离火车,本保险责任最长期限以火车到达目的地的当日午夜起算满48小时为止。

(2) 如在运输中途转车,不论货物在当地卸载与否,保险责任以火车到达该中途站的当日午夜起算满十天为止,如货物在上述期限内重行装车续运,本保险恢复有效。

(3) 如运送契约在保险单所载目的地以外的地点终止时,该地即视为本保险目的地,仍照前述(1)款的规定终止责任。

## 二、中国空运保险的险别

根据中国人民保险公司1981年1月1日修订的《航空运输货物保险条款》(*Air Transportation Cargo Insurance Clauses*)的规定,中国空运保险的基本险别分为航空运输险和航空运输一切险两种。此外,还有航空运输货物战争险作为一种附加险。

**(一) 航空运输险和航空运输一切险**

1. 承保范围

航空运输险(Air Transportation Risks)负责赔偿被保险货物在运输途中遭受雷电、火灾、爆炸或由于飞机遭受恶劣气候或其他危难事故而被抛弃,或由于飞机遭碰撞、倾覆、坠落或失踪意外事故所造成全部或部分损失。同时,被保险人对遭受承保责任内危险的货物采取抢救、防止或减少货损的措施而支付合理费用,但以不超过该批被救货物的保险金额为限,也在保险公司的赔偿范围内。

航空运输一切险(Air Transportation All Risks)除包括上述航空运输险责任外，还负责赔偿被保险货物由于外来原因所致的全部或部分损失。

2. 除外责任

航空运输险和航空运输一切险对下列损失不负赔偿责任：

(1) 被保险人的故意行为或过失所造成的损失；

(2) 属于发货人责任所引起的损失；

(3) 保险责任开始前，被保险货物已存在的品质不良或数量短差所造成的损失；

(4) 被保险货物的自然损耗、本质缺陷、特性以及市价跌落、运输延迟所引起的损失或费用；

(5) 本公司航空运输货物战争险条款和货物罢工险条款规定的责任范围和除外责任。

3. 责任起讫

(1) 本保险负“仓至仓”责任，自被保险货物运离保险单所载明的起运地仓库或储存处所开始运输时生效，包括正常运输过程中的运输工具在内，直至该项货物运达保险单所载明目的地收货人的最后仓库或储存处所或被保险人用作分配、分派或非正常运输的其他储存处所为止。如未运抵上述仓库或储存处所，则以被保险货物在最后卸载地卸离飞机后满 30 天为止。如在上述 30 天内被保险的货物需转送到非保险单所载明的目的地，则以该项货物开始转运时终止。

(2) 由于被保险人无法控制的运输延迟、绕道、被迫卸货、重行装载、转载或承运人运用运输契约赋予的权限所做的任何航行上的变更或终止运输契约，致使被保险货物运到非保险单所载目的地时，在被保险人及时将获知的情况通知保险人，并在必要时加缴保险费的情况下，本保险仍继续有效，保险责任按下述规定终止：

第一，被保险货物如在非保险单所载目的地出售，保险责任至交货时为止。但不论任何情况，均以被保险的货物在卸载地卸离飞机后满 30 天为止。

第二，被保险货物在上述 30 天期限内继续运往保险单所载原目的地或其他目的地时，保险责任仍按上述第(1)款的规定终止。

4. 索赔期限

从被保险货物在最后卸载地卸离飞机后起计算，最多不超过两年。

**(二) 航空运输货物战争险**

航空运输货物战争险(Air Transportation Cargo War Risks)是航空运输货物险的一种附加险，只有在投保了航空运输险或航空运输一切险的基础上经过投保人与保险公司协商方可加保。

加保航空运输货物战争险后，保险公司承担赔偿在航空运输途中由于战争、类似战争行为和敌对行为、武装冲突以及各种常规武器和炸弹所造成的货物的损失，但不包括因使用原子或热核制造的武器所造成的损失。

航空运输货物战争险的保险责任是自被保险货物装上保险单所载明的起运地的飞机时开始，直到卸离保险单所载明的目的地的飞机时为止。如果被保险货物不卸离飞机，则以载货飞机到达目的地的当天午夜起计算，满 15 天为止。如果被保险货物在中途转运，保险责任以飞机到达转运地的当天午夜起算，满 15 天为止，待装上续运的飞机保险责任再恢复有效。[①]

## 三、中国邮包运输保险的险别

根据中国人民保险公司 1981 年 1 月 1 日修订的《邮包运输保险条款》(*Parcel Post Insurance Clauses*)的规定，中国邮包运输保险的基本险别分为邮包险和邮包一切险两种。此外，还有邮包战争险作为一种附加险。

### (一) 邮包险和邮包一切险

1. 承保范围

邮包险(Parcel Post Risks)负责赔偿：①被保险邮包在运输途中由于恶劣气候、雷电、海啸、地震、洪水自然灾害或由于运输工具遭受搁浅、触礁、沉没、碰撞、倾覆、出轨、坠落、失踪，或由于失火、爆炸意外事故所造成的全部或部分损失；②被保险人对遭受承保责任内危险的货物采取抢救、防止或减少货损的措施而支付的合理费用，但以不超过该批被救货物的保险金额为限。

邮包一切险(Parcel Post All Risks)除包括上述邮包险的各项责任外，还负责赔偿被保险邮包在运输途中由于外来原因所致的全部或部分损失。

2. 除外责任

本保险对下列损失不负赔偿责任：

(1) 被保险人的故意行为或过失所造成的损失；

(2) 属于发货人责任所引起的损失；

(3) 在保险责任开始前，被保险邮包已存在的品质不良或数量短差所造成的损失；

(4) 被保险邮包的自然损耗、本质缺陷、特性以及市价跌落、运输延迟所引起的损失或费用；

(5) 本公司邮包战争险条款和货物运输罢工险条款规定的责任范围和除外责任。

3. 责任起讫

本保险责任自被保险邮包离开保险单所载起运地点寄件人的处所运往邮局时开始生效，直至该项邮包运达本保险单所载目的地邮局，自邮局签发到货通知书当日午夜起算满 15 天终止。但在此期限内邮包一经递交至收件人的处所，保险责任即行终止。

4. 索赔期限

从被保险邮包递交收件人时起算，最多不超过两年。

### (二) 邮包战争险

邮包战争险(Parcel Post War Risks)是邮包运输保险的一种附加险，只有在投保了邮包险或邮包一切险的基础上经过投保人与保险公司协商方可加保。

加保邮包战争险后，保险公司负责赔偿被保险邮包在运输过程中直接由于战争、类

① 吴百福(2003)，第 131 页。

似战争行为和敌对行为、武装冲突或海盗行为以及各种常规武器包括水雷、鱼雷、炸弹所造成的损失。此外，保险公司还负责赔偿在遭受以上承保责任范围内危险引起的共同海损的牺牲、分摊和救助费用。但保险公司不承担因使用原子或热核制造的武器所造成的损失和费用的赔偿。

邮包战争险的保险责任是自被保险邮包经邮局收讫后自储存处所开始运送时生效，直至该项邮包运达保险单所载明的目的地邮局送交收件人为止。

必须指出，在附加险方面，除战争险外，海洋运输货物保险中的一般附加险和特殊附加险险别和条款均可适用于陆运、空运和邮包运输保险。①

## 第五节 进出口货物运输保险的操作

### 一、与保险相关的基本概念

(1) 保险标的物(Subject Matter Insured)指保险所要保障的对象。它可以是财产或与财产有关的利益，也可以是因事故的发生而丧失权利或产生的法律责任等。

(2) 投保人(Applicant)指与保险公司签订保险合同的人。以 FOB、CFR、FCA、CPT 价格成交时，投保人是买卖合同项下的买方；以 CIF、CIP 价格成交时②，投保人是买卖合同项下的卖方。

(3) 保险人(Insurer/Underwriter)又叫“承保人”，指保险合同项下承担保险标的的风险损失的人，一般为保险公司。

(4) 被保险人(The Insured)指保险合同项下享受“保险标的风险损失赔偿”的人。在 FOB、CFR、FCA、CPT、CIF、CIP 等买卖合同项下，被保险人一般均为买方。虽然在 CIF 和 CIP 价格术语下，办理保险、缴纳保险费的是卖方，保险单据在大多数情况下标明的“被保险人”也是卖方，但卖方随后就通过背书的途径将保险单据转让给了买方，买方在付款赎单以后也就成了名副其实的“被保险人”。

(5) 保险价值(Insured Value)又叫“投保价值”，一般是指保险标的的 CIF(CIP)价值。③

---

① 吴百福(2003)，第 132 页。

② 有关价格术语的知识详见本书第四章“价格条件及作价”。

③ 田运银(2007)，第 109 页。

## 二、保险的基本原则[①]

保险的基本原则(Basic Principle of Insurance)，是保险公司制定的要求投保人和被保险人必须遵守的规矩。如果违反了这些规矩，保险公司就拒绝履行它的理赔义务。

1. 保险利益原则

保险利益(Insurable Interest)，又称可保权益，是指投保人对保险标的具有的法律上承认的利益。投保人对保险标的应当具有保险利益。投保人对保险标的不具有保险利益的，保险合同无效，这就是保险利益原则。国际货运保险仅要求在保险标的发生损失时必须具有保险利益。

2. 最大诚信原则

最大诚信原则(Principle of Utmost Good Faith)是指投保人和保险人在签订保险合同以及在合同有效期内，必须保持最大限度的诚意，双方都应恪守信用，互不欺骗隐瞒。保险人应当向投保人说明保险合同的条款内容，并可以就保险标的或者被保险人的有关情况提出询问，投保人应如实告知。

对投保人/被保险人来说，最大诚信原则主要有两个要求：一是重要事实的申报，二是保证。重要事实的申报是指投保人在投保时应将自己知道的或者应当知道的有关标的物的重要事件如实告知保险人，以便保险人判断是否同意承保或者决定承保的条件。保证是指被保险人在保险合同中所做的保证要做或不做某种事情，保证某种情况的存在或不存在，或保证履行某一条件。

3. 补偿原则

保险的补偿原则(Principle of Indemnity)，又称损害赔偿原则，是指当保险标的遭受保险责任范围内的损失时，保险人应当依照保险合同的约定履行赔偿义务。但保险人的赔偿金额不得超过保险单上的保险金额或被保险人遭受的实际损失。保险人的赔偿不应使被保险人因保险赔偿而获得额外利益。

补偿原则的主要标准为：

(1) 赔偿金额既不能超过保险金额，也不能超过实际损失。

(2) 被保险人必须对保险标的具有保险利益。赔偿金额也以被保险人在保险标的中所具有的保险利益金额为限。

(3) 被保险人不能通过保险赔偿而获得额外利益。因此，如果保险标的遭受部分损失，仍有残值，保险人在计算赔偿时，对残值做相应扣除；如果保险人将同一标的向两家或两家以上的保险人投保相同的风险，其保险金额的总和超过了该保险标的的价值，当保险事故发生后，被保险人获得的赔偿金额总和不得超过其保险标的的受损价值。

4. 近因原则

近因原则(Principle of Immediate Cause)是指保险人只对承保风险与保险标的的损失之间有直接因果关系的损失负赔偿责任，而对保险责任范围外的风险造成的保险标的的损失，不承担赔偿责任。

---

① 引自吴百福(2003)，第119—121页。

如果损失是由多个原因造成的，而这些原因既有保险责任范围内的，也有保险责任范围外的，应根据情况区别对待。

如果前面的原因是保险责任范围内的，后面的原因不是保险责任范围内的，但后面的原因是前面原因导致的必然后果，则前面的原因是近因，保险人应负责赔偿。例如，包装食品投保水渍险，运输途中遭受海水浸湿，外包装受潮后导致食品发生霉变损失，霉变是海水打湿外包装水汽侵入造成的结果，保险人应负赔偿责任。

如果前面的原因不是保险责任范围内的，后面的原因是保险责任范围内的，后面的原因是前面原因导致的必然后果，则近因不是保险责任范围内的，保险人不负责赔偿。例如，在战争期间，某公司将投保一切险的出口商品运至码头仓库待运，此时，适逢敌机轰炸，引起仓库火灾，使该批商品受损。当被保险人要求保险公司赔偿时，保险公司予以拒绝。理由为，造成货物受损的原因有两个：投弹和火灾，而火灾是投弹导致的必然后果，投弹又不是一切险的承保范围，因此，保险公司可以拒赔。

案例 3-5
近因原则及除外责任

## 三、保险费及其核算

### （一）保险金额

保险金额（Insured Amount）是指保险公司承担赔偿的最高限额，也是核算保险费的基础。

**案例 3-6　买方对保险公司赔付金额的预期**

上海 A 公司出口一批货物给英国 B 公司，上海货价是 USD10 000.00，上海——伦敦海运运费是 USD200.00，保险费是 5‰×保险金额。如果你是买方 B 公司，你希望保险公司在出险赔的情况下赔付多少？

【分析】

保险金额＝USD10 000.00＋USD200.00＋保险费＋管理费用及预期利润

在实际操作中，管理费用及预期利润按装运港货价、主运费及保险费这三项费用之和的 10％至 15％估算。

管理费用及预期利润＝（USD10 000.00＋USD200.00＋保险费）×10％至 15％

保险金额一般根据“保险价值”来确定。同时，在国际货物买卖中，保险金额一般还要在“保险价值”的基础上再加成一定比例的金额，即“投保加成”，这是国际贸易的特定需要决定的。如果买卖合同对此未做规定，根据 UCP 600 第 28 条 f 款，如果信用证对投保金额未作规定，投保金额须至少为货物的 CIF 或 CIP 价格的 110％。在国际贸易惯例中，大部分情况也是按货物的 CIF 或 CIP 价格的 110%进行投保，即加成 10%。这部分增加的保险金额就是买方进行这笔交易所支付的费用和预期利润。如果买方要求按较高的金额投保，而保险公司也同意承保，卖方亦可接受，但由此增加的保险费原则上应由买方承担。

由此可得保险金额的计算公式为：

$$\text{保险金额}=\text{装运港货价}+\text{运费}+\text{保险费}+\text{买方费用及预期利润} \tag{3-1}$$

其中，运费和保险费是指装运港——目的港的运费和保险费；（装运港货价＋运费＋保险费）即货物的 CIF 或 CIP 价格。

同时

$$\text{买方费用及预期利润}=(\text{装运港货价}+\text{运费}+\text{保险费})\times\text{百分比}$$

所以，

$$\text{保险金额}=(\text{装运港货价}+\text{运费}+\text{保险费})\times(1+\text{保险加成率}) \tag{3-2}$$

或

$$\text{保险金额}=\frac{(\text{装运港货价}+\text{运费})\times(1+\text{保险加成率})}{1-(1+\text{保险加成率})\times\text{保险费率}} \tag{3-3}$$

### （二）保险费

保险费（Premium）是保险人因为承保风险而向投保人收取的报酬。保险公司收取保险费的方法为：

$$\text{保险费}=\text{保险金额}\times\text{保险费率}$$

由上面式（3-3）可得：

$$\text{保险费}=\frac{(\text{装运港货价}+\text{运费})\times(1+\text{保险加成率})}{1-(1+\text{保险加成率})\times\text{保险费率}}\times\text{保险费率}$$

若按 CIF 或 CIP 价格加成投保，则

$$\text{保险费}=\text{CIF(CIP) 价}\times(1+\text{保险加成率})\times\text{保险费率}$$

**例 3-1** 保险金额及保险费的计算

有一批机电产品出口到美国，装运港为上海，目的港为洛杉矶，货物在上海的价格为 USD20 000.00，上海——洛杉矶海运运费为 USD800.00，保险加成率为 10%，保险费率为 3‰，请计算保险金额和保险费。

【解析】

$$\text{保险金额}=\frac{(\text{装运港货价}+\text{运费})\times(1+\text{保险加成率})}{1-(1+\text{保险加成率})\times\text{保险费率}}$$

$$=\frac{(20\ 000+800)\times(1+10\%)}{1-(1+10\%)\times3‰}=22\ 955.75(\text{美元})$$

$$\text{保险费}=\text{保险金额}\times\text{保险费率}=\text{USD}22\ 955.75\times3‰=68.87(\text{美元})$$

## 四、保险单据

保险单据是保险人与被保险人之间订立保险合同的证明文件，反映了他们之间的权利和义务关系。当被保险货物受到保险单据责任范围内的损失时，它是索赔和理赔的依

据。同时,在 CIF 合同中,它又是卖方向买方提供的出口结汇单据之一。

常见的保险单据有以下几种:

**(一) 保险单**

保险单(Insurance Policy)又称大保单,也是中国最正式、最经常使用的保险单据。货运保险单是承保一个指定航程内某一批货物的运输保险,它具有法律上的效力,对双方当事人都有约束力。

1. 保险单(正面)的基本内容

(1) 对保险单的描述:①保险单编号(Policy No.);②签发日期(Date);③正本保险单(ORIGINAL)。

(2) 保险合同的当事人。被保险人(Insured)即保险单的抬头,正常情况下应是信用证的受益人。如果信用证对保险单有特定要求,则按来证要求填写。如果来证指定以××公司为被保险人,则应在此栏填××CO.;如果信用证规定保单为 To order of ××× bank 或 In favor of ××× bank,应填写“受益人名称+held to order of ××× bank”或“in favor of ××× bank”。

此外,保险单上还会指明保险人、保险经纪人、保险代理人、勘验人、赔付代理人等。中外保险公司都可以以自己名义签发保单并成为保险人,其代理人是保险经纪人;保险代理人代表货主;勘验人一般是进口地对货物损失进行查勘之人;赔付代理人指单据上载明的在目的地可以受理索赔的指定机构,应详细注明其地址和联系办法。

(3) 保险标的物:①品名(Description of Goods);②唛头(Marks & Nos.);③包装及数量(Quantity);④发票号码(Invoice No.)。

(4) 费用:①保险金额(Amount Insured);②保费(Premium);③费率(Rate)。

通常事先印就“As Arranged”(按约定)字样,除非 L/C 另有规定,两者在保单上可以不具体显示。保险费通常占货价的比例为 1%—3%,险别不同,费率不一。

(5) 运输情况:①装载运输工具(Per Conveyance S. S);②开航日期(Slg on or abt.),此项应按 B/L 中的签发日期填,也填作“AS PER B/L”;③装运港和目的港(From... to...)。

(6) 赔付条件:①适用的保险条款;②承保险别(Conditions);③赔付地点(Claim Payable At/In),按合同或 L/C 要求填制,如 L/C 中并未明确,一般将目的港/地作为赔付地点;④索赔单据。

(7) 签章(Authorized Signature):由保险公司签字或盖章以示保险单正式生效,单据的签发人必须是保险公司/承保人或他们的代理人。

2. 保险单的背书

海运保险单经背书(Endorsement)之后可以转让。保险单据经被保险人背书后,即随着被保险货物的所有权转移自动转到受让人手中,而无须通知保险公司。保险单据背书方法与提单相似。

3. 保险单实例

## 实例 3-1 英国保险单

**ROYAL & SUNALLIANCE 公司保险单①**

**保险单正面：**

ROYAL & SUNALLIANCE
Certificate of Marine Insurance

ORIGINAL
No. LON 157208
Exporter's Reference 100032-1

THIS IS TO CERTIFY that ROYAL & SUNALLIANCE INSURANCE plc (hereinafter called the Company) has insured under Policy No. **MC912015** the undermentioned goods for the voyage and value stated on behalf of **UNICAM LIMITED ATOMIC ABSORPTION, PO BOX 207, YORK STREET, CAMBRIDGE CB1 2SU ENGLAND FAX: 01223 374437 TEL: 01223 358866**

CONDITIONS OF INSURANCE

Institute Cargo Clauses (A) but sending by Air (other than by post) subject to the Institute Cargo Clauses (Air) (excluding sendings by post)
Institute War Clauses
Institute Strikes Clauses
Institute Replacement Clause
} appropriate to the mode of transit to which this certificate applies.
Replacement Clause (Second-hand Machinery)
Institute Classification Clause
Institute Radioactive Contamination Exclusion Clause
} If applicable
(The Institute Clauses referred to are those current at time of commencement of risk)

| Shipped (per Vessel, Aircraft, etc.) | From (commencement of transit) | |
|---|---|---|
| **AIRCRAFT** | **CAMBRIDGE** | |
| Via | To (final destination) | Insured Value and Currency |
| **Beijing** | **WUHAN, CHINA** | **USD45192.77** |

| Marks and Numbers | Interest |
|---|---|
| **HUBEI PROVINCIAL INTERNATIONAL TRADE CORPORATION** | **FOUR CARTONS GROSS WEIGHT 147.0 KGS 989 AA SPECTROMETER AND ACCESSORIES ONE SET** |
| **4JIANGHAN BEILU WUHAN, CHINA** | **USD28 000.00 CATALOG NUMBER 942339692352 HELOIS ALPHA PRISM SYSTEM SPECTROMETER ONE SET AND ACCESSORIES USD8 000.00 P/N 9423UVA1000E** |
| **IRREVOCABLE DOCUMENTARY CREDIT NUMBER: LC42111103A** | **HELOIS GAMMA UV-VISIBLE SPECTROMETER ONE SET USD5 084.34 P/N 9423UVG1000E TOTAL: USD41084.34** |
| **CLAIMS PAYABLE IN CHINA IN** | **CIP WUHAN AIRPORT INCOTERMS 2010 PACKING CHARGES INCLUDED.** |
| **CURRENCY OF THE DRAFT.** | **PACKING: BY STANDARD EXPORT PACKING MANUFACTURER: UNICAM LIMITED, U. K.** |
| **COVERING AIR TRANSPORTATION ALL RISKS, WAR RISKS.** | **SHIPPING MARK: 19FGQM49-9001CE(LZH) / WUHAN, CHINA** |

**SHIPPED UNDER DECK BUT CONTAINER SHIPMENTS ON OR UNDER DECK**

**SURVEYS**

In the event of loss or damage for which the Company may be liable, immediate notice must be given to **THE PEOPLE'S INSURANCE COMPANY OF CHINA, 108 HSI CHIAO MIN HSIANG, P. O. BOX 2149, BEIJING** in order that a Surveyor may, if necessary, be appointed.

**CLAIMS payable at CHINA by AS ABOVE**

**Claims Settling Agents are not insurers and are not liable for claims arising on this certificate. The service of legal proceedings upon the Agents is not effective service for the purpose of starting legal proceedings against the Underwriters.**

**This Certificate is not valid unless countersigned**

**UNICAM LIMITED ATOMIC ABSORPTION**
**PO BOX 207, YORK STREET,**
**CAMBRIDGE CB1 2SU ENGLAND**

MISS G A WYATT　　Authorised Signatory　　Date of Issue 19 MARCH 2011

**This Certificate may require to be stamped within a given period in order to conform with the laws of the country of destination. Holders are therefore advised to ascertain the amount of Stamp Duty, if any, required.**

**THIS CERTIFICATE REQUIRES ENDORSEMENT BY THE ASSURED.**

**IMPORTANT—See Over**

① 本书导论实例 0-1 的合同项下保险单据。

**保险单背面：**

**IMPORTANT**

**Procedure in the event of loss or damage for which Underwriters may be liable**

Liability of Carriers, Bailees or other third parties.

It is the duty of the Assured and their Agents, in all cases, to take such measures as may be reasonable for the purpose averting or minimising a loss and to ensure that all rights against Carriers, Bailees and other third parties are properly preserved and exercised. In particular, the Assured or their Agents are required:—

1. To claim immediately on the Carriers, Port Authorities or other Bailees for any missing packages.

2. In no circumstances, except under written protest, to give clean receipts where goods are in doubtful condition.

3. When delivery is made by Container, to ensure that the Container and its seals are examined immediately by their responsible official.

If the Container is delivered damaged or with seals broken or missing or with seals other than as stated in the shipping documents, to clause the delivery receipt accordingly and retain all defective or irregular seals for subsequent identification.

4. To apply immediately for survey by Carriers' or other Bailees' Representatives if any loss or damage be apparent and claim on the Carriers or other Bailees for any actual loss or damage found at such survey.

5. To give notice in writing to the Carriers or other Bailees within 3 days of delivery if the loss or damage was not apparent at the time of taking delivery.

Note: The Consignees or their Agents are recommended to make themselves familiar with the Regulations of the Port Authorities at the port of discharge.

Documentation of Claims.

To enable claims to be dealt with promptly, the Assured or their Agents are advised to submit all available supporting documents without delay, including when applicable:—

1. Original certificate of insurance.

2. Original or copy shipping invoices, together with shipping specification and/or weight notes.

3. Original Bill of Lading and/or other contract of carriage.

4. Survey report or other documentary evidence to show the extent of the loss or damage.

5. Landing account and weight notes at final destination.

6. Correspondence exchanged with the Carriers and other Parties regarding their liability for the loss of damage.

The Survey Fee is customarily paid by the claimant and included in a valid claim against the Company

**This insurance shall be subject to the exclusive jurisdiction of the English Courts. 168**

## 实例 3-2　中国保险单

**中国人民保险公司保险单**

**中国人民保险公司**

THE PEOPLE'S INSURANCE COMPANY OF CHINA

Head Office:BEIJING　　Established in 1949

**INSURANCE POLICY**①

Policy No.

中国人民保险公司（以下简称本公司）

This Policy of Insurance witnesses that The People's Insurance Company of China (hereinafter called 根据"the Company"),at the request of ………………………………

（以下简称被保险人）的要求，由被保险人向本公司缴付约定

(hereinafter called "the Insured")and in consideration of the agreed premium paid to the Company by the

的保险费，按照本保险单承保险别和背面所载条款与下列

Insured,undertakes to insure the undermentioned goods in transportation subject to the conditions of this Policy 条款承保下述货物运输保险，特立本保险单。

as per the Clause printed overleaf and other special clauses attached hereon.

| 标记<br>Marks & Nos. | 包装及数量<br>Quantity | 保险货物项目<br>Description of Goods | 保险金额<br>Amount Insured |
|---|---|---|---|
| As per Invoice No. | | | |

总保险金额：

Total Amount Insured:………………………………

| | | | | | |
|---|---|---|---|---|---|
| 保费<br>Premium: | as arranged | 费率<br>Rate | as arranged | 装载运输工具<br>Per conveyance S. S. | ………… |
| 开行日期<br>Slg. on or abt. | As Per B/L | 自<br>From | ………… | 至<br>to | ………… |

承保险别

Conditions

所保货物，如遇出险，本公司凭本保险单及其他有关证件给付赔款。

Claims,if any,payable on surrender of this Policy together with other relevant documents.

所保货物，如发生本保险单项下负责赔偿的损失或事故，

In the event of accident whereby loss or damage may result in a claim under this Policy immediate notice applying

应立即通知本公司下述代理人查勘。

For survey must be given to the Company's Agent as mentioned hereunder:

赔款偿付地点

Claim payable at …………

日期

Date …………

中国人民保险公司

THE PEOPLE'S INSURANCE CO. OF CHINA

*General Manager*

① 转引自李元旭、吴国新(2005 年，第 152 页)。

(1/1/1981) THE PEOPLE'S INSURANCE COMPANY OF CHINA
OCEAN MARINE CARGO CLAUSES

Ⅰ. Scope of Cover:

This insurance is classified into the following three Conditions-Free Particular Average(F. P. A.). With Average (W. A.)and All Risks. Where the goods insured hereunder sustain loss or damage, the Company shall undertake to indemnify therefore according to the Insured Condition specified in the Policy and the Provisions of these Clauses: 1. Free From Particular Average(F. P. A.) This insurance covers: 1) Total or Constructive Total Loss of the whole consignment hereby insured caused in the course of transit by natural calamities-heavy weather, lightning, tsunami, earthquake and flood. In case a constructive total loss is claimed for, the Insured shall abandon to the Company the damaged goods and all his rights and title pertaining thereto. The goods on each lighter to or from the seagoing vessel shall be deemed a separate risk. "Constructive Total Loss" refers to the loss where an actual total loss appears to be unavoidable or the cost to be incurred in recovering or reconditioning the goods together with the forwarding cost to the destination named in the policy would exceed their value on arrival. 2) Total or Partial Loss caused by accidents-the carrying conveyance being grounded, sunk or in collision with floating ice or other objects as well as fire or explosion. 3) Partial loss of the insured goods attributable to heavy weather, lightning and/or tsunami, where the conveyance has been grounded, stranded, sunk or burnt, correspictive of whether the event or events took place before or after such accidents. 4) Partial or total loss consequent on falling of entire package or packages into sea during loading, transshipment or discharge. 5) Reasonable cost incurred by the Insured in salvaging the goods or aversion or minimizing a loss recoverable under the Policy, provided that such cost shall not exceed the sum insured of the consignment so saved. 6) Losses attributable to discharge of the insured goods at a port of distress following a sea peril as well as special charges arising from loading, warchousing and forwarding of the goods at an intermediate port of call or refuge. 7) Sacrifice in and Contribution to General Average and Salvage Charges. 8) Such proportion of losses sustained by the ship owners as is to be reimbursed by the Cargo Owner under the Contract of Affreightmint "Both to Blame Collision" clause. 2. With Average(W. A.) Aside from the risks covered under F. P. A. condition as above, this insurance also covers partial losses of the insured goods caused by heavy weather, lightning, tsunami, earthquake and/or flood. 3. All Risks Aside from the risks covered under the F. P. A. and W. A. conditions as above, this insurance also covers all risks of loss of or damage to the insured goods whether partial or total, arising from external causes in the course of transit.

Ⅱ. Exclusions:

This insurance does not cover: 1. Loss or damage caused by the intentional act or fault of the Insured. 2. Loss or damage falling under the liability of the consignor. 3. Loss or damage arising from the inferior quality or shortage of the insured goods prior to the attachment of this insurance. 4. Loss or damage arising from normal loss inherent vice or nature of the insured goods, loss of market and/or delay in transit and any expenses arising therefrom. 5. Risks and liabilities covered and excluded by the ocean marine (cargo) war risks clauses and strike, fiot and civil commotion clauses of this Company.

Ⅲ. Commencemint and Termination of Cover: 1. Warehouse to Warehouse Clause; This insurance attaches from the time the goods hereby insured leave the warehouse or place of storage named in the Policy for the commencement of the transit and continues in force in the ordinary course of transit including sea, land and inland waterway transits and transit in lighter until the insured goods are delivered to the consignee's final warchouse or place of storage at the destination named in the Policy or to any other place used by the Insured for allocation or distribution of the goods or for storage other than in the ordinary course of transit. 2. If owing to delay, deviation forced discharge, reshipment or transshipment beyond the control of the Insured or any change or termination of the voyage arising from the exercise of a liberty granted to the ship owners under the contract of affreightment, the insured goods arrive at a port or place other than that named in the Policy, subject to immediate nomain in force and shall terminate as hereunder: 1) If the insured goods are sold at port or place not named in the Policy, this insurance shall terminate on delivery of the goods sold, but in no event shall this insurance extend beyond sixty(60) days after completion of discharge of the insured goods from the carrying vessel at such port or place. 2) If the insured goods are to be forwarded to the final destination named in the Policy or any other destination, this insurance shall terminate in accordance with Section 1 above.

Ⅳ. Duty of the Insured:

It is the duty of the Insured to attend to all matters as specified hereunder, failing which the Company reserves the right to reject his claim for any loss if and when such failure prejudice the rights of the Company: 1 1. The Insured shall take delivery of the insured goods in good time upon their arrival at the port of destination named in the Policy. I n the event of any damage to the goods, the INSURED SHALL IMMEDIATELY APPLY FOR SURVEY TO THE survey and/or settling agent stipulated in the Policy. If the insured goods are found short in entire package or packages or to show apparent traces of damage, the Insured shall obtain from the carrier, bailee or other relevant authorities(Customs and Port Authorities ets. )certificate of loss or damage and/or short landed mimo. Should the carrier, bailee or the other relevant authorities be responsible for such shortage or damage, the Insured shall lodge a claim with them in writing and, if necessary, obtain their confirmation of an extension of the time limit of validity of such claim. 2. The Insured shall, and the Company may also, take reasonable measures immediately in salvaging the goods or preventing or minimizing a loss or damage thereto. The measures so taken by the Insured or by the Company shall not be considered respectively, as a waiver of abandonment hereunder, or as an acceptance thereof. 3. In case of a change of voyage or any omission or error in the description of the interest, the name of the vessel or voyage this insurance shall remain in force only upon prompt notice to this Company when the Insured becomes aware of the same and payment of an additional premium if required. 4. The following documents should accompany any claim hereunder made against the Company: Original Policy, Bill of Lading, Invoice Packing List, Tally Sheet, Weight Memo. Certificate of Loss or Damage and/or Short land Memo. Survey Report. Statement of Claim. If any third party is involved, documents relative to pursuing of recovery from such party should also be included. 5. Immediate notice should be given to the Company when the Cargo Owner's actual responsibility under the Contract of Affreightment "Both to Blame Collision" Clause becomes known.

Ⅴ. The Time of Validity of A Claim:

The time of validity of a claim under this insurance shall not exceed a period of two years counting from the time of completion of discharge of the insured goods from the seagoing vessel at the final port of discharge.

(1/1/1981)

## THE PEOPLE'S INSURANCE COMPANY OF CHINA
## OCEAN MARINE CARGO WAR RISK CLAUSES

Ⅰ. Scope of Cover:

This insurance covers: 1. Loss of or damage to the insured goods caused directly by or consequent upon WAR. WARLIKE OPERATIONS. HOSTILE ACTS. ARMED CONFLICTS OR PIRACY; 2. Loss or damage caused by CAPTURE, SEIZURE. ARREST. RESTRAINT OR DETAINMENT arising from the events in Section 1. 1 above. 3. Loss or damage caused by conventional weapons of war including mines, torpedoes and bombs. 4. Sacrifice in and contribution to General Average and Salvage Charges arising from the risks covered hereunder.

Ⅱ. Exclusions:

This insurance does not cover: 1. Loss damage or expenses arising from any hostile use of atomic or nuclear weapons of war. 2. Any claim based upon Loss of, or frustration of, the insured voyage caused by arrest, restraint or detainment by any executive authorities, authorities in power or any other armed groups.

Ⅲ. Commencement and Termination:

1. This insurance shall attach from the time the insured goods are loaded on the seagoing vessel or lighter at the port of shipment named in the Policy until discharged overside from the seagoing vessel or lighter at the port of destination named in the Policy. If the insured goods are not discharged therefrom. The longest duration at the port of discharge shall be limited to fifteen(15)days counting from midnight of the day of the vessel's arrival. In the absence of such berth or place, the vessel's arrival refers to the vessel's first anchoring, mooring or securing either at or off the intended port or at or near the place of discharge.

2. In case of transshipment at an intermediate port, regardless of whether or not the insured goods are unloaded, the longest duration of this insurance at such port of transshipment shall be limited to fifteen(15)days counting from midnight of the day of the vessel's arrival at such port or place of discharge. However, this insurance shall reattach when the insured goods are loaded on the oncarrying seagoing vessel.

3. If the contract of affreightiment is terminated at a port or place other than the destination named in the Policy, such port or place shall be deemed the destination under the Policy and this insurance shall terminate according to Section Ⅲ. I above If the insured goods are to be reshipped to the original or any other destination, this insurance shall reattach when the goods are loaded on the oncarrying vessel or lighter provided notice is given to the Company and an additional premium is paid prior to the commencement of such further transit.

4. This insurance shall remain in force during any deviation, charge of voyage, variation of adventure arising from the exercise of a liberty granted to the ship owners under the contract of affreightmint subject to immediate notice to the Company and payment of an additional premium, when such event comes to the knowledge of the Insured.

Note:

These clauses are the clauses of an additional insurance to the Ocean Marine Cargo Insurance of the Company. Incase of conflict between any clauses of these clauses and the ocean marine cargo clauses, these clauses shall prevail.

### (二) 保险凭证

保险凭证(Insurance Certificate)又称"小保单",是一种简式的保险单据,与保险单有同等的效力。其正面内容与保险单基本相同,只是没有背面条款。但近年来,为实现单据规范化,不少保险公司已废除此类保险凭证。

### (三) 联合凭证

在商业发票的空白处,加打保险条款(保险编号、承包险别、保险金额等),此时发票即为联合凭证(Combined Certificate)。此种联合凭证仅在港、澳地区的中资银行所开信用证中出现,或对该地区出口的托收项下的保险。

### (四) 预约保单

预约保单(Open Policy)又称"开口保单",是保险人与被保险人预先订立的在特定期限内有效的货物运输保险合同。凡属合同规定的运输货物,在合同有效期内由被保险人在每批货物发运后向保险公司发出"保险声明书"或"装运通知",保险公司即可自动承保。减少了逐批投保和逐笔签订保单的手续,使保险人防止漏保。中国企业进口时通常采用此做法。

### (五) 批单

批单(Endorsement)是指投保人经保险公司同意后,对已开立的保险单的内容做补充或修改的凭证。保险单一经批改,保险公司及按批改后的内容承担责任,批单原则上必须粘贴在保险单上。

## 五、中国国际货运保险的做法

### (一) 出口货物保险的做法

凡按 CIF 和 CIP① 条件成交的出口货物,由出口企业向当地保险公司办理投保手续。在办理时,应根据出口合同或信用证规定,在备妥货物,并确定装运日期和运输工具后,按规定格式逐笔填制保险单,具体列明被保险人名称,保险货物项目、数量、包装及标志,保险金额、起止地点、运输工具名称,起止日期和投保险别,送保险公司投保,缴纳保险费,并向保险公司领取保险单据。

### (二) 进口货物保险的做法

按 FOB、CFR 和 FCA、CPT② 条件成交的进口货物,均由买方办理保险。为了简化投保手续和防止出现漏保或来不及办理投保等情况,中国进口货物一般采取预约保险做法。按照预约保险合同的规定,各外贸公司对每批进口货物,无须填制投保单,而仅以国外的装运通知代替投保单,作为办理保险手续,保险公司则对该批货物负自动承保责任。

---

① 价格术语,详见第四章。
② 价格术语,详见第四章。

## 第六节 合同中的保险条款

保险条款是国际货物买卖合同的重要组成部分之一，必须订得明确、合理。在国际货物买卖中，选用不同的价格术语，导致办理保险的当事人不一样（买卖合同的买方或者卖方），造成合同中的保险条款也有所区别。

### 一、由买方办理保险

当采用FOB、CFR或FCA、CPT条件成交时，由买卖合同的买方办理保险。合同中的保险条款可订为：

Insurance: To be covered by the buyer.

保险：由买方负责。

### 二、由卖方办理保险

以CIF或CIP条件成交的出口合同，买卖合同的卖方负责办理保险。此时，均须向中国人民保险公司按保险金额、险别和适用的条款投保，并订明由卖方负责办理保险。合同中的保险条款必须包含如下要素：投保人的约定、保险公司和保险条款的约定、险别的约定、保险金额的约定。

例：

Insurance: To be covered by the Seller for 110% of total invoice value against war risk and all risks as per and subject to Ocean Marine Cargo Clause of PICC dated January 1, 1981.

保险：由卖方按发票金额的110%投保战争险及一切险，以中国人民保险公司1981年1月1日《海运货物运输保险条款》为准。

**本章小结**

在国际货物买卖合同中，货运保险是交易不可缺少的组成部分，被保险人（买方或卖方）要对一批或若干批货物向保险公司按照一定金额投保一定的险别并缴纳保险费；保险公司承保后，如果所保货物在运输途中发生约定范围内的损失，应按照保险单的规定给予被保险人经济上的补偿。

海运货物保险保障的风险范围，包括海上风险、海上损失与费用以及外来原因所引起的风险和损失。由于海上风险而造成的损失，称为海损。就货物损失的程度而言，海损可分为全部损失和部分损失；按照损失的性质不同，部分损失又可分为单独海损和共同海损。中国海运货物保险采用中国人民保险公司制定的《中国保险条款》，主要有平安险、水渍险和一切险三种基本险，以及 11 种一般附加险和 8 种特殊附加险。伦敦协会货物条款在世界保险业影响很大，对该条款中国保险公司可予接受。除了海运保险以外，根据运输方式的不同，可以分别投保陆运、空运、邮运等相应的险别。

保险单据是保险人与被保险人之间订立保险合同的证明文件，反映了他们之间的权利和义务关系，也是办理保险索赔和理赔的依据。

在国际货物买卖中，选用不同的价格术语，导致合同中的保险条款有所区别。当由卖方办理保险时，买卖合同的保险条款主要包括投保人、保险公司和保险条款、保险险别、保险费率及保险金额等事项的约定。

## 习题

# 第四章

# 价格条件及作价

## ——国际贸易价格术语

学习目标

- 理解价格术语的含义
- 理解国际贸易惯例的约束力、了解与价格术语有关的国际贸易惯例
- 了解 INCOTERMS 2010 价格术语的分组
- 掌握六种常用的价格术语(FOB、CFR、CIF、FCA、CPT、CIP)的含义及买卖双方工作、风险、费用的划分
- 掌握并能正确拟定合同中的价格条款
- 掌握常用价格术语的价格构成和换算
- 掌握出口盈利核算

常言道“价廉物美”,说明商品的品质和价格是其竞争力的两个核心因素。这句常言不仅适用于国内贸易,同样也适用于国际贸易。

商品的价格直接关系到买卖双方的经济利益,而且与其他各项交易条件都有密切的关联。价格的高低,决定其他各项交易条件的规定,其他条件的不同规定,也会反映到价格上来。因此,商品的价格往往是买卖双方交易磋商的中心议题和矛盾的焦点。[①] 正确掌握价格核算和拟定合同的价格条款,是外贸业务员必须具备的业务技能。

在国际货物买卖中,交易双方通过磋商,确定各自承担的义务。作为卖方,主要义务是根据买卖合同的规定提交合格的货物和相关单据;而买方的对等义务是受领货物和单据并支付货款。在货物交接过程中,有关风险、工作和费用的划分问题,直接关系到商品的价格[②],通常将这些称为“价格条件”。

① 吴百福、徐小薇(2007),第 44 页。

② 黎孝先(2007),第 17 页。

# 第一节 价格条件、价格术语及相关国际贸易惯例

## 一、价格条件

### 案例 4-1 送货上门

吴先生在商场购买彩电,某品牌 29 英寸彩电的标价是"1 888 元,送货上门"。

【分析】 标价中的"送货上门"有哪些含义,起何作用?

首先,"送货上门"说明了 1 888 元的价格构成:彩电的价值以及市内送货的相关费用。其次,"送货上门"在商场和顾客之间划分下列界限。

(1) 工作界限:由商场负责安排市内送货的车辆。

(2) 风险界限:由商场承担彩电抵达客户住宅以前的风险。

(3) 费用界限:商场支付彩电的市内送货运费及保险费。

故"送货上门"既是对价格构成的说明,也是针对价格对买卖双方所承担的工作、风险、费用的界限划分。

案例 4-1 中的"送货上门"就是彩电买卖的价格条件。从该案例可以看出,价格条件在中国国内贸易中也是存在的,只是人们没有明确和重视这个概念。

在国际贸易中,买卖双方分处两国,在卖方交货和买方接货的过程中,将会涉及许多问题。例如,货物的检验费、包装费、装卸费、运费、保险费、进出口税捐和其他杂项费用由何方支付;货物在运输途中可能发生的损失或灭失的风险由何方承担;安排运输、装卸、办理货运保险、申请进出口许可证和报关纳税等责任又由何方承担。对上述费用(Cost)、风险(Risks)和工作(Tasks),买卖双方必须在合同中进行明确的划分和界定;但如果每笔交易过程中买卖双方都就上述费用、风险和工作进行逐项磋商,势必耗费大量

的时间和费用，影响交易的达成。[①] 因此，在国际货物买卖中，出现了一些专门的条款，用于划分买卖双方所承担的工作、风险和费用界限，逐步形成各种价格条件。

价格条件既是对价格构成的说明，也是针对价格对买卖双方所承担的工作、风险、费用的界限划分。

“Free on Board”是指“出口方送货到进口方的船上”，这是国际贸易中最早出现的价格条件，产生于 18 世纪末 19 世纪初。据有关资料记载，当时所谓的“Free on Board”，是指买方事先在装运港口租定一条船，并要求卖方将其售出的货物交到买方租好的船上。买方自始至终在船上监督交货的情况，并对货物进行检查，如果他认为货物与先前看到的样品相符，就在当时当地偿付货款。[②]

## 二、价格术语

19 世纪以前，国际贸易中的主要通信手段是信函和电报。[③] 电报是按字数计费的，为了减少字数，以便节省电报费用，Free on Board 逐步演变成为缩略形式的 FOB，即所谓的价格术语。价格术语是价格条件的缩略语，是说明价格构成、针对价格划分买卖双方所承担的工作、风险、费用界限的专门用语。

价格术语的使用，不仅可以节省电报磋商的费用，也可以使通过信函的书面磋商、通过面谈和电话交谈的口头磋商更加简捷和明了。

### Q&A 4-1 价格术语 vs. 国际贸易术语

**Q：**在绝大多数国际贸易实务教材中，FOB 等术语都称为国际贸易术语，为什么本书却将它们称为价格术语？

**A：**本书作者 1983 年至 1998 年从事进出口业务工作期间，FOB 等术语在外贸企业称为价格条件或价格术语。本书作者注意到，自 20 世纪 90 年代中期开始，中国学院派的国际贸易实务教材将 FOB 等术语称为国际贸易术语。而本书作者认为，将 FOB 等术语称为国际贸易术语，可能会窄化国际贸易术语的内涵，使学生误以为国际贸易实务仅仅在表示价格条件时使用术语。实际上，国际贸易术语不仅包括价格术语，而且包括运输术语、保险术语、支付术语，如 FIO（装卸都不管）、FPA（平安险）、T/T（电汇）等。

---

① 吴百福(1999)，第 74 页。

② 黎孝先(2007)，第 18 页。

③ 后来出现电话，但因费用昂贵、时差限制等因素，国际长途电话较少使用。

## 三、有关价格术语的国际贸易惯例

### （一）国际贸易惯例的由来

**案例 4-2 对“送货上门”的理解分歧**

吴先生在商场支付彩电的货款后，商场为吴先生送货到吴先生的住处。送货车抵达某小区 8 栋 1 单元门栋入口处，送货员将彩电卸下，让吴先生来取货。吴先生说：“我住 8 栋 1 单元 808，请将彩电送到 8 楼 808 室。”送货员答道：“我们所说的‘送货上门’就是指送到门栋入口，不包上楼。”双方为此发生争议。

【分析】 虽然“送货上门”对买卖双方所承担的工作、风险、费用的界限加以划分，但是这个界限却没有统一的规定，买卖双方可能因对界限的理解和解释不一致而发生争议和纠纷。

FOB 等价格术语在早期使用时，各国没有统一的定义和解释，容易导致争议和纠纷。为了避免争议和纠纷，国际组织用书面形式制定了对价格术语的定义和解释，这些规则在国际贸易的实践中被广泛使用，形成国际贸易惯例。

国际贸易惯例，从广义的层面来讲，是指国际贸易的习惯做法；而从狭义的层面来讲，是指国际组织或商业团体用书面形式为国际贸易术语和习惯做法所制定的定义、解释和规则。

### （二）国际贸易惯例的约束力

国际贸易惯例本身不是法律，对买卖双方不具备强制管辖权，其约束力体现在：

第一，如果当事人明确采用某项惯例，该惯例就对当事人产生约束力。

第二，如果当事人明确排除某项惯例，该惯例就对当事人没有约束力。

第三，如果当事人没有明确排除某项惯例，发生纠纷时，法院或仲裁机构可以引用该惯例判决或裁决。

但是，关于价格术语的国际贸易惯例一般都建议或希望买卖双方在合同中明确规定该合同受某国际贸易惯例的约束；而在国际贸易实务中，买卖双方一般也依据国际贸易惯例来行事。因此，国际贸易惯例虽然不具有强制约束力，但它对国际贸易实务的规范作用不容忽视。

### （三）有关价格术语的国际贸易惯例

有关价格术语的国际贸易惯例主要有三种：《1932 年华沙-牛津规则》（*Warsaw-Oxford Rules* 1932）、《1990 年美国对外贸易定义修订本》（*Revised American Foreign Trade Definitions* 1990）和《国际贸易价格术语解释通则》（INCOTERMS）。

1.《1932 年华沙-牛津规则》

《1932 年华沙-牛津规则》是国际法协会为解释价格术语 CIF 而制定的规则。19 世纪中叶，CIF 价格术语在国际贸易中被广泛采用，但由于各国对其解释不一，影响了 CIF 买卖合同的履行。为了对 CIF 合同双方的权利和义务做出统一的规定和解释，国际法协会于 1928 年在波兰华沙制定了 CIF 买卖合同的统一规则，共计 22 条，称为《1928 年华沙规则》。此后，在 1930 年纽约会议、1931 年巴黎会议和 1932 年牛津会议上，相继将此规则修订为 21 条，即《1932 年华沙-牛津规则》。

《1932 年华沙-牛津规则》对 CIF 合同的性质、买卖双方所承担的风险、工作和费用的划分以及货物所有权转移的方式等问题，都做了具体的规定和说明，为那些按 CIF 价格术语成交的买卖双方提供了一套易于使用的统一规则，供买卖双方自愿采用，在缺乏标准合同格式或共同交易条件的情况下，买卖双方可约定采用此项通则。凡在 CIF 合同中订明采用《1932 年华沙-牛津规则》者，则合同当事人的权利和义务即应按此规则的规定办理；但由于现代国际贸易惯例并不具有强制约束力，因此，买卖双方经过协商后在 CIF 合同中也可变更、修改规则中的任何条款或增添其他条款，当此规则的规定与 CIF 合同内容相抵触时，仍以合同规定为准。

2.《1990 年美国对外贸易定义修订本》

《1990 年美国对外贸易定义修订本》(*Revised American Foreign Trade Definitions 1990*)，由美国商业团体制定。它最早于 1919 年在纽约制定，原称为《美国出口报价及其缩写条例》。后来在 1940 年美国第 27 届全国对外贸易会议上提出做进一步的修订和澄清，并于 1941 年由美国商会、美国进口商协会及全国对外贸易协会所组成的联合委员会通过，由全国对外贸易协会予以公布。1990 年，美国对外贸易定义再次被修订。

《1990 年美国对外贸易定义修订本》定义和解释了六种价格术语：

(1) Ex (Point of Origin)，产地交货；

(2) FOB (Free on Board)，船上交货；

(3) FAS (Free Along Side)，船边交货；

(4) C&F (Cost and Freight)，成本和运费；

(5) CIF (Cost，Insurance，and Freight)，成本和运保费；

(6) Ex Dock (named port of importation)，目的港码头交货。

《1990 年美国对外贸易定义修订本》主要在美洲一些国家采用，由于它对价格术语的解释，特别是对 FOB 和 FAS 的解释与 INCOTERMS 2010 有明显的差异，因此，在同美洲国家进行交易时应加以注意。

3.《国际贸易价格术语解释通则》

INCOTERMS 是国际商会制定、解释各种价格术语的一套规则，反映货物买卖合同中企业对企业的贸易实务，界定货物由卖方交付给买方过程中所涉及的工作、费用和风险界限。

一般认为，INCOTERMS 由 International Commercial Terms 三字合成。INCOTERMS 的许多版本都含有副标题：International Rules for the Interpretation of Trade Terms，中国通常译为《国际贸易术语解释通则》，简称《通则》。本书将其译为《国际贸易

价格术语解释通则》。

INCOTERMS 的最初版本是 INCOTERMS 1936，最新版本是 INCOTERMS 2010。20 世纪 80 年代以来，中国使用过 INCOTERMS 1980、1990、2000 和 2010 四个版本。INCOTERMS 版本演变情况大致如下：

1936—1989 年，这 53 年是 INCOTERMS 的发展期：INCOTERMS 经历多个版本，术语的个数、表达式不断调整、变化。

1990—2009 年，这 19 年是 INCOTERMS 的定型期：INCOTERMS 经历了 1990 和 2000 两个版本，术语的个数、表达式及分组(按术语首字母分组)相对稳定，没有出现显著调整。

2010 至今，INCOTERMS 进入创新期：INCOTERMS 2010 版去掉船舷的概念，增加链式销售，术语按运输方式分组，新增安全报关。下一个版本有可能针对未来出现的新的运输方式以及跨境电商交易尤其是 B2C 交易对价格术语进行调整。

与 INCOTERMS 2000 及其他以往版本相比，INCOTERMS 2010 有如下重大变化：

(1) INCOTERMS 2010 首次用副标题声明 INCOTERMS 不仅适用于国际贸易，而且适用于国内贸易。

(2) INCOTERMS 2000 涵盖的范围只限于销售合同当事人的权利义务中与已售货物交货有关的事项，货物指“有形的”货物，不包括“无形的”货物，如电脑软件等。而 INCOTERMS 2010 不再局限于“有形的”货物，不再排除“无形的”货物。INCOTERMS 2010 不仅适用于传统的单次买卖，而且适用于货物在运送至销售链终端的过程中被多次转卖的链式销售(String Sales)。

(3) INCOTERMS 1990 及 INCOTERMS 2000 按术语第一个字母将术语分为四组，INCOTERMS 2010 改为按术语适用的运输方式将术语分为两组，凸显了价格术语为适应运输方式的发展而演变的轨迹。

(4) 首次在 FOB、CFR、CIF 这三个经典术语的定义中取消过去长期沿用的“船舷”的概念，不再设定“船舷”的界限，强调卖方承担货物装上船只之前的一切风险，买方承担货物自装运港装上船只之后的一切风险。

(5) INCOTERMS 2010 首次提出安全通关的要求，在各个术语的 A2/B2 和 A10/B10 条款中界定买方和卖方之间获取或协助提供安全通关信息的义务，例如安全监管链信息。

鉴于 INCOTERMS 存在各种版本，所以如果合同当事方意图在销售合同中订入 INCOTERMS 时，清楚地指明所引用的 INCOTERMS 版本是很重要的。同时，如果买卖双方愿意采用 INCOTERMS 2010 的价格术语，应在价格条件后面标明 INCOTERMS 2010。

与其他两个惯例相比，INCOTERMS 所包含的价格术语最多，使用的国家最多，产生的影响最大。故绝大多数教材都着重阐述 INCOTERMS 的价格术语，本书也不例外。

# 第二节 INCOTERMS 2010 的价格术语

INCOTERMS 2010 包含了国际贸易中普遍使用的 11 种价格术语,并按价格术语所适用的运输方式将术语分成两组。第一组为适用于任何单一或多种运输方式的术语,包括 EXW、FCA、CPT、CIP、DAT、DAP、DDP 七种术语;第二组为仅适用于海运和内河水运的术语,包括 FAS、FOB、CFR、CIF 四种术语,如表 4-1 所示。

表 4-1 INCOTERMS 2010 的 11 种价格术语及其分组

| 组别 | 价格术语 | 英文价格条件 | 中文价格条件 | 费用及风险特征 |
|---|---|---|---|---|
| 第一组适用于各种运输方式 | EXW | Ex Works | 工厂交货 | 装运地至目的地运费未付 |
| | FCA | Free Carrier | 货交承运人 | |
| | CPT | Carriage Paid To | 运费付至 | 装运地至目的地运费已付 |
| | CIP | Carriage and Insurance Paid To | 运保费付至 | |
| | DAT | Delivered At Terminal | 运输终端交货 | 风险到达目的地或运输终端 |
| | DAP | Delivered At Place | 目的地交货 | |
| | DDP | Delivered Duty Paid | 完税后交货 | |
| 第二组适用于海运和内河水运 | FAS | Free Alongside Ship | 装运港船边交货 | 装运港至目的港运费未付 |
| | FOB | Free on Board | 装运港船上交货 | |
| | CFR | Cost and Freight | 成本加运费 | 装运港至目的港运费已付 |
| | CIF | Cost, Insurance, and Freight | 成本加运保费 | |

对于每种价格术语项下买卖双方各自承担的 10 项义务,INCOTERMS 2010 对卖方义务 A 与买方义务 B 采用镜像对照排列(Presented in Mirror Fashion),以便对双方的义务互相比照,一目了然,如表 4-2 所示。

表 4-2 INCOTERMS 2010 每种价格术语规定的卖方和买方应承担的义务

| A. 卖方义务 The Seller's Obligations | B. 买方义务 The Buyer's Obligations |
|---|---|
| A1 卖方一般义务 General obligations of the seller | B1 买方一般义务 General obligations of the buyer |

续表

| A. 卖方义务 The Seller's Obligations | B. 买方义务 The Buyer's Obligations |
|---|---|
| A2 许可证、批文、通关和其他手续 Licenses, authorizations, security clearances and other formalities | B2 许可证、批文、通关和其他手续 Licenses, authorizations, security clearances and other formalities |
| A3 运输合同与保险合同 Contracts of carriage and insurance | B3 运输合同与保险合同 Contracts of carriage and insurance |
| A4 交货 Delivery | B4 收取货物 Taking delivery |
| A5 风险转移 Transfer of risks | B5 风险转移 Transfer of risks |
| A6 费用划分 Allocation of costs | B6 费用划分 Allocation of costs |
| A7 通知买方 Notices to the buyer | B7 通知卖方 Notices to the seller |
| A8 交货凭证 Delivery document | B8 交货证据 Proof of delivery |
| A9 查对—包装—刷唛 Checking-packaging-marking | B9 货物检验 Inspection of goods |
| A10 协助提供信息及相关费用 Assistance with information and related costs | B10 协助提供信息及相关费用 Assistance with information and related costs |

资料来源：根据国际商会中国国家委员会(2011)整理。

在国际贸易实务中，FOB、CFR、CIF、FCA、CPT 和 CIP 是六种常用的价格术语，故本节将重点解析这六种价格术语及其应用，而简略介绍其余五种。同时，这六种常用价格术语可按交货点的异同分为货交装运港术语组(包括 FOB、CFR、CIF)和货交承运人术语组(包括 FCA、CPT、CIP)。这样"跳出" INCOTERMS 2010 的分组，主要是因为每一组的三个术语具有相同的交货点和风险点。

本节的讨论分三步进行：①先介绍最原始的术语 FOB，由 FOB 引出 CFR 及 CIF，所谓举一反三；②由传统术语组 FOB、CFR 及 CIF 过渡到衍生术语组 FCA、CPT 及 CIP，所谓"从传统到衍生"；③INCOTERMS 2010 十一种术语概览。前两步的讨论体现原始术语 FOB 的两个演变阶段：前期演变，在船运方式之内，卖方的工作和费用逐步加大；后期演变，价格术语所适用的运输方式从船运过渡到各种运输方式。

## 一、货交装运港术语组

### (一) FOB(Free on Board)

1. FOB 的图解和简略定义

FOB 的图解如图 4-1 所示。

在图 4-1 中，以出口国装运港船只为界限，卖方承担货物装上船只以前的一切风险、费用和工作，买方承担货物装上船只以后的一切风险、费用和工作。

在国际贸易实务中，FOB 条件的表达形式为：FOB＋指定装运港＋Incoterms 2010，例如，FOB Shanghai, China Incoterms 2010。所谓"指定装运港"，是指买卖双方在货物

**图 4-1　FOB 图解**

买卖合同中所约定的装运港。

FOB 的简略定义:FOB 条件是指买方安排船只,支付装运港到目的港运费,卖方在指定装运港交货。货物装上船只时,风险和费用从卖方转移到买方。FOB 仅适用于船舶运输。

上述简略定义包含如下信息:①工作——买方负责租船、订舱;②费用——买方支付装运港到目的港运费;③风险界限——装运港船只;④卖方交货点——出口国装运港;⑤价格构成——FOB 价格不包括装运港到目的港的运费。

2. INCOTERMS 2010 对 FOB 的定义及说明①

**FOB defined in INCOTERMS 2010:**

"Free on Board" means that the seller delivers the goods on board the vessel nominated by the buyer at the named port of shipment or procures the goods already so delivered. The risk of loss of or damage to the goods passes when the goods are on board the vessel, and the buyer bears all costs from that moment onwards.

**Remarks on the above definition:**

This rule is to be used only for sea or inland waterway transport.

The seller is required either to deliver the goods on board the vessel or to procure goods already so delivered for shipment. The reference to "procure" here caters for multiple sales down a chain (string sales), particularly common in the commodity trades.

FOB may not be appropriate where goods are handed over to the carrier before they are on board the vessel, for example goods in containers, which are typically delivered at a terminal. In such situations, the FCA rule should be used.

FOB requires the seller to clear the goods for export, where applicable. However, the seller has no obligation to clear the goods for import, pay any import duty or carry out any import customs formalities.

---

① INCOTERMS 2010 对 FOB 的定义及说明的英文皆引自 INCOTERMS 2010 关于 FOB 的使用说明(Guidance Note)(国际商会中国国家委员会,2011,英文部分第 79 页)。本书将使用说明拆分为术语的定义及说明,"FOB defined in INCOTERMS 2010"及"Remarks on the above definition"系本书作者所加,拆分后的行文顺序与使用说明的行文顺序略有不同。FOB 使用说明(Guidance Note)全文见本书附录 A。笔者注意到,INCOTERMS 2010 的引言(Introduction)指出:"使用说明解释了每个术语的要点,诸如何时适用、风险如何转移以及费用如何在买卖双方之间划分。使用说明不是 INCOTERMS 2010 术语的组成部分,但期望帮助使用者准确、高效地为特定交易选择合适的 INCOTERMS 术语(国际商会中国国家委员会,2011,英文部分第 8 页)。"本书仍从使用说明中析出术语的定义和说明,下同。

**INCOTERMS 2010 对 FOB 的定义：**

FOB 是指卖方在指定装运港将货物交付到买方指定的船只上或买下已经交付到船只上的货物。货物交到船上时，货物灭失或损坏的风险转移，同时，买方承担自该时起的一切费用。

**对上述定义的说明：**

本术语仅用于海运或内河水运。

卖方要么须将货物交付到船只上，要么须买下已经交付到船只上的货物。此处“买下”一词适用于多次转卖所形成的交易链（链式销售），在货物贸易中尤其常见。

FOB 可能不适合货物在上船之前已经交付给承运人的情况，例如，用集装箱运输的货物通常在某个运输终端[①]交货。在此类情况下，应当使用 FCA 术语。

在需要办理出口清关手续的情况下，FOB 要求卖方出口清关。但卖方无义务办理进口清关、支付任何进口关税或办理任何进口海关手续。

## Q&A 4-2 链式销售及中间卖方的义务

**Q：**INCOTERMS 2010 在第二组术语的使用说明中都涉及链式销售，什么是链式销售？

**A：**链式销售也称为连环贸易或路货交易[②]，是指货物在海运过程中被多次转卖。

**Q：**在链式销售中，为什么中间卖方只需买下已经交付到船只上的货物？

**A：**销售链中间的卖方实际上并不需要将货物交付到船只上，因为货物已经由处于销售链起点的初始卖方交付到船只上。因此，链式销售的中间卖方对买方承担的义务不是将货物交付到船只上，而是买下已经交付到船只上的货物。为明晰起见，INCOTERMS 2010 包括“买下已交付到船只上的货物”的义务，用来在相关术语中替代交付货物到船只上的义务。

## Q&A 4-3 链式销售的风险转移界限

**Q：**在 INCOTERMS 2010 的 FOB 定义中，首次交易的风险转移界限是明确的：货物交到船上时，风险从卖方转移到买方。第二次及以后交易的风险转移界限如何界定？

**A：**仅仅从 INCOTERMS 2010 的文本看，第二次及以后交易的风险转移界限，仍然是货物交到船上时，风险从卖方转移到买方。但是，有经验的买方会把 INCOTERMS

---

① INCOTERMS 2010 DAT 使用说明（Guidance Note）所列举的终端为：码头、仓库、集装箱堆场、公路、铁路、机场的货运终端（国际商会中国国家委员会，2011，英文部分第 45 页）。

② 参考王淑敏（2011）。

2010 所界定的风险转移界限修改为:货物买卖合同生效时,风险从卖方转移到买方。也就是说,把风险界限从货物装上船只后移至转手交易生效。让转手交易的买方承担货物装上船只至转手交易生效的这段风险,显然是不合理的。

INCOTERMS 2010 对 FOB 的工作、风险和费用界限的详细划分见本书附录 A。需要指出的是,上述 FOB 简略定义及 INCOTERMS 2010 定义所界定的风险及费用界限都只针对正常情况。INCOTERMS 2010 中有关 FOB 的 A5 和 B5、A6 和 B6 不仅包括正常情况下的风险及费用界限划分,而且也包括非正常情况下的风险及费用界限划分。在下列四种非正常情况下,买卖双方的风险以某一时间而不是以货物装上船只为划分界限,买卖双方的费用以货物装上船只为划分界限,但买方还要承担非正常情况导致的额外费用:

(1) 买方未将租船信息及时通知卖方;

(2) 买方指定的船只未按时到达导致卖方不能履行交货义务;

(3) 船只不能接收货物;

(4) 船只提前截止装货。

在上述非正常情况下,买卖双方风险转移的时间界限为:

(1) 双方约定的日期;

(2) 在无约定日期的情况下,卖方在约定交货期之内按照 A7 的规定所通知的日期;

(3) 在无卖方通知日期的情况下,任何约定交货期限届满之日。

以货物装上船只或某一时间作为风险及费用界限的前提条件是,货物已清楚地确定为合同项下之货物。

### Q&A 4-4 船舷为界 vs. 装上船只为界

**Q**:INCOTERMS 2010 的风险界限是货物装上船只,INCOTERMS 的过去版本的风险界限则是货物越过船舷。为什么要把船舷为界改为装上船只为界?

**A**:在 INCOTERMS 2010 出现之前,每当笔者讲授 FOB 的风险划分以货物越过船舷为界时,常常会有学生提问:如果货物恰好在船舷上方砸下来,所发生的货损由买方承担还是由卖方承担?这个问题不仅存在于课堂之上,也存在于实际业务之中。船舷为界的弊端在于:由于船舷的宽度并不等于零,因此,货物越过船舷实际上需要经过三个空间范围:货物位于船舷之外,货物位于船舷正上方,货物位于船舷之内。以船舷为界实际上无法精确地划分货物位于船舷正上方的风险界限。

以装上船只为界,货物所经过的空间范围只有两个:没有装上船只和已装上船只。

在 INCOTERMS 2010 出现之前,国际贸易的商人们用这样的办法弥补船舷为界的上述缺陷:买、卖双方约定卖方提供清洁已装船提单,实际上就是把风险界限划分以货物越过船舷为界改成了以货物已装上船只为界。INCOTERMS 2010 只不过是把这种多年采用的弥补方式固化到惯例的条款之中。

### Q&A 4-5 FOB 不适用于集装箱和滚装滚卸

**Q:**FOB 可能不适用于货物在上船之前已经交付给承运人的情况，例如，集装箱和滚装滚卸。为什么？

**A:**在集装箱情况下，货物在 CFS 或 CY 装入集装箱时，货物控制权从卖方转移到承运人，如仍然使用 FOB，由于 FOB 是在货物装上船只时货物风险从卖方转移到买方，导致自货物在 CFS 或 CY 装入集装箱到集装箱装上船只之前的区间内，卖方没有控制货物却仍然要承担货物风险的不合理现象。如果改用 FCA，货物在 CFS 或 CY 装入集装箱时，货物控制权从卖方转移到承运人，同时风险也从卖方转移到买方。

在滚装情况下，货物装上运载车辆时，货物控制权从卖方转移到承运人，如仍然使用 FOB，由于 FOB 是在货物装上船只时货物风险从卖方转移到买方，导致自货物装上运载车辆到运载车辆驶上船只之前的区间内，卖方没有控制货物却仍然要承担货物风险的不合理现象。如果改用 FCA，货物在装上运载车辆时，货物控制权从卖方转移到承运人，同时风险也从卖方转移到买方。

基于 INCOTERMS 2010 对 FOB 的工作、风险和费用界限的详细划分，结合进出口业务的实际情况，本书对 FOB 的工作、风险和费用界限的简略划分如表 4-3 所示。

**表 4-3 FOB 工作、风险、费用的简略划分**

| | 工作 | 风险 | 费用 |
|---|---|---|---|
| 卖方 | ①将货物送交到装运港买方指定的船只上<br>②办理出口报关手续 | 承担货物装上船只之前的风险 | 承担货物装上船只之前的费用 |
| 买方 | ①租船订舱，将船期、船名通知卖方<br>②办理进口报关手续 | 承担货物装上船只之后的风险 | 承担货物装上船只之后的费用，特别是装港至到港运费 |
| 非正常情况 | | 以双方约定的日期，或卖方通知日期，或最后装期为界限 | 以货物装上船只为界限，但买方还要承担非正常情况导致的额外费用 |

3. 使用 FOB 的注意事项

(1) 船货衔接问题。

FOB价格术语下，卖方的一项基本义务是在规定的日期或期限内，将货物交至装运港买方指定的船只上。而FOB条件下，办理租船订舱工作的是买方，因此，存在一个船货衔接的问题。买方在合同规定的期限内安排船只到合同指定的装运港接受装货。如果买方未能按时派船，包括未经卖方同意提前将船派到或者延迟派到装运港，卖方都有权拒绝交货，而且由此产生的各种损失，如空舱费(Dead Freight)、滞期费(Demurrage)及卖方增加的仓储费等，均由买方承担。如果买方指派的船只按时到达装运港，而卖方却未能及时备妥货物，则由此产生的费用由卖方承担。因此，在FOB价格术语下，应注意船货衔接的问题，买方应尽早将船期、船名通知卖方，以便卖方顺利交货。

(2) FOB的变形。

FOB的变形是为了在租船运输情况下，解决装船费用在买卖双方之间的划分问题，主要包括以下几种变形：

FOB liner terms(FOB班轮条件)，指按照班轮运输的做法，装船费用包含在运费中，由支付运费的一方(买方)承担。

FOB under tackle(FOB吊钩下交货)，指卖方将货物置于轮船吊钩可及之处，从货物起吊开始的装船费用由买方承担。

FOB stowed(FOB理舱)，指卖方承担将货物装入船舱并支付包括理舱费在内的装船费用。理舱费是指货物入舱后进行安置和整理的费用。

FOB trimmed(FOB平舱)，指卖方承担将货物装入船舱并支付包括平舱费在内的装船费用。平舱费是指对装入船舱的散装货物进行平整所需的费用。

(3) FOB的界限。

FOB的INCOTERMS界限是风险、工作、费用三界合一，以货物装上船只为界。“货物装上船只为界”表明货物在装上船只之前的风险，包括在装船过程中货物跌落码头、海中或船甲板所造成的损失，均由卖方承担。而货物装上船只后，包括在起航前和在运输过程中所发生的损坏或灭失，均由买方承担。但在实际使用中，费用界限常常前后移动。例如，FOB under tackle则将费用界限从船上前移到船边的吊钩半径范围之内。

(4) INCOTERMS与《1990年美国对外贸易定义修订本》对FOB的不同解释。

以上有关FOB的解释都是根据INCOTERMS 2010做出的，但是不同的国家和不同的惯例对FOB的解释并不完全统一。北美国家采用的《1990年美国对外贸易定义修订本》(以下简称《美国外贸定义》)，将FOB分为如下六种①：

(2.1)② FOB (named inland carrier at named inland point of departure)

在指定内陆发货地点的指定内陆运输工具上交货

(2.2)FOB (named inland carrier at named inland point of departure)

freight prepaid to (named point of exportation)

在指定内陆发货地点的指定内陆运输工具上交货，运费预付到指定的出口地点

① Revised American Foreign Trade Definitions 1990 英文转引自 http://www.tradegoods.com/helper/03rules/rules_105.html。

② 采用序号(2.1)—(2.6)，是因为FOB在《美国外贸定义》的六种术语中排序第二。

(2.3)FOB (named inland carrier at named inland point of departure)

freight allowed to (named point)

在指定内陆发货地点的指定内陆运输工具上交货，减除至出口地点的运费

(2.4)FOB (named inland carrier at named inland point of exportation)

在指定出口地点的指定内陆运输工具上交货

(2.5)FOB Vessel (named port of shipment)

在指定装运港的船上交货价

(2.6)FOB (named inland point in country of importation)

在进口国的指定内陆地点交货

上述六种 FOB，前三种 FOB 的交货点和风险点均在出口国内陆发货地，但这三种 FOB 具有不同的费用点；第四、第五种 FOB 的交货点、风险点和费用点在相同出口地的不同地点；第六种 FOB 的交货点、风险点和费用点均在进口国之内。例 4-1 是这六种 FOB 的示例。

**例 4-1** 《美国外贸定义》六种 FOB 示例。

出口国内陆发货地：湖北黄石；

出口地：湖北武汉；

出口地内陆交货点：关山二路；

出口地装运港：江汉关码头；

进口地：美国 Los Angeles。

《美国外贸定义》六种 FOB 的交货点、风险点及费用点如表 4-4 所示。

**表 4-4 六种 FOB 的交货点、风险点及费用点**

| FOB 类别 | 交货点 | 风险点 | 费用点 |
| --- | --- | --- | --- |
| 2.1 | 黄石 | 黄石 | 黄石 |
| 2.2 | 黄石 | 黄石 | 武汉（运费预付） |
| 2.3 | 黄石 | 黄石 | 武汉（运费到付） |
| 2.4 | 武汉（关山二路） | 武汉（关山二路） | 武汉（关山二路） |
| 2.5 | 武汉（江汉关码头） | 武汉（江汉关码头） | 武汉（江汉关码头） |
| 2.6 | Los Angeles，USA | Los Angeles，USA | Los Angeles，USA |

从表 4-4 可以看出，《美国外贸定义》第一、第二、第三、第六种 FOB 与 INCOTERMS 2010 的 FOB 不具有可比性，因为前者第一、第二、第三种 FOB 的交货点均在出口国内陆发货地，第六种 FOB 的交货点在进口国目的地。《美国外贸定义》第四、第五种 FOB 与 INCOTERMS 2010 的 FOB 具有相似之处，因为两者的交货点均在出口地，其区别如表 4-5 所示。

表 4-5 INCOTERMS 2010 与《美国外贸定义》(第四、第五种)对 FOB 的不同解释

| | INCOTERMS | 《美国外贸定义》第四种 | 《美国外贸定义》第五种 |
|---|---|---|---|
| FOB 的表达形式 | FOB Wuhan, China Incoterms 2010 | FOB Wuhan,China | FOB Vessel Wuhan,China |
| 交货点 | Wuhan 港口船上交货 | Wuhan 内陆运输工具上交货 | Wuhan 港口船上交货 |
| 风险点 | 船只 | Wuhan 内陆运输工具 | 船只 |
| 出口手续 | 卖方负责出口许可证和出口报关 | 卖方协助买方办理出口许可证,且买方承担费用 | 卖方协助买方办理出口许可证,且买方承担费用 |

中国公司与北美公司签订进口合同时应注意下列事项:

(1) 使用 FOB Vessel named port of shipment,避免使用 FOB named port of shipment;

(2) 应书面确定卖方负责办理出口许可证和出口报关,并承担费用。

## Q&A 4-6 价格术语的演变(1/2)

**Q:** FOB 出现之后,价格术语发生了怎样的演变?

**A:** FOB 是国际贸易实务中最原始的价格术语,出现于 18 世纪末 19 世纪初。此后,价格术语经历了以下两个阶段的演变:①前期演变,在船运方式之内,卖方的工作和费用逐步加大或减小;②后期演变,价格术语所适用的运输方式从船运过渡到各种运输方式。

价格术语的前期演变局限在船运方式之内,新的术语保持卖方在 FOB 中的风险界限不变,而其工作和费用逐步加大:FOB 的第一步演变是由买方租船订舱、支付主运费演变成为由卖方租船订舱、支付主运费,形成 CFR。第二步演变是卖方不仅租船订舱、支付主运费,而且为装运港到目的港的货物运输投保、支付保费,形成 CIF。FOB、CFR、CIF 组成价格术语家族中最经典的一组——装运港交货术语组。

此后,卖方的风险、工作和费用三者略微减少,形成 FAS,FAS 与 FOB、CFR、CIF 组成广义的装运港交货术语组。

FOB 之所以发生卖方风险、工作和费用逐步增加的演变,其原因:①逐步为买方减少租船订舱、投保的麻烦;②尽量为卖方从货运和保险中争取盈利机会。

我们将在“货交装运港术语组”末尾再转入价格术语的后期演变。

### (二) CFR(Cost and Freight)

1. CFR 的图解和简略定义

CFR 的图解如图 4-2 所示。

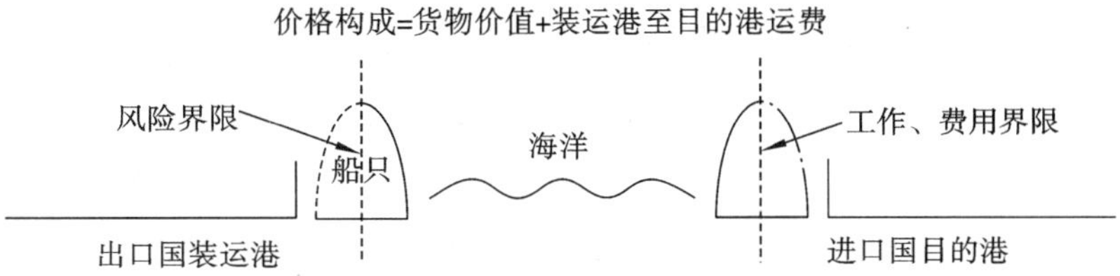


图 4-2 CFR 图解

在图 4-2 中，买卖双方的风险界限仍然是出口国装运港船只，但工作[①]和费用界限则移至进口国目的港船只，与 FOB 相比，卖方的工作增加了租船、订舱，卖方的费用增加了支付主运费。

在国际贸易实务中，CFR 条件的表达形式为：CFR＋指定目的港＋Incoterms 2010。例如，CFR Los Angeles，USA Incoterms 2010。所谓“指定目的港”，是指买卖双方在货物买卖合同中所约定的目的港。

CFR 的简略定义：CFR 条件是指卖方安排船只，支付装运港到目的港的运费，在指定装运港交货。货物装上船只时，风险和其他费用从卖方转移到买方。CFR 仅适用于船舶运输。

上述简略定义包含如下信息：①工作——卖方负责租船、订舱；②费用——卖方支付装运港到目的港运费；③风险界限——装运港船只；④卖方交货点——出口国装运港；⑤价格构成——CFR 价格包括装运港到目的港运费。

2. INCOTERMS 2010 对 CFR 的定义[②]

**CFR defined in INCOTERMS 2010：**

“Cost and Freight” means that the seller delivers the goods on board the vessel or procures the goods already so delivered. The risk of loss of or damage to the goods passes when the goods are on board the vessel. The seller must contract for and pay the costs and freight necessary to bring the goods to the named port of destination.

**Remarks on the above definition：**

This rule is to be used only for sea or inland waterway transport.

When CPT，CIP，CFR or CIF are used，the seller fulfils its obligation to deliver when it hands the goods over to the carrier in the manner specified in the chosen rule and not when the goods reach the place of destination.

This rule has two critical points，because risk passes and costs are transferred at different places. While the contract will always specify a destination port，it might not specify the port of shipment，which is where risk passes to the buyer. If the shipment

---

① 这里的工作是指卖方租船订舱、办理运输和购买海运保险。

② INCOTERMS 2010 对 CFR 的定义及说明的英文皆引自 INCOTERMS 2010 关于 CFR 的使用说明（国际商会中国国家委员会，2011，英文部分第 87 页）。本书将使用说明拆分为术语的定义及说明，“CFR defined in INCOTERMS 2010”及“Remarks on the above definition”系本书作者所加，拆分后的行文顺序与使用说明的行文顺序略有不同。CFR 使用说明全文见本书附录 1。

port is of particular interest to the buyer, the parties are well advised to identify it as precisely as possible in the contract.

The parties are well advised to identify as precisely as possible the point at the agreed port of destination, as the costs to that point are for the account of the seller. The seller is advised to procure contracts of carriage that match this choice precisely. If the seller incurs costs under its contract of carriage related to unloading at the specified point at the port of destination, the seller is not entitled to recover such costs from the buyer unless otherwise agreed between the parties.

The seller is required either to deliver the goods on board the vessel or to procure goods already so delivered for shipment to the destination. In addition, the seller is required either to make a contract of carriage or to procure such a contract. The reference to "procure" here caters for multiple sales down a chain (string sales), particularly common in the commodity trades.

CFR may not be appropriate where goods are handed over to the carrier before they are on board the vessel, for example goods in containers, which are typically delivered at a terminal. In such circumstances, the CPT rule should be used.

CFR requires the seller to clear the goods for export, where applicable. However, the seller has no obligation to clear the goods for import, pay any import duty or carry out any import customs formalities.

**INCOTERMS 2010 对 CFR 的定义:**

CFR 是指卖方将货物交付到船只上或买下已经交付到船只上的货物。货物交到船上时,货物灭失或损坏的风险转移。卖方必须签订合同,并支付必要的成本和费用,以将货物运输到指定目的港。

**对上述定义的说明:**

本术语仅用于海运或内河水运。

使用 CPT、CIP、CFR 或 CIF 时,卖方按照其选用的术语所规定的方式将货物交付给承运人时即为完成交货义务,而不是在货物到达目的地时完成交货义务。

由于风险转移和费用转移的地点不同,本术语有两个关键点。虽然合同总是会规定目的港,但不一定会规定装运港,而装运港却是风险转移到买方的地方。如果装运港对买方利害攸关,则建议买卖双方最好在合同中尽可能确切地规定装运港。

由于卖方要承担将货物运至目的港具体地点的费用,建议买卖双方最好尽可能确切地规定指定目的港中的具体地点。建议卖方订立确切符合该选择的运输合同。如果卖方因履行运输合同在目的港的规定地点发生卸货费用,卖方无权要求买方偿付该项费用,买卖双方另作约定者除外。

卖方要么须将货物交付到船只上,要么须买下已经交付到船只上的货物。此外,卖方还须签订运输合同,或者买下已签订的运输合同。此处"买下"一词适用于多次转卖所形成的交易链(链式销售),在货物贸易中尤其常见。

CFR 可能不适合货物在上船之前已经交付给承运人的情况,例如,用集装箱运输的货物通常在某个运输终端交货。在此类情况下，应当使用 CPT 术语。

在需要办理出口清关手续的情况下，CFR 要求卖方出口清关。但卖方无义务办理进口清关、支付任何进口关税或办理任何进口海关手续。

INCOTERMS 2010 对 CFR 的工作、风险和费用界限的详细划分见本书附录 1。基于 INCOTERMS 2010 对 CFR 的工作、风险和费用界限的详细划分，结合进出口业务的实际情况，本书对 CFR 的工作、风险和费用界限的简略划分如表 4-6 所示。

**表 4-6　CFR 工作、风险、费用界限划分**

| | 工作 | 风险 | 费用 |
|---|---|---|---|
| 卖方 | ①租船订舱，将货物送交到装运港船只上<br>②将装船情况及时通知买方<br>③办理出口报关手续 | 承担货物装上船只之前的风险 | ①承担货物装上船只之前的费用<br>②承担装港至到港运费 |
| 买方 | 办理进口报关手续 | 承担货物装上船只之后的风险 | 承担货物装上船只之后的费用，不包括装港至到港运费 |

3. 使用 CFR 的注意事项

(1) 船险衔接。

卖方应尽早将装船情况通知买方，以便买方及时投保。

(2) CFR 的变形。

CFR 的变形是为了在租船运输情况下，解决卸船费用在买卖双方之间的划分问题，主要包括以下几种变形：

CFR liner terms(CFR 班轮条件)，卖方承担卸船费用。

CFR landed(CFR 卸至岸上)，卖方承担卸船费用。

CFR ex tackle(CFR 吊钩下交货)，卖方承担卸船费用(船舶不能靠岸时，不含驳船费用)。

CFR ex ship's hold(CFR 舱底交货)，买方承担卸船费用。

(3) CFR 的别名

CFR=C&F=CNF=C and F。需要说明的是，C&F、CNF 及 C and F 均为 INCOTERMS 1980 及以前版本的术语。

**(三) CIF(Cost, Insurance and Freight)**

1. CIF 的图解和简略定义

CIF 的图解如图 4-3 所示。

在图 4-3 中，与 CFR 类似，在 CIF 条件下，买卖双方的风险界限仍然是出口国装运港船只，工作[①]和费用界限则移至进口国目的港船只，但与 CFR 相比，卖方的工作增加了购买海运保险，卖方的费用增加了支付保险费。

① 这里的工作是指卖方租船订舱和购买海运保险。

**图 4-3 CIF 图解**

在国际贸易实务中，CIF 条件的表达形式为：CFR＋指定目的港＋Incoterms 2010，例如，CIF Los Angeles，USA Incoterms 2010。所谓"指定目的港"，是指买卖双方在货物买卖合同中所约定的目的港。

CIF 的简略定义：CIF 条件是指卖方安排船只、投保，支付装运港到目的港运费及保费，在指定装运港交货。货物装上船只时，风险和其他费用从卖方转移到买方。CIF 仅适用于船舶运输。

上述简略定义包含如下信息：①工作——卖方负责租船、订舱，并购买海运保险；②费用——卖方支付装运港到目的港运费以及国际货运保险费；③风险界限——装运港船只；④卖方交货点——出口国装运港；⑤价格构成——CIF 价格包括装运港到目的港运费及货运保险费。

2. INCOTERMS 2010 对 CIF 的定义[①]

**CIF defined in INCOTERMS 2010：**

"Cost，Insurance and Freight" means that the seller delivers the goods on board the vessel or procures the goods already so delivered. The risk of loss of or damage to the goods passes when the goods are on board the vessel. The seller must contract for and pay the costs and freight necessary to bring the goods to the named port of destination.

The seller also contracts for insurance cover against the buyer's risk of loss of or damage to the goods during the carriage. The buyer should note that under CIF the seller is required to obtain insurance only on minimum cover. Should the buyer wish to have more insurance protection，it will need either to agree as much expressly with the seller or to make its own extra insurance arrangements.

**Remarks on the above definition：**

This rule is to be used only for sea or inland waterway transport.

When CPT，CIP，CFR，or CIF are used，the seller fulfils its obligation to deliver when it hands the goods over to the carrier in the manner specified in the chosen rule and not when the goods reach the place of destination.

This rule has two critical points，because risk passes and costs are transferred at

① INCOTERMS 2010 对 CIF 的定义及说明的英文皆引自 INCOTERMS 2010 关于 CFR 的使用说明（国际商会中国国家委员会，2011，英文部分第 97—98 页）。本书将使用说明拆分为术语的定义及说明，"CIF defined in INCOTERMS 2010"及"Remarks on the above definition"系本书作者所加，拆分后的行文顺序与使用说明的行文顺序略有不同。CIF 使用说明全文见本书附录 1。

different places. While the contract will always specify a destination port, it might not specify the port of shipment, which is where risk passes to the buyer. If the shipment port is of particular interest to the buyer, the parties are well advised to identify it as precisely as possible in the contract.

The parties are well advised to identify as precisely as possible the point at the agreed port of destination, as the costs to that point are for the account of the seller. The seller is advised to procure contracts of carriage that match this choice precisely. If the seller incurs costs under its contract of carriage related to unloading at the specified point at the port of destination, the seller is not entitled to recover such costs from the buyer unless otherwise agreed between the parties.

The seller is required either to deliver the goods on board the vessel or to procure goods already so delivered for shipment to the destination. In addition the seller is required either to make a contract of carriage or to procure such a contract. The reference to "procure" here caters for multiple sales down a chain (string sales), particularly common in the commodity trades.

CIF may not be appropriate where goods are handed over to the carrier before they are on board the vessel, for example goods in containers, which are typically delivered at a terminal. In such circumstances, the CIP rule should be used.

CIF requires the seller to clear the goods for export, where applicable. However, the seller has no obligation to clear the goods for import, pay any import duty or carry out any import customs formalities.

**INCOTERMS 2010 对 CIF 的定义：**

CIF 是指卖方将货物交付到船只上或买下已经交付到船只上的货物。货物交到船上时，货物灭失或损坏的风险转移。卖方必须签订合同，并支付必要的成本和费用，以将货物运输到指定目的港。

卖方还要为运输途中买方的货物灭失或损害的风险投保。买方应该注意到，在 CIF 条件下，卖方只需投保最低险别。如果买方希望更多保险的保护，则需与卖方明确达成协议，或自行另外加购保险。

**对上述定义的说明：**

本术语仅用于海运或内河水运。

使用 CPT、CIP、CFR 或 CIF 时，卖方按照其选用的术语所规定的方式将货物交付给承运人时即完成交货义务，而不是在货物到达目的地时完成交货义务。

由于风险转移和费用转移的地点不同，本术语有两个关键点。虽然合同总是会规定目的港，但不一定会规定装运港，而装运港却是风险转移到买方的地方。如果装运港对买方利害攸关，则建议买卖双方最好在合同中尽可能确切地规定装运港。

由于卖方要承担将货物运至目的港具体地点的费用，建议买卖双方最好尽可能确切地规定指定目的港中的具体地点。建议卖方订立准确符合该选择的运输合同。如果卖方因履行运输合同在目的港的规定地点发生卸货费用，卖方无权要求买方偿付该项费用，买卖双方另作约定者除外。

卖方要么将货物交付到船只上，要么买下已经交付到船只上的货物。此外，卖方还须签订运输合同，或者买下已签订的运输合同。此处“买下”一词适用于多次转卖所形成的交易链（链式销售），在货物贸易中尤其常见。

CIF 可能不适合货物在上船之前已经交付给承运人的情况，例如，用集装箱运输的货物通常在某个运输终端交货。在此类情况下，应当使用 CIP 术语。

在需要办理出口清关手续的情况下，CIF 要求卖方出口清关。但卖方无义务办理进口清关、支付任何进口关税或办理任何进口海关手续。

INCOTERMS 2010 对 CIF 的工作、风险和费用界限的详细划分见本书附录 1。基于 INCOTERMS 2010 对 CIF 的工作、风险和费用界限的详细划分，结合进出口业务的实际情况，本书对 CIF 的工作、风险和费用界限的简略划分如表 4-7 所示。

**表 4-7　CIF 工作、费用、风险划分**

| | 工作 | 风险 | 费用 |
|---|---|---|---|
| 卖方 | ①租船订舱，将货物送交到装运港船只上<br>②购买海运保险<br>③办理出口报关手续 | 承担货物装上船只之前的风险 | ①承担货物装上船只之前的费用<br>②承担装港至到港运费、保险费 |
| 买方 | 办理进口报关手续 | 承担货物装上船只之后的风险 | 承担货物装上船只之后的费用，不包括装港至到港运费、保险费 |

3. 使用 CIF 的注意事项

(1) 关于“到岸价”。

CIF 的风险界限与 FOB 相同，都是以装运港船只为界，因此，从“风险界限”的角度来看，CIF 价格并不是“到岸价”。

(2) CIF 的变形（租船运输时，卸船费用的划分）。

CIF 的变形是为了在租船运输情况下，解决卸船费用在买卖双方之间的划分问题，主要包括以下几种变形：

CIF liner terms（CIF 班轮条件），卖方承担卸船费用；

CIF landed（CIF 卸至岸上），卖方承担卸船费用；

CIF ex tackle（CIF 吊钩下交货），卖方承担卸船费用（船舶不能靠岸时，不含驳船费用）；

CIF ex ship's hold（CIF 舱底交货），买方承担卸船费用。

4. FOB、CFR、CIF 对比

FOB、CFR、CIF 是最经典的三个术语，故也被称为传统术语组。这三种价格术语在交货地点、运输方式、风险界限、租船订舱、投保、支付运费、支付保费及交货性质上的特点如表 4-8 所示。

表 4-8 FOB、CFR、CIF 对比

| | 交货地点 | 运输方式 | 风险界限 | 租船订舱 | 投保 | 支付运费 | 支付保费 | 交货性质 |
|---|---|---|---|---|---|---|---|---|
| FOB | 装运港 | 船舶运输 | 装运港船只 | 买方 | — | 买方 | — | 实际交货 |
| CFR | 装运港 | 船舶运输 | 装运港船只 | 卖方 | — | 卖方 | — | 象征性交货 |
| CIF | 装运港 | 船舶运输 | 装运港船只 | 卖方 | 卖方 | 卖方 | 卖方 | 象征性交货 |

## Q&A 4-7 FOB 条件下买方的投保义务

**Q**:在 FOB 条件下,买方有义务投保吗?

**A**:按照 INCOTERMS 2010 的规定,在 FOB 条件下,买方不承担投保义务,也就是说,买方可以自行选择投保或不投保。需要提及的是,在 INCOTERMS 1990 及以前的版本中,在 FOB 条件下,买方承担投保义务。

类似地,按照 INCOTERMS 2010 的规定,在 CFR 条件下,买方也不承担投保义务。

## Q&A 4-8 实际交货 vs. 象征性交货

**Q**:何谓实际交货、象征性交货?

**A**:实际交货是指交货与收货同时发生的交货,卖方将货物交付给买方或买方的代理人,例如,买方指定的承运人,这些都是交货与收货同时发生。象征性交货是指交货发生时收货并未发生的交货,卖方将货物交付给自己的代理人,例如,卖方指定的承运人,此时,买方收货并未发生。

## Q&A 4-9 价格术语的演变(2/2)

**Q**:Q&A 4-3 介绍了价格术语的前期演变,价格术语的后期演变情况是怎样的?

**A**:继船运方式之后,相继出现铁路、公路、航空等运输方式。运输单位从单个的散件货物发展到以集装箱为代表的集成化货物,通过集装箱这一新的运输单位将原本是相互分离的船运、铁路、公路、航空等传统运输方式串联成为多式联运。对应运输方式的变化,价格术语也发生了后期演变。

INCOTERMS 1953 定义了 FOR-FOT(Free on Rail-Free on Truck),分别适用于铁路和公路运输;INCOTERMS 1967 定义了 DAF,适用于接壤两国的火车和公路运输;

INCOTERMS 1967 还定义了 FOB Airport,适用于航空运输;INCOTERMS 1980 定义了 Free Carrier 及 Freight or Carriage Paid to,适用于集装箱运输。[①] FOR-FOT、FOB Airport 等过渡性术语的出现体现国际商会为使价格术语所适用的运输方式从船运过渡到各种运输方式所做的努力。这一过渡,在 INCOTERMS 1990 中基本完成,使 INCOTERMS 的术语在此后的版本中形成相对固定的形式:FCA、CPT、CIP 分别由 FOB、CFR、CIF 衍生而出,后者仅仅适用于船运,而前者则适用于各种运输方式,包括集装箱方式。INCOTERMS 2010 按术语适用的运输方式将术语分为两组,凸显了价格术语为适应运输方式的发展而演变的轨迹。

在适用于各种运输方式的术语中,EXW 所划分的卖方风险、工作和费用最小,DDP 所划分的卖方风险、工作和费用最大。

## 二、货交承运人术语组

在船舶运输之后,相继出现了公路、铁路及航空运输。20 世纪 70 年代又出现了可以将船舶、公路、铁路及航空等传统运输方式串联起来的集装箱运输。为了适应新的运输方式的需要,传统术语 FOB、CFR、CIF 分别衍生出 FCA、CPT、CIP,其衍生关系如表 4-9 所示。

**表 4-9　传统组与衍生组价格术语**

| | | |
|---|---|---|
| Free on Board | FOB<br>↓ | named port of shipment |
| Free Carrier | FCA | named place |
| Cost and Freight | CFR<br>↓ | named port of destination |
| | CPT | named place of destination |
| Cost,Insurance and Freight | CIF<br>↓ | named port of destination |
| Carriage and Insurance Paid To | CIP | named place of destination |

### (一) FCA(Free Carrier)

1. FCA 的图解和简略定义

FCA 的图解如图 4-4 所示。

在图 4-4 中,交货点不再仅限于装运港。对应于不同的运输方式,交货点可以是出口国的火车站、汽车站、机场,也可以是出口国的集装箱堆场或集装箱货运站,还可以是出

① 《进出口业务》编写组(1982),第 156 页。

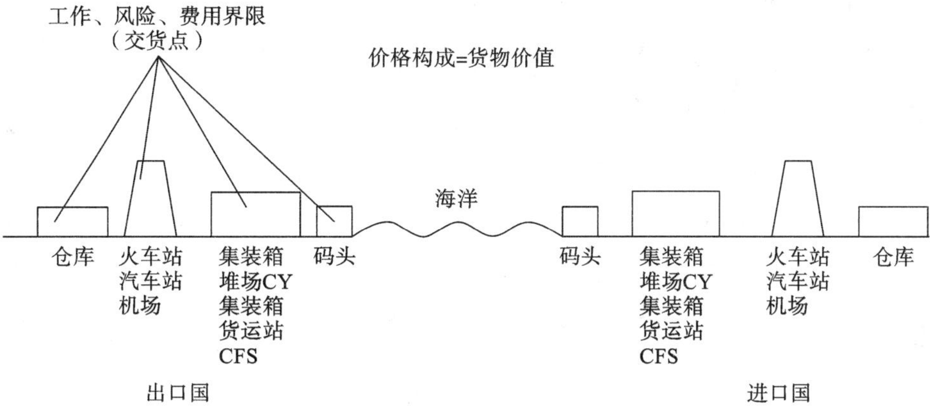


**图 4-4 FCA 图解**

口国的港口。买卖双方的风险界限不再是传统术语组中具体的装运港船只，而是交货地点。卖方承担货物在交货地点交付之前的一切风险、费用和工作，买方承担货物在交货地点交付以后的一切风险、费用和工作。

在国际贸易实务中，FCA 的表达形式为：FCA＋是指定装运地＋Incoterms 2010，例如，FCA Shanghai，China Incoterms 2010。所谓“指定装运地”，是指买卖双方在货物买卖合同中所约定的装运地。

FCA 的简略定义：FCA 是指买方指定承运人，支付装运地到目的地运费，卖方在指定装运地交货。风险和其他费用在交货地点从卖方转移到买方。FCA 适用于各种运输方式。

上述简略定义包含如下信息：①工作——买方安排运输；②费用——买方支付装运地到目的地运费；③风险界限——交货地点；④卖方交货点——出口国指定装运地；⑤价格构成——FCA 价格不包括装运地到目的地运费。

## Q&A 4-10 装运与交货

**Q**：装运与交货之间是什么关系？它们发生在同一个地点吗？

**A**：装运（shipment）是指将货物交付给承运人，而交货（delivery）是指卖方完成向买方交货义务，并且风险从卖方转移到买方。

有些术语中，装运与交货发生在同一个地点，另一些术语中，装运与交货发生在不同地点。

在 FCA 中，卖方在装运地完成向买方交货的义务，装运地与交货地恰好重叠，也就是说，它们是同一个地点。像这样的术语还有 EWX、CFR、CIF、CPT、CIP 及 FOB、FAS。但是，在 DAT、DAP 及 DDP 中，卖方在目的地而不是装运地完成向买方交货的义务，装运地与交货地相互分离，换句话说，它们并不是同一个地点。

2. INCOTERMS 2010 对 FCA 的定义①

**FCA defined in INCOTERMS 2010:**

"Free Carrier" means that the seller delivers the goods to the carrier or another person nominated by the buyer at the seller's premises or another named place. The parties are well advised to specify as clearly as possible the point within the named place of delivery, as the risk passes to the buyer at that point.

**Remarks on the above definition:**

This rule may be used irrespective of the mode of transport selected and may also be used where more than one mode of transport is employed.

If the parties intend to deliver the goods at the seller's premises, they should identify the address of those premises as the named place of delivery. If, on the other hand, the parties intend the goods to be delivered at another place, they must identify a different specific place of delivery.

FCA requires the seller to clear the goods for export, where applicable. However, the seller has no obligation to clear the goods for import, pay any import duty or carry out any import customs formalities.

**INCOTERMS 2010 对 FCA 的定义：**

FCA 是指，卖方在其所在地或另一指定地点将货物交付给买方指定的承运人或另一方。由于风险在交货点转移至买方，建议买卖双方最好尽可能清楚地规定指定交货地中的交货点。

**对上述定义的说明：**

本术语可用于任何单一运输方式，也可用于多种运输方式。

如果双方打算在卖方所在地交货，则应将该所在地的地址明确为指定交货地。如果双方打算在另一地交货，则必须明确不同的具体交货地点。

在需要办理出口清关手续的情况下，FCA 要求卖方出口清关。但卖方无义务办理进口清关、支付任何进口关税或办理任何进口海关手续。

## ? Q&A 4-11 FCA 的交货地选择对卖方装卸货义务的影响

**Q:** FCA 的交货地有哪些？选择不同的交货点对卖方的装卸货义务有何影响？

**A:** INCOTERMS 2010 在 FCA 的 A4 中对卖方完成交货义务的表述如下：

① INCOTERMS 2010 对 FCA 的定义及说明的英文皆引自 INCOTERMS 2010 关于 FCA 的使用说明（国际商会中国国家委员会，2011，英文部分第 19 页）。本书将使用说明拆分为术语的定义及说明，"FCA defined in INCOTERMS 2010"及"Remarks on the above definition"系本书作者所加，拆分后的行文顺序与使用说明的行文顺序略有不同。

Delivery is completed:

a) If the named place is the seller's premises, when the goods have been loaded on the means of transport provided by the buyer.

b) In any other case, when the goods are placed at the disposal of the carrier or another person nominated by the buyer on the seller's means of transport ready for unloading.

FCA 的交货地有两个:卖方所在地和非卖方所在地。例如,卖方是湖北 HBITC 公司,卖方所在地是武汉,其他中国城市都是非卖方所在地,比如上海;买方是美国 DTC 公司。

如果以卖方所在地武汉为交货地,即 FCA Wuhan,卖方 HBITC 公司将货物装上买方 DTC 公司指定的运输工具后即完成交货义务,风险从卖方转移到买方。

如果以非卖方所在地,例如上海为交货地,即 FCA Shanghai,卖方 HBITC 公司安排运输工具将货物运送到交货地上海,该运输工具置于买方 DTC 公司指定的承运人的处置范围之内即完成交货义务,风险从卖方转移到买方。

(二) CPT(Carriage Paid To)

1. CPT 的图解和简略定义

CPT 的图解如图 4-5 所示。

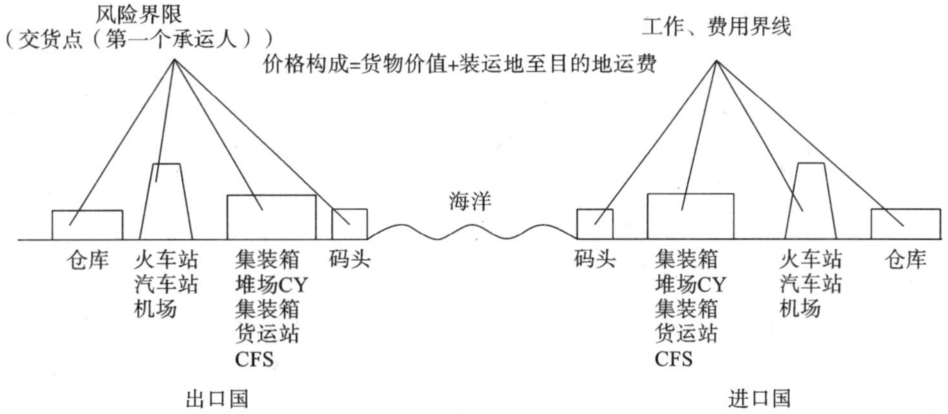


**图 4-5 CPT 图解**

在图 4-5 中,买卖双方的风险界限仍然是出口国指定装运地交货点(第一个承运人),但工作和费用界限则移至进口国指定目的地,与 FCA 相比,卖方的工作增加了办理运输,卖方的费用增加了支付主运费。

在国际贸易实务中,CPT 条件的表达形式为:CPT+指定目的地+Incoterms 2010,例如,CPT Los Angeles,USA Incoterms 2010。所谓"指定目的地",是指买卖双方在货物买卖合同中所约定的目的地。

CPT 的简略定义：CPT 是指卖方指定承运人，支付装运地到目的地运费，卖方在指定装运地交货。风险和其他费用在交货地点（交付给第一个承运人时）从卖方转移到买方。CPT 适用于各种运输方式。

上述简略定义包含如下信息：①工作——卖方安排运输；②费用——卖方支付装运地到目的地运费；③风险界限——交货点（交付给第一个承运人）；④卖方交货点——出口国指定装运地；⑤价格构成——CPT 价格包括装运地到目的地运费。

2. INCOTERMS 2010 对 CPT 的定义[①]

**CPT defined in INCOTERMS 2010：**

"Carriage Paid To" means that the seller delivers the goods to the carrier or another person nominated by the seller at an agreed place (if any such place is agreed between the parties)and that the seller must contract for and pay the costs of carriage necessary to bring the goods to the named place of destination.

**Remarks on the above definition：**

This rule may be used irrespective of the mode of transport selected and may also be used where more than one mode of transport is employed.

When CPT, CIP, CFR or CIF are used, the seller fulfils its obligation to deliver when it hands the goods over to the carrier and not when the goods reach the place of destination.

This rule has two critical points, because risk passes and costs are transferred at different places. The parties are well advised to identify as precisely as possible in the contract both the place of delivery, where the risk passes to the buyer, and the named place of destination to which the seller must contract for the carriage. If several carriers are used for the carriage to the agreed destination and the parties do not agree on a specific point of delivery, the default position is that risk passes when the goods have been delivered to the first carrier at a point entirely of the seller's choosing and over which the buyer has no control. Should the parties wish the risk to pass at a later stage (e. g. , at an ocean port or airport), they need to specify this in their contract of sale.

The parties are also well advised to identify as precisely as possible the point within the agreed place of destination, as the costs to that point are for the account of the seller. The seller is advised to procure contracts of carriage that match this choice precisely. If the seller incurs costs under its contract of carriage related to unloading at the named place of destination, the seller is not entitled to recover such costs from the buyer unless otherwise agreed between the parties.

---

① INCOTERMS 2010 对 CPT 的定义及说明的英文皆引自 INCOTERMS 2010 关于 CPT 的使用说明（国际商会中国国家委员会，2011，英文部分第 27 页）。本书将使用说明拆分为术语的定义及说明，"CPT defined in INCOTERMS 2010"及"Remarks on the above definition"系本书作者所加，拆分后的行文顺序与使用说明的行文顺序略有不同。

CPT requires the seller to clear the goods for export, where applicable. However, the seller has no obligation to clear the goods for import, pay any import duty or carry out any import customs formalities.

**INCOTERMS 2010 对 CPT 的定义：**

CPT 是指卖方在约定地点（如果双方已约定任何这样的地点）将货物交付给卖方指定的承运人或另一方，并且，卖方必须签订合同，并支付必要的成本和费用，以将货物运输到指定目的地。

**对上述定义的说明：**

本术语可用于任何单一运输方式，也可用于多种运输方式。

使用 CPT、CIP、CFR 或 CIF 时，卖方按照其选用的术语所规定的方式将货物交付给承运人时即为完成交货义务，而不是在货物到达目的地时完成交货义务。

由于风险转移和费用转移的地点不同，本术语有两个关键点。建议买卖双方最好在合同中尽可能确切地规定交货地点（风险在此转移至买方）及指定目的地（卖方必须签订以此为目的地的运输合同）。如果运输到约定目的地涉及多个承运人，且双方并未约定具体交货点，默认的界限是当卖方在某个完全由其选择且买方不能控制的地点将货物交付给第一个承运人时，风险转移至买方。如果双方希望风险延后转移（例如在某港口或机场转移），则需要在买卖合同中订明。

由于卖方要承担将货物运至目的地具体地点的费用，建议买卖双方最好尽可能确切地规定指定目的地中的具体地点。建议卖方订立确切符合该选择的运输合同。如果卖方因履行运输合同在目的地的规定地点发生卸货费用，卖方无权要求买方偿付该项费用，买卖双方另作约定者除外。

在需要办理出口清关手续的情况下，CPT 要求卖方出口清关。但卖方无义务办理进口清关、支付任何进口关税或办理任何进口海关手续。

**（三）** CIP(Carriage and Insurance Paid to)

1. CIP 的图解和简略定义

CIP 的图解如图 4-6 所示。

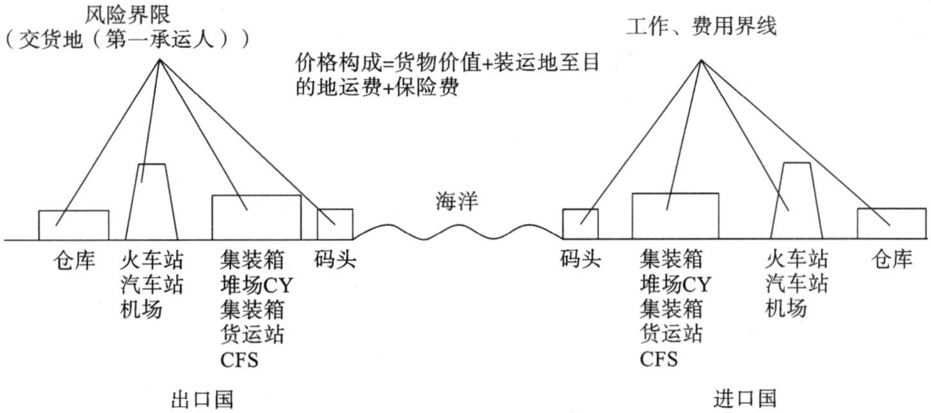


**图 4-6　CIP 图解**

在图 4-6 中，与 CPT 类似，在 CIP 条件下，买卖双方的风险界限是出口国指定装运地交货点（第一承运人），工作和费用界限则移至进口国指定目的地；但与 CPT 相比，卖方的工作增加了购买保险，卖方的费用增加了支付保险费。

在国际贸易实务中，CIP 条件的表达形式为：CIP＋指定目的地＋Incoterms 2010，例如，CIP Los Angeles，USA Incoterms 2010。所谓"指定目的地"，是指买卖双方在货物买卖合同中所约定的目的地。

CIP 的简略定义：CIP 是指卖方指定承运人、投保，支付装运地到目的地运费、保费，卖方在指定装运地交货。风险和费用在交货地点（交付给第一个承运人时）从卖方转移到买方。CIP 适用于各种运输方式。

上述简略定义包含如下信息：①工作——卖方安排运输、投保；②费用——卖方支付装运地到目的地运费及保费；③风险界限——交货点（交付给第一个承运人）；④卖方交货点——出口国指定装运地；⑤价格构成——CIP 价格包括装运地到目的地运费及保费。

2. INCOTERMS 2010 对 CIP 的定义①

**CIP defined in INCOTERMS 2010：**

"Carriage and Insurance Paid to" means that the seller delivers the goods to the carrier or another person nominated by the seller at an agreed place (if any such place is agreed between the parties)and that the seller must contract for and pay the costs of carriage necessary to bring the goods to the named place of destination.

The seller also contracts for insurance cover against the buyer's risk of loss of or damage to the goods during the carriage. The buyer should note that under CIP the seller is required to obtain insurance only on minimum cover. Should the buyer wish to have more insurance protection,it will need either to agree as much expressly with the seller or to make its own extra insurance arrangements.

**Remarks on the above definition：**

This rule may be used irrespective of the mode of transport selected and may also be used where more than one mode of transport is employed.

When CPT,CIP,CFR or CIF are used,the seller fulfils its obligation to deliver when it hands the goods over to the carrier and not when the goods reach the place of destination.

This rule has two critical points,because risk passes and costs are transferred at different places. The parties are well advised to identify as precisely as possible in the contract both the place of delivery,where the risk passes to the buyer,and the named place of destination to which the seller must contract for carriage. If several carriers are

---

① INCOTERMS 2010 对 CIP 的定义及说明的英文皆引自 INCOTERMS 2010 关于 CIP 的使用说明（国际商会中国国家委员会，2011，英文部分第 35—36 页）。本书将使用说明拆分为术语的定义及说明，"CIP defined in INCOTERMS 2010"及"Remarks on the above definition"系本书作者所加，拆分后的行文顺序与使用说明的行文顺序略有不同。

used for the carriage to the agreed destination and the parties do not agree on a specific point of delivery, the default position is that risk passes when the goods have been delivered to the first carrier at a point entirely of the seller's choosing and over which the buyer has no control. Should the parties wish the risk to pass at a later stage (e. g., at an ocean port or an airport), they need to specify this in their contract of sale.

The parties are also well advised to identify as precisely as possible the point within the agreed place of destination, as the costs to that point are for the account of the seller. The seller is advised to procure contracts of carriage that match this choice precisely. If the seller incurs costs under its contract of carriage related to unloading at the named place of destination, the seller is not entitled to recover such costs from the buyer unless otherwise agreed between the parties.

CIP requires the seller to clear the goods for export, where applicable. However, the seller has no obligation to clear the goods for import, pay any import duty or carry out any import customs formalities.

**INCOTERMS 2010 对 CIP 的定义：**

CIP 是指卖方在约定地点（如果双方已约定任何这样的地点）将货物交付给卖方指定的承运人或另一方，并且，卖方必须签订合同，并支付必要的成本和费用，以将货物运输到指定目的港。

卖方还要为运输途中买方的货物灭失或损害进行风险投保。买方应该注意到，在 CIP 条件下，卖方只需投保最低险别。如果买方希望更多保险的保护，则需与卖方明确达成协议，或自行另外加购保险。

**对上述定义的说明：**

本术语可用于任何单一运输方式，也可用于多种运输方式。

使用 CPT、CIP、CFR 或 CIF 时，卖方按照其选用的术语所规定的方式将货物交付给承运人时即为完成交货义务，而不是在货物到达目的地时完成交货义务。

由于风险转移和费用转移的地点不同，本术语有两个关键点。建议买卖双方最好在合同中尽可能确切地规定交货地点（风险在此转移至买方）及指定目的地（卖方必须签订以此为目的地的运输合同）。如果运输到约定目的地涉及多个承运人，且双方并未约定具体交货点，默认的界限是当卖方在某个完全由其选择且买方不能控制的地点将货物交付给第一个承运人时，风险转移至买方。如果双方希望风险延后转移（例如在某港口或机场转移），则需要在买卖合同中订明。

由于卖方要承担将货物运至目的地具体地点的费用，建议买卖双方最好尽可能确切地规定指定目的地中的具体地点。建议卖方订立确切符合该选择的运输合同。如果卖方因履行运输合同在目的地的规定地点发生卸货费用，卖方无权要求买方偿付该项费用，买卖双方另作约定者除外。

在需要办理出口清关手续的情况下，CIP 要求卖方办理出口清关。但卖方无义务办理进口清关、支付任何进口关税或办理任何进口海关手续。

货交装运港术语组（FOB、CFR、CIF）与货交承运人术语组（FCA、CPT、CIP）对比如

表 4-10 所示。

**表 4-10 货交装运港术语组与货交承运人术语组对比**

| | 货交装运港术语组(FOB、CFR、CIF) | 货交承运人术语组(FCA、CPT、CIP) |
|---|---|---|
| 运输方式 | 海运、内河水运 | 海、陆、空,多式联运 |
| 运输单据 | 已装船清洁提单 | 各种运输单据 |
| 交货地点 | 装运港 | 卖方工厂、装运地运输终端 |
| 风险界限 | 船只 | 交货点(第一承运人) |
| 装卸费用 | 租船运输时要进一步明确 | 包括在运费中 |

## 三、INCOTERMS 2010 十一种术语概览

货交装运港术语组与货交承运人术语组分别具有各组相同的交货点和风险点。实际上,可以按照风险点与交货点将 INCOTERMS 2010 的全部十一种术语分为五组,如图 4-7 所示。

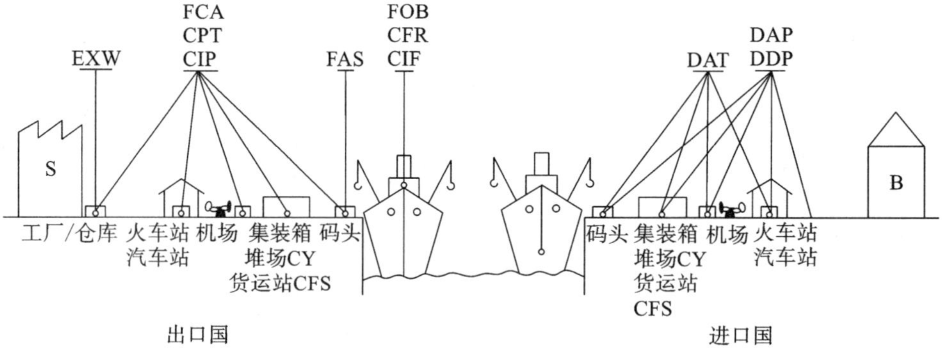


**图 4-7 INCOTERMS 2010 术语按交货点、风险点分组**

(资料来源:综合吴百福(1999,第 108 页)及国际商会中国国家委员会(2011)绘制)

从图 4-7 可看出,最左边一组术语与最右边一组术语分别是卖方义务最小术语组(EXW)与卖方义务最大术语组(DDP、DAP)。中间各组依次为:货交承运人术语组(FCA、CPT、CIP),货交装运港术语组(FOB、CFR、CIF、FAS),货交运输终端术语组(DAT)。从出口国到进口国,卖方的义务逐渐递增,买方的义务逐渐递减。

位于出口国的三组术语,装运点与交货点相重合,货物装运时风险从卖方转移到买方;位于进口国的两组术语,装运点与交货点相分离,货物到达时风险从卖方转移到买方。

在卖方义务最小术语组(EXW)及货交装运港术语组(FOB、CFR、CIF、FAS)中,每个术语对应于一个交货点,其余三组中,每个术语对应于多个交货点。

EXW 的首要特点是卖方义务最小,也即卖方的风险、工作、费用最小。其性质上类

似于国内贸易。卖方在本国的内地完成交货，所承担的风险、工作、费用局限于出口国内。[1] 在 EXW 条件下，卖方不负责出口包装、内陆运输、出口报关，其交货点和风险点都为卖方工厂。

本术语的作用：

(1) 卖方不愿意承担任何装货义务时使用[2]；

(2) 在实际业务中，卖方常利用此术语减少折扣基数。

**例 4-1** EXW Wuhan，China Incoterms 2010 USD 10 000.00

export packing: 800.00

inland freight & charges: 500.00

FOB Shanghai，China Incoterms 2010: USD 11 300.00

10% discount based on EXW Wuhan，Incoterms 2010， 1 000.00

精明的卖方会指出，包装费与国内运费属成本，不应作为价格折扣的基数，故采用 EXW Wuhan，China Incoterms 2010 价格作为 10%折扣的基数，减让价格为 USD 1 000.00。如果采用 FOB Shanghai，Incoterms 2010 USD 11 300.00 作为 10%折扣的基数(10% discount based on FOB Shanghai，China Incoterms 2010 USD 11 300.00)，则要减让 USD 1 130.00。

DDP 与 DAP 的首要特点是卖方义务最大，交货点和风险点均为运输终端所在目的地和其他目的地，即进口国码头、集装箱堆场、集装箱货运站、机场、火车站、汽车站所在地点及其他地点，货物做好从到达的运输工具上卸下的准备，交由买方处置。其中，DDP 条件下由卖方负责进口报关、缴纳进口关税，故卖方义务最大；DAP 条件下由买方负责进口报关、缴纳进口关税，故卖方义务次大。

货交承运人术语组(FCA、CPT、CIP)的风险点是交货点(第一承运人)，交货点为装运地运输终端，包括出口国的卖方工厂、火车站、汽车站、机场、集装箱货运站、集装箱堆场、码头。

本书将前述 FOB、CFR、CIF 称为狭义的货交装运港术语组，其交货点在出口国装运港，风险点为装运港船只。狭义的货交装运港术语组再加上 FAS，即构成广义的货交装运港术语组。FAS 的交货点也在出口国装运港，但其风险点却为装运港船只吊钩半径范围内的船边。

货交运输终端术语组(DAT)的首要特点是风险和费用由卖方包到运输终端所在目的地。DAT 的风险点和交货点均为进口国目的地运输终端，包括进口国的码头、集装箱堆场、集装箱货运站、机场、火车站、汽车站，货物从到达的运输工具上卸下，交由买方处置。

上述五组价格术语可归纳为表 4-10。

---

① 黎孝先(2007)第 27 页。

② 黎孝先(2000)第 60 页。

案例 4-3
价格术语的选用

案例 4-4
FOB 对仓至仓条款的影响

案例 4-5
风险转移的前提条件

**表 4-10　价格术语按风险点/交货点分组**

| 术语分组 | 交货点 | 风险点 | 本组特点 |
|---|---|---|---|
| EXW | 卖方工厂 | 卖方工厂 | 卖方义务最小，具有国内贸易的性质 |
| DDP<br>DAP | 进口国指定目的地（运输终端所在地及其他地点，货物准备从运输工具卸下） | 进口国指定目的地（运输终端所在地及其他地点，货物准备从运输工具卸下） | 卖方义务最大 |
| FCA,CPT,CIP | 卖方工厂及装运地运输终端 | 卖方工厂及装运地运输终端 | 货交承运人 |
| FOB,CFR,CIF<br>FAS | 出口国装运港（船只）<br>出口国装运港（船边） | 船只<br>船边（吊钩半径） | 货交装运港 |
| DAT | 进口国目的地运输终端（货物从运输工具卸下） | 进口国目的地运输终端（货物从运输工具卸下） | 风险及费用由卖方包到目的地运输终端 |

## Q&A 4-12　INCOTERMS 定义术语的个数

**Q**:既然 INCOTERMS 不是法律,可以根据需要选择改变它所定义的价格术语,为什么 INCOTERMS 要包含十一种术语,而不是包含一两种基准术语,实际使用中再按照需要对基准术语进行更改?

**A**:价格术语的国际惯例的作用为:①统一界限,为使各国商人们对交易过程中买卖双方的工作、费用、风险界限有一个统一的规定,以免在价格条件的界限上产生歧义。②简化交易谈判,只要使用那三个字母的术语,也就明确双方的义务界限,而不需要双方再去烦琐地划分界限,简化交易中的谈判内容。

如果只有一两种基准术语,商人在每次交易的个案中都按需要对基准术语加以改变,也就是说,需要双方对义务再划分一遍,那么,这个只有一两种基准术语的国际惯例就无法体现统一界限和简化谈判的作用。

INCOTERMS 目前的术语个数,是国际商会长期总结实际业务需求逐步确定下来的。正如笔者在本章第一节所述,INCOTERMS 在 1936—1989 年的发展期中,术语个数不断变化、调整,在 1990—2009 年,术语个数定型为十三个,2010 年微调为十一个。

# 第三节 合同中的价格条款

货物的价格是国际货物买卖的主要交易条件，价格条款是买卖合同必不可少的合同条款。价格条款的确定不仅直接关系到买卖双方的利益，而且与合同中的其他条款也有密切的联系。

## 一、价格条款的要素

在国际货物买卖中，商品价格的表述与国内贸易不同。合同的价格条款通常包含四个组成部分：计量单位、计价货币、价格术语、单位价格金额与总值。

1. 计量单位

一般来说，价格条款中的计量单位应与数量条款中的计量单位相一致。如数量条款中的成交量为“公吨”，则价格条款中的单价也应该用“公吨”，而不要用“长吨”或“短吨”。

2. 计价货币

在国际货物买卖中，计价货币通常与支付货币为同一种货币。这些货币可以是出口国的货币，也可以是进口国的货币，还可以是第三国的货币，由买卖双方协商确定。

选择使用何种计价货币时，必须要考虑两个方面的因素：第一，货币是不是可自由兑换的货币。使用可自由兑换的货币，有利于调拨和运用，也有助于在必要时转移货币汇率风险。第二，货币汇率的稳定性。在当前国际金融市场普遍实行浮动汇率的情况下，由于汇率的波动，买卖双方都将承担一定的外汇风险，因此，买卖双方在确定计价货币时不能不考虑汇率变动的风险。一般来讲，尽可能选择汇率变动对自己有利的货币。在出口业务中，一般尽可能争取使用从成交至收汇这段时期内汇价比较稳定且有升值趋势的货币，即所谓“硬币”或“强币”。而在进口业务中，尽可能争取使用从成交至付汇这段时期内汇价比较疲软且有贬值趋势的货币，即所谓“软币”或“弱币”。除此以外，为规避外汇风险，还可以采用“软”“硬”币结合，或者在合同中订立外汇保值条款的方法。

3. 价格术语

价格术语直接关系到交货过程中买卖双方的责任、费用和风险，因此，应根据市场运输情况、运价水平，并结合自身条件和经营意图，酌情选择对自己有利的价格术语。

多年来，中国各外贸公司总习惯于使用FOB、CFR和CIF三种常用的价格术语，因为这三种价格术语都是以装运港船只/船舷作为风险划分的界限，买卖双方不用承担对方国家内所发生的风险，同时，也不必到对方国家办理货物的交接，对买卖双方都比较方便。但随着国际贸易的发展和运输方式的变化，出现了一些新的价格术语，故在选择价格术语时,也应该随机应变。例如,按装运港交货条件成交,在采用滚装、滚卸或集装箱运输,或要求卖方在船舶到港前即将货物交到港口货站时,由于货物风险和费用以船只/船舷为界来划分已失去意义,故在此情况下,就不宜再继续沿用FOB、CFR或CIF三种价格术语。对卖方而言,明智的做法是,根据INCOTERMS 2010的规定,分别采用FCA、CPT或CIP更为适宜。这是因为,在按FCA、CPT或CIP价格术语成交时,只要卖方将其出售的货物交给承运人处置,风险即随之转移。如果仍沿用FOB、CFR或CIF价格术语,实际上,卖方将多承担将货物交给承运人处置时起至货物装上船只为止这段时间与空间的费用与风险。若单价相同,显然,这对卖方是不利的。[①]

另外,随着中国对外开放的扩大、对外贸易的发展,可以采用更加灵活的贸易方式,可以根据不同交易的具体情况适当地选择使用其他价格术语,如EXW、FAS、DAT、DAP和DDP等。

4. 单位价格金额与总值

单位价格金额应根据买卖双方协商一致的价格,正确填写在书面合同中。单位价格金额与成交商品数量的乘积,即为商品的总值,它是指一笔交易的货款总金额,合同的总值也必须填写在价格条款中,并同时反映大小写金额。另外,价格条款中的总值与单价所使用的货币,应当是一致的。

## 二、约定价格条款的注意事项

为了约定好合同中的价格条款,外贸从业人员对外洽商价格和约定价格条款时,必须注意以下事项:

第一,应在充分调研的基础上,根据国际市场供求状况和价格走势,并遵循中国进出口商品作价原则和每笔交易的经营意图,合理约定适当的成交价格,防止盲目定价而导致成交价格偏离国际市场价格。

第二,参照国际贸易的习惯做法,注意佣金和折扣[②]的合理运用,以便有效地利用中间代理商的购销渠道并扩大交易。

第三,若在买卖合同中,对交货品质、数量规定了机动幅度,即约定了品质机动幅度条款和溢短装条款,则应一并标明其机动部分的作价,以利于合同的履行。

第四,若交易双方商定商品的包装材料和包装费另行计价,则其计价办法也应一并在买卖合同中订明,以便履约行事。

第五,鉴于合同中的价格条款是一项核心条款,它与其他相关条款有着内在联系,故价格条款的内容与其他条款内容的规定,应当彼此衔接,不能相互矛盾,以利于合同的履行。[③]

① 黎孝先(2007),第187页。

② 有关佣金和折扣的问题,详见本章第四节“作价及核算”。

③ 黎孝先(2007),第187页。

## 三、价格条款示例

**例 4-2**

| Commodity and Specification | Qty | UnitPrice | Amount |
|---|---|---|---|
| PlushToy Bear Size 24″ | 10 000pcs | US＄1.99 | US＄19 900.00 |
| Quality as per sample No. HBITC001 | | CIF San Francisco, USA Incoterms 2010 packing charges included | |

Total contract value: U. S. Dollars Nineteen Thousand Nine Hundred only, CIF San Francisco, USA Incoterms 2010, packing charges included.

# 第四节 作价及核算

在进出口贸易中，商品的价格是买卖双方磋商的焦点，有时也是成交的决定性因素。对出口方而言，正确掌握进出口商品价格构成，合理采用各种作价方法，准确核算成本、利润，具有十分重要的意义。

## 一、佣金与折扣的运用

在进出口业务的作价与核算中，有时会涉及佣金与折扣的运用。价格条款中的价格，可分为包含佣金或折扣的价格和不包含这类因素的净价(Net Price)。包含佣金的价格，在实际业务中，通常称为“含佣价”。

### (一) 佣金

1. 佣金的含义及其性质

在国际货物贸易中，有些交易是通过中间代理商进行的。中间代理商因介绍生意或代买代卖而需收取一定的酬金，即为佣金(Commission)，它具有劳务报酬的性质。佣金直接关系到商品的价格，货价中是否含有佣金和佣金比例的大小，都影响着商品的价格。显然，含佣价比净价要高。

佣金是市场经济发展的必然产物，随着国际货物贸易的日益发展，中间代理商的作用也更加明显。正确运用佣金制度，有利于调动中间代理商的积极性和扩大交易。因此，物色好中间代理商、合理确定佣金额度和约定好进出口合同中佣金条款，具有重要的意义。①

① 黎孝先(2007)，第 184 页。

2. 佣金的规定方法

在价格条款中,对于佣金的规定,有以下几种方法:

(1) 用文字说明佣金比例,凡价格中包含佣金的,即为"含佣价"。

例如:USD 250 Per Metric ton CIF London including 3% commission(每公吨 250 美元,CIF 伦敦,包括佣金 3%)。

(2) 在贸易术语之后加佣金的缩写英文字母(C)和所给佣金的百分率表示。

例如:USD 250 Per Metric ton CIFC 3% London(每公吨 250 美元,CIF 伦敦,包括佣金 3%)。

在买卖合同中明确订明佣金及其比例的叫"明佣";不标明,而由当事人另行约定的叫"暗佣"。

3. 佣金的计算方法

$$佣金=含佣价\times佣金率$$

在中国进出口业务中,一般以发票金额作为含佣价计算佣金。

净价与含佣价之间的换算:

$$净价=含佣价-佣金=含佣价-含佣价\times佣金率=含佣价\times(1-佣金率)$$

故,

$$含佣价=\frac{净价}{1-佣金率}$$

**例 4-3** 含佣价的计算

中国外贸公司对外报价为 USD50 000.00 CIF London,U.K.,客户要求改报 CIFC3 London 价格,在维持原有利润不变的条件下,价格应改为多少?

【解析】

设价格(含佣价)改为 $p$,则

$$p-p\times3\%=\text{USD }50\ 000.00$$

含佣价

$$p=\frac{5000}{1-3\%}=\text{USD }51\ 546.39$$

**(二) 折扣**

1. 折扣的含义及其性质

折扣(Discount,Rebate,Allowance)是指卖方给予买方一定的价格减让。从性质上看,它是一种价格优惠。在中国对外贸易中,使用折扣主要是为了照顾老顾客、确保销售渠道与扩大销售等。在实际业务中,应根据具体情况,针对不同客户,灵活运用各种折扣方法:为扩大销售,使用数量折扣(Quantity Discount);为发展同客户的关系或为实现某种特殊目的而给予的特别折扣(Special Discount)及年终回扣(Turnover Bonus)等。折扣直接关系到商品的价格,在货价中是否包含折扣和折扣率的大小,都影响商品价格。折扣率越高,则价格越低。如同佣金一样,折扣也是市场经济的必然产物,正确运用折扣有利于调动采购商的积极性和扩大销路。在国际货物贸易中,它是出口厂商加强对外竞销的一种手段。[①]

2. 折扣的规定方法

折扣通常在约定价格条款时用文字明确表示出来。折扣有“明扣”和“暗扣”之分。凡在价格条款中明确规定折扣率的，称为“明扣”；凡交易双方就折扣问题已达成协议，而在价格条款中不明示折扣率的，称为“暗扣”。

例如：USD 250 Per Metric ton CIF London including 3% discount（每公吨 250 美元，CIF 伦敦，折扣 3%）。

本例也可以这样表示：USD 250 Per Metric ton CIF London less 3% discount。

此外，折扣也可以用绝对数表示。例如：USD 6 of discount per Metric Ton。

3. 折扣的计算方法

折扣通常以发票金额为基础来计算。

折扣额＝金额（原价）×折扣率

折实售价＝原价 － 折扣额＝原价×（1－ 折扣率）

## 二、常用价格术语的价格构成

在国际贸易中，价格术语是合同价格条款的组成部分，不同的价格术语表示其价格构成因素不同，即包含不同的费用。因此，外贸从业人员要掌握主要价格术语的价格构成，便于进行正确的价格核算。本书以中国外贸公司为出口方，以常用的货交装运港术语组（FOB、CFR 和 CIF）及货交承运人术语组（FCA、CPT 和 CIP）为例，介绍价格术语的价格构成。一般而言，在国际贸易进行过程中，当出口商起草合同完毕，发送给对方时，必须先填写出口预算表，预估各项费用，因此，笔者结合出口预算表的填写说明价格术语的价格构成。

### （一）FOB、CFR 和 CIF 的价格构成

这三种常用的价格术语的价格构成包括国内实际采购成本、各项费用开支和预期利润三个部分。

1. 国内实际采购成本

采购成本是指出口企业从国内生产企业那里收购出口商品所支付的本币货款金额，或者指出口企业自己生产的出口产品用本币核算的出厂价格。一般而言，这一部分采购成本是包含了增值税的，称为“含税成本”。

为了鼓励出口创汇、扩大出口，目前世界上许多国家实行“奖出限入”的政策，对本国境内企业，在他们出口某些商品后，在规定的期限内按规定结清了货款、按时办理了出口收汇核销、单证手续齐全且没有发现违法违规行为的前提下，政府给予他们一定的出口退税奖励。出口国政府把先前对于该批商品从生产企业那里征收来的增值税，在该批商品出口并且收汇以后再按照一定的比例返还给出口企业，用以降低出口企业的出口成本，增强出口产品在国际市场上的竞争力。

① 黎孝先（2007），第 185 页。

因此，对于享受出口退税的出口产品来说，国内实际采购成本应该是采购成本扣除出口退税以后的净成本。实际采购成本可按如下方法计算出来：

$$含税价=净价+增值税=净价+净价\times17\%=净价\times(1+17\%)$$ [①]

得出

$$净价=\frac{含税价}{1+17\%}$$

然而

$$出口退税=净价\times退税率^{②}=含税价\times\frac{退税率}{1+17\%}$$

因此

$$\begin{aligned}实际采购成本&=含税价-出口退税\\&=含税价-含税价\times\frac{退税率}{1+17\%}\\&=含税价\times\left(1-\frac{退税率}{1+17\%}\right)\end{aligned}$$

2. 国内和国外费用[③]

(1) 国内费用。

国内费用的项目比较多，主要包括内陆运费、报检费、报关费、核销费、银行费用和其他费用（如公司综合费用、检验证书费、邮费及产地证明书费等）。在介绍这些费用的核算方法之前，作为国内外费用核算的基础，先介绍产品总毛重、总净重、总体积和报价数量的核算。

①总毛重、总净重、总体积的计算。

根据每种产品每箱的重量、体积进行计算，同时要确认产品的销售单位与包装单位是否相同。

在计算重量时，对销售单位与包装单位相同的产品（如食品类产品），可直接用交易数量乘以每箱的毛（净）重；对销售单位与包装单位不同的产品（如玩具类、服装类产品），须先根据单位换算计算出单件的毛（净）重，再根据交易数量计算总毛（净）重。

在计算体积时，对销售单位与包装单位相同的产品（如食品类产品），可直接用交易数量乘以每箱的体积；对销售单位与包装单位不同的产品（如玩具类、服装类产品），须先根据单位换算计算出包装箱数，再计算总体积。注意：包装箱数有小数点时，必须进位取整箱。

**例 4-4** 总毛重、总净重、总体积的计算[④]

a. 玩具类产品 08003（儿童踏板车），销售单位是 UNIT（辆），包装单位是 CARTON

---

① 中国大部分商品的国内增值税税率一般为 17%，故这里用 17%。

② 对于每种商品的出口退税率，可根据商品的海关编码在海关综合信息资讯网（http://www.china-customs.com/customs-tax/）进行查询。商品的出口退税率并不是一成不变的，它会根据一国的经济发展状况、国际收支状况以及国家整体战略进行调整。

③ 本节关于国内和国外费用的分类和计算参考了南京世格软件公司（2008B）。

④ 引自南京世格软件公司（2008B）。

(箱),单位换算显示是每箱装 6 辆,每箱毛重 23 KGS,每箱净重 21 KGS,每箱体积 0.08052 CBM。如果交易数量为 1 000 辆,试分别计算总毛重、总净重、总体积。

【解析】

总毛重的计算

单件的毛重=23÷6=3.833(KGS)

总毛重=3.833 3×1 000=3 833.3(KGS)

总净重的计算

单件的净重=21÷6=3.5(KGS)

总净重=3.5×1 000=3 500(KGS)

总体积的计算

包装箱数=1 000÷6=166.6(箱),取整 167 箱

总体积=167×0.080 52=13.447(CBM)

b. 食品类产品 01005(甜玉米罐头),销售单位是 CARTON(箱),包装单位也是 CARTON(箱),每箱毛重 11.2 KGS,每箱净重 10.2 KGS,每箱体积 0.014 739 CBM。如果交易数量为 2 000 箱,试分别计算总毛重、总净重、总体积。

【解析】

总毛重=2 000×11.2=22 400(KGS)

总净重=2 000×10.2=20 400(KGS)

总体积=2 000×0.014 739=29.478(CBM)

注意:因该类产品销售单位与包装单位相同,故计算时可不考虑单位换算的内容。

②报价数量核算。

在国际货物运输中,经常使用的是 20′集装箱和 40′集装箱。20′集装箱的有效容积为 25 CBM,限重 17.5 TNE;40′集装箱的有效容积为 55 CBM,限重 26 TNE。其中,1 TNE=1 000 KGS。出口商在做报价核算时,通常按照集装箱可容纳的最大包装数量来计算报价数量,以节省海运费。根据产品的体积、包装单位、销售单位、单位换算来计算报价数量。

**例 4-5** 报价数量核算①

a. 玩具类产品 08003(儿童踏板车),销售单位 UNIT(辆),包装单位 CARTON(箱),单位换算为每箱装 6 辆,每箱体积为 0.0576 CBM,毛重为 21 KGS,试分别计算该商品用 20′、40′集装箱运输时的最大可装箱数及相应报价数量。

【解析】

每 20′集装箱

按体积算可装箱数为

25÷0.057 6=434.028(箱)

按重量算可装箱数为

① 引自南京世格软件公司(2008B)。

$$17.5\div21\times1\ 000=833.33(箱)$$

取两者中较小的值，因此最大可装箱数取整 434 箱

$$相应销售数量=434\times6=2\ 604(辆)$$

每 40′集装箱

按体积算可装箱数为

$$55\div0.057\ 6=954.861(箱)$$

按重量算可装箱数为

$$26\div21\times1\ 000=1\ 238.095(箱)$$

取两者中较小的值，因此最大可装箱数取整 954 箱

$$相应销售数量=954\times6=5\ 724(辆)$$

b. 食品类产品 01005（甜玉米罐头），销售单位与包装单位都是 CARTON（箱），每箱体积为 0.025 736 CBM，毛重为 20.196 KGS，试分别计算该商品用 20′、40′集装箱运输出口时的最大可装箱数及报价数量。

【解析】

每 20′集装箱：

按体积算

$$可装箱数=25\div0.025\ 736=971.402(箱)$$

按重量算

$$可装箱数=17.5\div20.196\times1\ 000=866.51(箱)$$

取两者中较小的值，因此最大可装箱数取整 866 箱。

由于销售单位与包装单位相同，该商品的报价数量为 866 箱。

每 40′集装箱：

按体积算

$$可装箱数=55\div0.025\ 736=2\ 137.084(箱)$$

按重量算

$$可装箱数=26\div20.196\times1\ 000=1\ 287.38(箱)$$

取两者中较小的值，因此最大可装箱数取整 1 287 箱。

由于销售单位与包装单位相同，该商品的报价数量为 1 287 箱。

③内陆运费。

$$内陆运费=出口货物的总体积\times内陆运费费率$$

其中，内陆运费费率由运输公司制定。

④报检费、报关费、核销费。

报检是指到国家出入境检验检疫部门办理商品出入境检验检疫手续的行为，报检过程中所要缴纳的行政管理费用即为报检费。出、入境检验检疫局对出、入境商品的检验费用依据有：A. 商品的税号归属范畴——法定商检、非法定商检；B. 商品的检验检疫方式；C. 出、入境商品的价值；D. 对出境商品的包装如纸箱也需要进行商检；E. 对出、入境商品的运输方式；F. 其他商检机构所要求的检验因素等。另外，对入境商品的来源（是否来自疫区，有无木质包装等）都在考查范畴。报检费用包括预申报打单、产品的商检、包

装材料的商检等费用，因有些涉及地方性规定，所以各地商检机构的要求和执行细节并不相同，行情也不一致，一般按次收取。

报关是指进出境运输工具的负责人、进出口货物的收发货人或其代理人向海关办理货物进出口手续的过程。报关费是办理代理报关时，报关行收取的代理报关服务费用。报关费一般按报关次数收取。

出口核销是指出口收到货款后，核销员持纸质收汇水单、出口收汇核销单、报关单、商业发票及自制的核销单送审登记表，到外汇管理局办理核销手续的过程。核销费是由外汇管理局收取的管理规费。

在实际业务中，报检费、报关费和核销费分别由检验检疫局、海关和外汇管理局定价，如通过代理公司操作，则代理公司还要收取服务费。

⑤银行费用。

不同的结算方式，银行收取的费用也不同（其中 T/T 方式出口地银行不收取费用），通常为总金额乘以银行费率。不同的银行办理国际贸易结算的费率也有所不同，取决于各银行的规定。

在实际业务中，可以向相关银行的国际结算部门查询银行费率。

**例 4-6** 银行费用的计算[①]

合同总金额为 USD28 846.4 时，分别计算在 L/C、D/P、D/A 方式下的银行费用（假设 L/C 方式时修改过一次信用证）。假设各种费率如下：L/C 通知费 RMB 200/次，修改通知费 RMB 100/次，议付费率 0.13%（最低 200 元），D/A 费率 0.1%（最低 100 元，最高 2 000 元），D/P 费率 0.1%（最低 100 元，最高 2 000 元）。美元汇率为 8.29。

解：

$$\text{L/C 银行费用}=28\ 846.4\times 0.13\%\times 8.29+200+100$$
$$=310.88+300=610.88(\text{元})$$
$$\text{D/P 银行费用}=28\ 846.4\times 0.1\%\times 8.29=239.14(\text{元})$$
$$\text{D/A 银行费用}=28\ 846.4\times 0.1\%\times 8.29=239.14(\text{元})$$

⑥其他费用。

本栏主要包括的费用有公司综合费用、检验证书费、邮费及产地证明书费。其中，检验证书费为出口商在填写出境报检单时，所申请的检验证书，如健康证书、植物检疫证书等，每张证书收取一定费用；邮费则是在 T/T 方式下出口商向进口商邮寄单据时按次收取。

在实际业务中，公司综合费用由该公司管理层确定，检验证书费、产地证明书分别由检验检疫局、贸易促进委员会收取。

**例 4-7** 其他费用的计算[②]

T/T 方式下合同总金额为 8 846.4 美元时，请计算本栏应填入的金额（假设本次合同中申请了一张健康证书、一张原产地证明书，并寄送过一次货运单据给进口商）。假

---

① 引自南京世格软件公司（2008B）。

② 引自南京世格软件公司（2008B）。

设：出口商公司综合费率 5%、证明书费 200 元人民币/份、邮费 28 美元/次。美元汇率为 8.29。

【解析】

以人民币结算的其他费用＝8 846.4×5%×8.29＋200＋200＋28×8.29

＝3 666.83＋400＋232.12

＝4 298.95(元)

(2) 国外费用。

这部分费用主要包括装运港至目的港的运费和海上货物运输保险费，如有中间商，还应包括付给中间代理商的佣金。关于这三种费用，我们在前面相关章节已有介绍。

3. 预期利润

预期利润是指出口企业对于本笔出口业务所期望得到的利润额。

4. FOB、CFR 和 CIF 的价格构成

以上表明，这三种价格术语的价格构成公式如下：

FOB 价＝国内实际采购成本＋国内费用＋预期利润

CFR 价＝国内实际采购成本＋国内费用
＋装运港至目的港运费＋预期利润

CIF 价＝国内实际采购成本＋国内费用＋装运港至目的港运费
＋海运保险费＋预期利润

### (二) FCA、CPT 和 CIP 的价格构成

这三种价格术语的价格构成与上述 FOB、CFR 和 CIF 价格术语相似，也包括国内实际采购成本、国内和国外费用以及预期利润三部分。其中，国内实际采购成本与预期利润的计算方法与上述 FOB、CFR 和 CIF 价格术语相同。但由于本组价格术语与上述三种价格术语适用的运输方式、交货地点、风险界限不同，因此其国内和国外费用也不尽相同。

国内费用与 FOB、CFR 和 CIF 价格术语相似，但其国内运费不一样。FCA、CPT 和 CIP 价格术语的国内运费是指卖方将货物运至第一承运人监管之下（码头、车站、机场、集装箱货运站或堆场）产生的运费。

国外费用主要包括自出口国装运地至国外目的地的运输费用和国外保险费，在有中间商介入时，还应包括支付给中间商的佣金。因此，这三种价格术语的价格构成公式如下：

FCA 价＝国内实际采购成本＋国内费用＋预期利润

CPT 价＝国内实际采购成本＋国内费用
＋出口国装运地至进口国目的地运费＋预期利润

CIF 价＝国内实际采购成本＋国内费用＋出口国装运地至进口国目的地运费
＋国际货运保险费＋预期利润

## 三、常用价格术语的换算

在国际贸易交易磋商过程中，有时一方按某种价格术语报价，而另一方则希望改用

其他价格术语报价。因此,外贸从业人员必须掌握常用价格术语的换算方法。

**(一) FOB、CFR 和 CIF 三种价格的换算**

由上面常用价格术语的价格构成可得:

$$\text{CFR 价}=\text{FOB 价}+\text{装运港至目的港的运费} \tag{4-1}$$

$$\begin{aligned}\text{CIF 价}&=\text{FOB 价}+\text{装运港至目的港的运费}+\text{海运保险费}\\&=\text{CFR 价}+\text{海运保险费}\end{aligned} \tag{4-2}$$

而由第三章可知,海运保险费以 CIF 价格为基础计算,

$$\text{保险金额}=\text{CIF 价}\times(1+\text{加成率})$$

$$\text{海运保险费}=\text{CIF 价}\times(1+\text{加成率})\times\text{保险费率} \tag{4-3}$$

将式(4-3)式代入式(4-2)式,得

$$\begin{aligned}\text{CIF 价}=&\text{FOB 价}+\text{装运港至目的港运费}+\text{CIF 价}\\&\times(1+\text{加成率})\times\text{保险费率}\end{aligned}$$

变形即得:

$$\begin{aligned}\text{CIF 价}&=\frac{\text{FOB 价}+\text{装运港至目的港运费}}{1-(1+\text{加成率})\times\text{保险费率}}\\&=\frac{\text{CFR 价}}{1-(1+\text{加成率})\times\text{保险费率}}\end{aligned}$$

**(二) FCA、CPT 和 CIP 三种价格的换算**

与上面分析类似,由常用价格术语的价格构成可得:

$$\text{CPT 价}=\text{FCA 价}+\text{装运地至目的地运费} \tag{4-4}$$

$$\begin{aligned}\text{CIP 价}&=\text{FCA 价}+\text{装运地至目的地运费}+\text{国外保险费}\\&=\text{CPT 价}+\text{国外保险费}\end{aligned} \tag{4-5}$$

而由第三章可知,国外保险费以 CIP 价格为基础计算,

$$\text{保险金额}=\text{CIP 价}\times(1+\text{加成率})$$

$$\text{海运保险费}=\text{CIP 价}\times(1+\text{加成率})\times\text{保险费率} \tag{4-6}$$

将式(4-6)式代入式(4-5),得

$$\begin{aligned}\text{CIP 价}=&\text{FCA 价}+\text{装运地至目的地运费}+\text{CIP 价}\\&\times(1+\text{加成率})\times\text{保险费率}\end{aligned}$$

变形即得

$$\begin{aligned}\text{CIP 价}&=\frac{\text{FCA 价}+\text{装运地至目的地运费}}{1-(1+\text{加成率})\times\text{保险费率}}\\&=\frac{\text{CPT 价}}{1-(1+\text{加成率})\times\text{保险费率}}\end{aligned}$$

**例 4-8** 价格术语的换算

中国外贸公司出口一批商品,对外报价为每箱 USD500.00,FOB 上海,英国客户要求改报 CIF London。已知上海——London 运费为每箱 USD50.00,保险加成率为 10%,保险费率为 8‰。请计算 CIF London 报价。

【解析】

$$\text{CIF 价}=\frac{\text{FOB 价}+\text{装运港至目的港运费}}{1-(1+\text{加成率})\times\text{保险费率}}$$

$$=\frac{\text{CFR 价}}{1-(1+\text{加成率})\times\text{保险费率}}$$

$$=\frac{500+50}{1-(1+10\%)\times 8‰}$$

$$=554.88(\text{美元})$$

验证

$$\text{保险费}=554.88\times(1+10\%)\times 8‰=4.88(\text{美元})$$

$$\text{FOB 价}+\text{运费}+\text{保险费}=500+50+4.88=554.88(\text{美元})$$

## 四、出口核算

一般而言,出口企业的盈利情况可以通过出口盈亏额与盈亏率、出口换汇成本和出口创汇率三个指标来说明。

### (一) 出口盈亏额与盈亏率

出口盈亏额是指出口销售的人民币净收入与出口总成本的差额。如果差额为正数,说明该笔出口业务盈利;如果差额为负数,说明该笔出口业务亏损。

出口盈亏率是盈亏额与出口总成本的比例,用百分比表示,它是衡量出口盈亏额度的一项重要指标。其计算公式为

$$\text{出口盈亏率}=\frac{\text{出口销售人民币净收入}-\text{出口总成本}}{\text{出口总成本}}\times 100\%$$

### (二) 出口换汇成本

出口换汇成本指出口企业每换回一个单位的外汇(通常为美元)需花费多少本币数额的成本,它是出口总成本(用本币表示)与出口外汇净收入(用外币表示)的比例。其中,出口外汇净收入是指出口外汇总收入扣除劳务费用等非贸易外汇后的外汇收入。[1]

出口换汇成本的计算公式为:

$$\text{出口换汇成本}=\frac{\text{出口总成本(用本币表示)}}{\text{出口获得的外汇净收入(用外币表示)}}$$

出口换汇成本是衡量企业出口交易盈亏的重要指标,它与外汇牌价(直接标价法下的外汇牌价)进行比较可以直接反映出口是否盈利。外汇买入价是换汇成本的盈亏临界值。当换汇成本小于外汇买入价时,外贸公司盈利;当换汇成本大于外汇买入价时,外贸公司亏损。换汇成本越低,人民币盈利越多;换汇成本越高,人民币盈利越少。

---

① 关于外汇净收入的核算,黎孝先(2007,第 175 页)认为,如果按 FOB 价格成交,成交价格就是外汇净收入;如果按 CIF 价格成交,则扣除国外运费和保险费等劳务费用支出后,即为外汇净收入;如果有中间商参与,还要扣除付给中间商的佣金。黎孝先(2007,第 175 页)只考虑了用外汇支付运费和保险费的情形。事实上,在中国企业出口业务中,也有用人民币支付运费和保险费的情形。此时,CFR 或 CIF 成交价格就是外汇净收入。

**例 4-9** 盈亏额及换汇成本核算

中国某出口公司出口“三色带帽熊”一批，海关编码为 95034100，出口报价为每只 USD1.25 CIF Montreal，共包装 152 箱，每箱装 60 只，每箱体积 0.164 立方米。收购价为每只 RMB 6 元(含 17%增值税)，报价汇率为 6.5 元人民币兑换 1 美元。

海运费：上海至加拿大蒙特利尔港口一个 20 英尺* 集装箱的费用为 1 350 美元。保险费：在 CIF 成交金额的基础上加 10%投保中国人民保险公司货物保险条款中的一切险(费率 1.9%)和战争险(费率 0.08%)，用美元支付。出口退税：海关编码 95034100 对应的出口毛绒玩具的退税率为 15%。国内费用：内陆运费(每立方米)100 元；报检费 120 元；报关费 150 元；核销费 100 元；公司综合费用 3 000 元；L/C 结算银行手续费为报价的 1%。

试计算合同盈亏额及换汇成本。

【解析】

(1) 国内实际采购成本。

国内实际采购成本＝含税成本 － 退税收入＝6－6÷(1＋17%)×15%

＝6－0.7692＝5.230 8(元/只)

(2) 国内费用。

报价数量＝152×60＝9 120(只)

CIF 总价＝1.25×9 120＝11 400(美元)

总体积＝152×0.164＝24.928(立方米)

集装箱个数：由于 25÷0.164＝152.44，故 152 箱玩具刚好装一个 20 英尺集装箱。

内陆运费

152×0.164×100＝2 492.8(元)

国内费用＝内陆运费＋报检费＋报关费＋核销费

＋公司综合费用＋银行手续费

＝2 492.8＋120＋150＋100＋3 000＋11 400×1%×6.5

＝6 603.8(元)

(3) 国外费用。

海运费＝1350 美元

保险费＝CIF 总价×110%×1.98%＝11 400×110%×1.98%

＝248.292(美元)

(4) 盈亏额及换汇成本核算。

美元净收入＝CIF 总价 － 海运费 － 保险费

＝11 400－1 350－248.92＝9 801.08(美元)

人民币总收入＝9 801.08×6.5＝63 707.02(元)

人民币总支出＝国内实际采购成本＋国内费用

＝5.230 8×9 120＋6 603.8＝54 308.70(元)

* 1 英尺＝0.304 米

盈亏额＝收入－支出＝63 707.02－54 308.70＝9 398.32（元）＞0，该笔业务盈利9 398.32元。

出口换汇成本＝人民币总支出÷美元净收入＝54 308.70÷9 801.08＝5.54

**（三）出口创汇率**

出口创汇率又称外汇增值率，是指在进料加工的前提下，加工成成品出口的外汇净收入与进口原材料的外汇总支出之间的比率。它是用以核算“每花费一个单位的外汇最终可以扩大多大百分比的外汇收入”的经济指标，也就是说，它反映的是“每一个单位的外汇支出最终带来了多大百分比的外汇收入”。其计算公式如下：

$$\text{出口创汇率}=\frac{\text{加工成品出口外汇净收入}-\text{进口原料外汇总支出}}{\text{进口原料外汇总支出}}\times 100\%$$

**本章小结**

价格术语界定了交接货物时买卖双方工作、费用和风险的划分，明确了买卖双方在交接货物过程中应尽的责任和义务。国际贸易惯例不是法律，但一旦在合同中被买卖双方采纳，就对买卖双方具有约束力。有关价格术语的国际贸易惯例主要有三个，分别是《1932 年华沙-牛津规则》、《1990 年美国对外贸易定义修订本》和 INCOTERMS 2010。

INCOTERMS 2010 定义和解释了 11 种价格术语，对每种价格术语中买卖双方的责任、费用、风险的划分及其使用注意事项是外贸业务员必须掌握的常识。根据每种价格术语交货点、风险点的特点，INCOTERMS 2010 定义的 11 种价格术语可分成货交装运港术语组（4 种）、货交承运人术语组（3 种）、卖方义务最小术语组（1 种）、卖方义务最大术语组（1 种）、货交运输终端/目的地术语组（2 种）。其中，货交装运港术语组中的 FOB、CFR 和 CIF 及货交承运人术语组 FCA、CPT 和 CIP 是国际贸易中最常使用的价格术语。

合同的价格条款包括计量单位、计价货币、价格术语、单位价格金额与总值四个要素，价格条款是买卖合同的核心内容，而且与合同中的其他条款也有密切的联系。

货物的作价原则、作价方法、计价货币的选择、汇率的折算、佣金和折扣的使用等，是外贸业务员必须熟练掌握的业务技能。要掌握常用价格术语的价格构成，学会常用价格术语的换算和出口盈利核算。

**习　题**

# 第五章 国际货款收付

学习目标

- 理解汇票、本票、支票的含义
- 掌握汇票的基本内容，读懂并能填制汇票
- 掌握汇票的常见种类，理解不同抬头的汇票
- 掌握汇票的主要票据行为和使用步骤
- 理解汇款的三种方式(M/T、T/T、D/D)的主要特点及其业务流程
- 理解跟单托收的三种方式(D/P即期、D/P远期、D/A)的主要特点及其业务流程
- 理解典型跟单信用证的业务流程
- 掌握信用证的基本内容，读懂信用证
- 理解信用证的常见种类及信用证方式的特点
- 理解银行保函和备用信用证所涉及的主要当事人及该支付方式的特点
- 掌握并能正确拟定合同中的支付条款

在国际货物买卖中，卖方的主要权利是收款，买方的主要权利是领受货物，国际货款的收付直接关系到卖方是否能安全收款和买方能够及时提货，因此，合同中的支付条款是买卖合同的主要条款之一。

由于使用的货币不同，不同国家的外汇管制政策、法律、惯例和银行习惯不同，国际货款收付远比国内货款结算复杂。目前国际货款的收付大多使用非现金进行结算，且通过银行中介进行结算，因此，国际货款收付主要涉及支付工具的使用和支付方式的选择。支付工具是指代替现金作为流通手段和支付手段的票据，主要有汇票、本票和支票三种；支付方式是指买卖双方之间债权债务的清偿方式，主要有汇款、托收、信用证、银行保函与备用信用证等。

## 第一节 支付工具

### 一、汇票(Bill of Exchange,Draft)

**案例 5-1**

吴先生向海尔公司订购 100 台空调,每台 2 000 元,合计 20 万元。吴先生从李先生处获得 20 万元的借款。

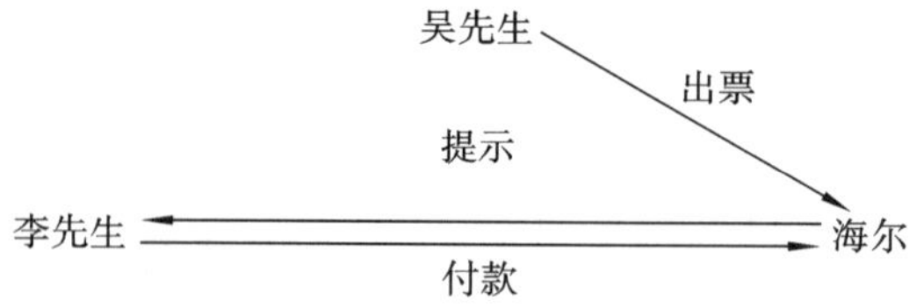


**【分析】** 在本次借款行为中,吴先生只需要开具以李先生作为受票人、海尔公司作为收款人的汇票。结算时,由海尔公司向李先生提示汇票,李先生完成付款。

汇票是国际货款收付中使用最为广泛的主要票据。

**Q&A 5-1 汇票的意义**

**Q:**为什么会发明汇票?汇票有什么意义?

**A:**自国际贸易产生至 10 世纪,国际贸易以金银作为支付工具,这一过程持续了 1200 多年。自 11 世纪,地中海沿岸的城邦国际开始出现兑换证书(Bill of Exchange),也就是票据的原始形态,后来逐步完善成为现今的汇票,汇票再衍生出其他金融票据,取代金银成为支付工具①。

在兑换证书出现之前，对金银的占有与金银索偿权是相连接的。换句话说，谁占有金银谁就拥有资金权利。这种金银占有与金银索偿权的相连接，最突出的缺陷就是金额越大，资金的空间转移及不同国家的货币兑换就越困难。

汇票的最重要的意义，就在于它将金银的占有与金银索偿权相分离，使任何金额的资金的空间转移及不同国家的货币兑换都容易完成。

### (一) 汇票的定义

《1882 年英国票据法》对汇票的定义如下：②

A bill of exchange is an unconditional order in writing, addressed by one person to another, signed by the person giving it, requiring the person to whom it is addressed to pay on demand, or at a fixed or determinable future time a sum certain in money to or to the order of a specified person, or to bearer.

汇票是一人（如案例 5-1 中的吴先生）以另一人（如案例 5-1 中的李先生）作为受票对象的无条件书面命令，由发出命令的人（如案例 5-1 中的吴先生）签字，要求受票人（如案例 5-1 中的李先生）见票时或者在将来的固定时间或可以确定的时间，将确定数额的钱款支付给某人（如案例 5-1 中的海尔公司）或其指定的人或持票人。

上述汇票定义所包含了三个方面的内容：

1. 基本当事人

(1) 出票人（Drawer），指签发汇票的人，如案例 5-1 中的吴先生。

(2) 受票人（Drawee），又称付款人（Payer），指接受支付命令付款的人，如案例 5-1 中的李先生。

(3) 收款人（Payee），又称受款人，指受领汇票所规定金额的人，如案例 5-1 中的海尔公司。

2. 付款期限

(1) 见票时（即期）。

(2) 固定的将来时间（如 2002 年 10 月 1 日）。

(3) 可以确定（推算）的将来时间（如见票后 30 天）。

3. 收款人（汇票抬头）的填写方式

(1) 某人（如海尔公司）。

(2) 某人指定的人（如海尔公司所指定的人）。

---

① 自 11 世纪至今，以票据作为支付工具的过程持续了 1000 多年，这 1000 多年的演变详见李昭华、潘小春（2015，p8-10）。

② 《1882 年英国票据法》（Bills of Exchange Act 1882）全文可在英国政府网站 OPSI（Office of Public Sector Information）查阅，网址：http://www.opsi.gov.uk。该法对汇票的定义载于 http://www.opsi.gov.uk/RevisedStatutes/Acts/ukpga/1882/cukpga_18820061_en_2#pt2-pb1-l1g3。

(3) 持票人。

**(二) 汇票的基本内容**

汇票没有一个统一的样式，但是一般会包含以下基本内容：

(1) 载明“汇票”(Bill of Exchange, Draft)字样。

(2) 无条件支付命令。

(3) 确定数额的钱款。

(4) 付款期限。

(5) 基本当事人。

①出票人；

②受票人(付款人)；

③收款人。

**实例 5-1　汇票①**

**EXCHANGE FOR** USD41 084.34　Cambridge　8th April　2019

***At*** Sight　***pay this***　Second　***Bill of Exchange***

*First of same tenor and date unpaid*　***to the Order of***

*Unicam Limited Atomic Absorption, PO Box 207, York Street, Cambridge CB1 2SU*

*"Drawn under Irrevocable Documentary Credit No. LC42111103A of Industrial and*

*Commercial Bank of China, China."*

*US Dollars Forty-one Thousand & Eighty-four Dollars .34*

***Value*** Received　***Which place to Account***

***To*** INDUSTRIAL AND COMMERCIAL BANK　UNICAM LIMITED

OF CHINA　BILL No: 5765　ATOMIC ABSORPTION

CHINA　100032-1

**(三) 汇票的分类**

1. 按出票人和受票人的不同情况分

(1) 银行汇票(Banker's Draft)，指出票人和受票人都是银行的汇票。

(2) 商业汇票(Commercial Draft)，指出票人是工商企业或个人，而受票人可以是工商企业、个人或银行的汇票。

① 本书导论实例 0-1 的合同项下汇票。

2. 按是否附带商业单据分

(1) 光票(Clean Draft),指不附带任何商业单据的汇票,银行汇票一般是光票。

(2) 跟单汇票(Documentary Draft),指附带有关单据的汇票,附带单据可能是发票、提单、保险单、产地证明等。商业汇票多为跟单汇票。

3. 按付款期限的不同分

(1) 即期汇票(Sight Draft 或 Demand Draft),指持票人向付款人提示汇票后,付款人立即付款的汇票,即"见票即付"。

即期汇票的付款期限表示方式:①At 0 day sight;②On demand。

(2) 远期汇票(Time Draft),指持票人向付款人提示汇票后,付款人并不马上付款,而是在一定期限之后的未来时间付款的汇票。

远期汇票的付款期限表示方式:①固定的将来时间,如 On Oct. 1,2002;②可推算的将来时间,如 At 30 days sight。

4. 按收款人(汇票的抬头)的填写方式不同分

汇票可分为限制性抬头、来人抬头、指示性抬头三种。三种抬头的汇票比较如表 5-1 所示。

**表 5-1 不同抬头的汇票**

| | 收款人 | 能否转让 | 实现转让的方式 | 汇票权利人 | 是否独立的追索凭证 |
|---|---|---|---|---|---|
| 限制性抬头 | ABC | 否 | — | ABC | — |
| 来人抬头 | Bearer | 能 | 单纯交付 | 持票人 | 否 |
| 指示性抬头 | The order of ABC | 能 | 记名背书 | 确定的被背书人 | 是 |
| | | | 不记名背书 | 不确定的被背书人 | 是 |

**(四)汇票的票据行为及汇票的使用步骤**

汇票的使用步骤如图 5-1 所示。

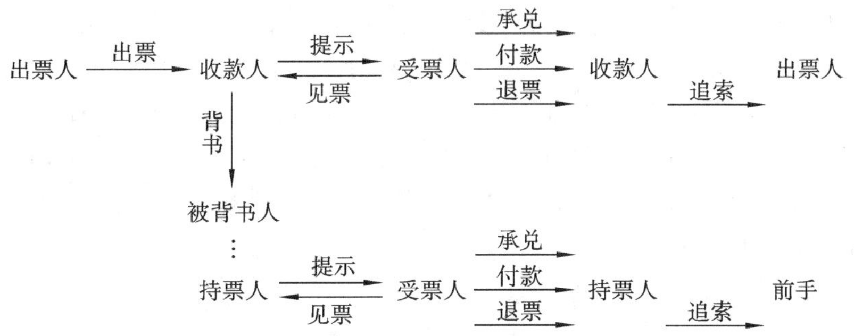


**图 5-1 汇票的使用步骤**

图 5-1 中,第一个水平方向表示汇票在使用过程中没有发生背书转让;经过直角转弯到第二个水平方向表示汇票在使用过程中发生了背书转让,其中的省略号是指汇票可以经过多次背书转让。

1. 出票(Issue)

出票由两个行为构成:

(1) To draw the bill:原始的汇票一定是绘制出来的,现在实际上是用空白汇票填写并签名,统称“开票”。

(2) To deliver it to the payee:出票人将汇票交付给收款人。

出票创设了汇票的债权,使收款人持有汇票就拥有债权。交付意指实际的或推定的所有权从一个人移至另一个人的行为。交付之前,填写、签名的完整汇票并未生效,可以撤销。一旦交付给收款人,汇票即告生效,而且不可撤销。

2. 提示(Presentation)

提示是指持票人将汇票提交付款人要求承兑或要求付款的行为。提示必须同时符合下列条件,才能有效地获得票据权利:

(1) 提示必须在规定的期限内办理。

(2) 提示必须在营业时间内进行。

(3) 提示必须在汇票载明的付款地点向付款人提示。

3. 承兑(Acceptance)

承兑是指远期汇票的受票人在汇票上签名表示接受出票人的命令、到期付款的行为。

有效的承兑由两个行为构成:

(1) 受票人在汇票上写明“已承兑”(Accepted)字样,签名;

(2) 交付。

承兑汇票一经交付,立即生效,并且不可撤销。

远期汇票变成承兑汇票,受票人变成承兑人。承兑人是汇票的主债务人,出票人退居从债务人位置。

承兑也默示了承兑人对票据真实性、有效性的认可,承兑人被禁止翻供。承兑人交付承兑汇票之后,不得以出票人的签名是伪造的、背书人无行为能力等为由来拒付。

4. 付款(Payment)

付款是指持票人进行付款提示时,受票人或承兑人支付票款的行为。付款是票据流通过程的终结,是汇票上所列债权债务的最后清偿。受票人、承兑人之外的其他当事人(如出票人或背书人)对持票人支付票款,则汇票上的债权债务不能视为最后清偿。

付款行为中有一种特殊的类型,即正当付款(Payment in due course),它是指在汇票到期日或其后由受票人或承兑人对持票人作出的善意的付款。

构成正当付款的条件:

(1) 必须出于善意,即不知道持票人权利的缺陷。

(2) 付款对象是持票人,即鉴定了背书的连续性。

(3) 在汇票到期日或其后付款。

(4) 由受票人或承兑人支付。

5. 退票(Dishonor)

退票是指持票人进行付款提示或承兑提示时,遭到受票人或承兑人拒绝,均称为退票，也称为“拒付”。

退票有实际退票和推定退票两种。实际退票，是指持票人实际提示时，受票人或承兑人不愿意或无能力进行付款或承兑。推定退票，是指付款人避而不见或纯属虚构，从而无法找到付款人，或者付款人、承兑人已经死亡或宣告破产，则按票据法规定可免于提示，直接作为退票处理。

6. 拒绝证书(Protest)

拒绝证书是由拒付地点的公证机关或其他有权公证的当事人出具的证明汇票退票事实的书面文件，是证明退票的法律文件。

英美票据法规定，国内汇票遭到退票时，拒绝证书不是行使追索权的必需文件，但国外汇票遭到退票时，拒绝证书则是行使追索权的必需文件。日内瓦统一法规定，拒绝证书是汇票退票后持票人行使索赔权的必需文件。

7. 追索(Recourse)

追索是指持票人在票据被退票时，对背书人、出票人及其他票据债务人请求偿还票款及其他有关费用的行为。

追索者的三个资格条件：

(1) 提出追索者必须是持票人。追索权是持票人的权利，只有通过合格的票据记载和连续有效的背书方能确保最后当事人的持票人地位。

(2) 持票人在遵循票据法规定的程序方面尽心尽责，即持票人严格按照票据法的规定作正式的提示，在退票时及时发出退票通知，并制作拒绝证书，只有这样他才能保全追索的资格。

(3) 持票人在采取若干票据行为时遵守票据法规定的时效，也就是说做到了“守时”。

其中，追索金额包括三个部分：

①汇票金额；

②到期日至付款日的利息；

③制作退票通知、拒绝证书等费用，除非票据有免除的记载，持票人有权向前手收取这些费用。

8. 背书

背书，是指持票人在汇票背面签名。有效的背书也由两个行为构成：

(1) 在汇票背面签名；

(2) 背书人将汇票交付给被背书人。

背书使票据权利从一个持票人(背书人)转移至另一持票人(被背书人)。交付之前，背书并未生效，可以撤销。一旦交付，背书即告生效，而且不可撤销。

背书有记名背书和不记名背书两种：

①记名背书＝特别背书＝完全背书。

记名背书是指背书人签名，同时写明被背书人名称的背书方式。记名背书不改变指示性抬头汇票的流通性。

**例 5-1** 记名背书

汇票背面的记载内容为：

Pay to the order of B　　支付给 B 公司
For and on behalf of A:　A 公司代表:
Signature　　签名

【解析】

背书人:A 公司;被背书人:B 公司。

②不记名背书=空白背书。

不记名背书是指只有背书人签名,而不写明被背书人的背书方式。

**例 5-2**　不记名背书

汇票背面的记载内容为

For and on behalf of A:　A 公司代表:
Signature　　签名

【解析】

背书人:A 公司;被背书人:没写明。

注意:

(1) 指示性抬头汇票+不记名背书=来人抬头汇票。

(2)"指示性抬头汇票+不记名背书"随时可以转化成"指示性抬头汇票+记名背书",而来人抬头汇票则不能通过背书进行转化。

(3) 不记名背书使指示性抬头汇票的流通性最大化。

## Q&A 5-2　汇票的演变

**Q:**汇票出现之后,它经历了怎样的演变呢?

**A:**汇票被誉为有价证券之父(沈瑞年等人,1999,第 45 页),汇票不仅衍生出支票、本票等以获得钱款支付为目的的金融票据(支付工具),而且衍生出提单等广义票据。汇票最早出现于 11—12 世纪的兑换商时期,目的是使对金钱的索偿权与占有相分离。用兑换证书(Bill of Exchange)的异地转移取代金银的异地转移,用以克服金银支付的空间障碍,故称汇兑功能是流通票据的原始功能。汇票经历了下述三个方面的演变:

其一,基本当事人及付款期限特定化。汇票对三个基本当事人(出票人、受票人、收款人)的身份没有任何限制,付款期限既可以是即期,也可以是远期。将汇票的出票人限定为银行存款人、受票人限定为银行,同时将付款期限限定为即期以后,就变成了支票,所以说支票是汇票的一个特例。事实上,在最早的《1882 年英国票据法》中,将支票包括在汇票范围内。

用支票支付取代金银支付,使商品交换介质不再依赖贵重金属,克服了金银支付的介质障碍。

支票电子化就成为借记卡。

其二,票据性质改变。汇票是出票人签发的要求受票人付款给收款人的无条件书面支付命令，将要求他人付款的书面命令这一票据性质改变为保证出票人自己付款的书面承诺，就变成了本票。

在使用金银作为支付工具时，如果买方向卖方赊账，即“现在”支付“将来”的钱，买方就必须向卖方打欠条。本票取代的是对金银支付中的欠条，签票人承诺向收款人“兑现”确定数额的钱款。但金银支付中的欠条不能贴现、不能流通，本票却可以贴现、流通。故本票克服了金银支付的时间障碍。

银行本票电子化就成为贷记卡。

其三，票据目的改变。汇票、支票和本票的目的都是使对金钱的索偿权与占有相分离，将票据改变为对货物的所有权与占有相分离，就变成了提单。

用交付提单取代交付货物，使得货物在运输过程中其所有权仍可进行转让与交割，并使金银支付中“一手交钱、一手交货”的钱货交割方式得以移植到票据支付中，形成“凭付款交单”的款单交割方式。

## 二、支票(Cheque,Check)

### (一) 支票的定义

《1986年澳大利亚支票法》对支票的定义如下①：

A cheque is an unconditional order in writing that:

(a) is addressed by a person to another person,being a financial institution;and

(b) is signed by the person giving it;and

(c) requires the financial institution to pay on demand a sum certain in money.

支票是无条件书面命令：

(a) 该命令由一人以另一人即金融机构②作为受票对象；

(b) 该命令由发出命令的人签字；

(c) 该命令要求金融机构见票时支付确定数额的钱款。

上述支票定义包含了以下两个方面的基本内容：

1. 基本当事人

(1) 出票人：指签发支票的当事人，是银行的存款人。

(2) 受票人：又称付款人，是出票人的开户银行。

(3) 收款人：指受领支票金额的当事人。

2. 付款期限

支票的付款期限只有见票即付一种，即即期付款。

---

① 《1986年澳大利亚支票法》(Cheques Act 1986)全文可在澳大利亚政府网站查阅，网址：http://www.comlaw.gov.au。该法对支票的定义载于 http://www.comlaw.gov.au/comlaw/Legislation/ActCompilation1.nsf/0/879CFC702A30E7CBCA257368000D4A76/$file/Cheques86.pdf。

② 按照《1986年澳大利亚支票法》的相关注释，此处金融机构主要指银行。

对比汇票与支票的定义,不难看出,支票是汇票的特例,其特殊性体现在:

(1)基本当事人的特定化:将受票人限定为出票人的开户银行,也就是将出票人限定为银行的存款人。

(2)付款期限限定为即期。

支票的定义最早源于《1882年英国票据法》,将支票包括在汇票范围内,并声明,除非另有规定,凡适用于凭票即付之汇票之本法条文也适用于支票。

《1882年英国票据法》第73条对支票的定义如下[①]:

A cheque is a bill of exchange drawn on a banker payable on demand.

支票是以银行作为受票人的即期汇票。

1957年英国又公布了《支票法》,共8条,该《支票法》并没有对支票进行完整的定义,实际上只是1882年《票据法》的补充。

综上所述,支票是以存款人为出票人、以银行为受票人的即期汇票。

现在,支票在国际贸易中较少使用。

**(二)支票实例**

**实例5-2 支　　票[②]**

**THE HOKUETSU BANK,LTD.**

Chuo-ku,Tokyo　　Date Oct,5,1996　　Ref DD78040839

USD37 000.00

Pay against this

check to the order of EVERGREEN COUNTRY CLUB CO.,LTD (SHANGHAI) the sum of

US DOLLARS THIRTY SEVEN THOUSAND ONLY

TO:MARINE MIDLAND BANK,N. A.　　**THE HOKUETSU BANK,LTD.**

Marine Midland Building　　**INTERNATIONAL DIVISION**

140,Broadway

New York

NY 10015 USA　　Authorized Signature:

【分析】

出票人:The Hokuetsu Bank,Ltd.

受票人:Marine Midland Bank,N. A.

受款人:Evergreen Country Club Co.,Ltd (SHANGHAI)

① 《1882年英国票据法》(*Bills of Exchange Act* 1882)对支票的定义载于 http://www.opsi.gov.uk/RevisedStatutes/Acts/ukpga/1882/cukpga_18820061_en_4#pt3-l1g73。

② 引自徐秀琼(1996),示样(2)。

支票的重要用途是在没有收款人账户信息的情况下向既定的收款人支付款项。

## 三、本票(Promissory Note)

### (一) 本票的定义

《1882年英国票据法》对本票的定义[①]:

A promissory note is an unconditional promise in writing made by one person to another, signed by the maker, engaging to pay, on demand or at a fixed or determinable future time a sum certain in money to, or to the order of, a specified person, or to bearer.

本票是一人向另一人所做的无条件书面承诺,由做出承诺的人签字,保证见票时或者在将来的固定时间或可以确定的时间,将确定数额的钱款支付给某人或其指定的人或持票人。

上述本票定义包含了以下三个方面的内容:

1. 基本当事人

(1) 签票人:签发本票的当事人,他同时也是本票的付款人。

(2) 收款人:指受领本票金额的当事人。

2. 付款期限

(1) 见票时(即期)。

(2) 固定的将来时间(2002年10月1日)。

(3) 可以确定(推算)的将来时间(见票后30天)。

3. 收款人的填写方式

与汇票类似,本票收款人的填写方式也有以下三种:

(1) 某人。

(2) 某人指定的人。

(3) 持票人。

### (二) 本票的不同形式

1. 商业本票

商业本票是指由工商企业或个人签发的本票。

**实例5-3 普通商业本票**

PROMISSORY NOTE

£60 000.00　　London, 15th May, 2009

① 《1882年英国票据法》(*Bills of Exchange Act* 1882)对本票的定义载于 http://www.opsi.gov.uk/RevisedStatutes/Acts/ukpga/1882/cukpga_18820061_en_5#pt4-l1g88。

Three months after date I promise to pay John Tracy or order the sum of SIXTY THOUSAND POUNDS for value received.

William Taylor

2. 银行本票

银行本票是指由银行签发的本票。在国际贸易结算中使用的本票,大都是银行本票。

**实例 5-4 银行本票[①]**

ASIAN INTERNATIONAL BANK,LTD

18 Queen's Road,Hong Kong

CASHIER'S ORDER

Hong Kong,8th August,2009

Pay to the order of Dockfield & Co.

the sum of Hong Kong Dollars Eighty Thousand and Eight Hundred only.

For Asia International Bank,Ltd.

HK ＄80 800.00

Manager

3. 国际小额本票(International Money Order)

国际小额本票是由设在货币清算中心[②]的银行作为签票行,发行该货币的国际银行本票,交给购票的记名收款人持票,邮寄给该货币所在国以外的出口商,以支付小额货款,例如样品费,出口商将本票提交当地任何一家愿意兑付的银行,经审查合格,即可垫款予以兑付。兑付行将国际小额本票寄货币清算中心的代理行,经票据交换,收进票款归垫。代理行如有签票行账户,即可借记账户归垫。

① 引自吴百福(1999),第 239 页。

② 清算中心是国际清算中货币发行国对该货币进行最终清算的所在地。如美元清算中心在纽约,英镑清算中心在伦敦,日元清算中心在东京。

## Q&A 5-3 国际小额本票 vs. 支票

**Q:**与支票相比,国际小额本票手续更复杂、成本更高。进口商为什么不使用支票而是国际小额本票支付样品费?

**A:**从出票人的信用看,国际小额本票是银行信用,支票是商业信用。从兑付时间上看,国际小额本票兑付所需时间很短,国际支票兑付所需时间较长。出口商通常接受使用国际小额本票而不是支票支付样品费。

## 实例 5-5 国际小额本票[①]

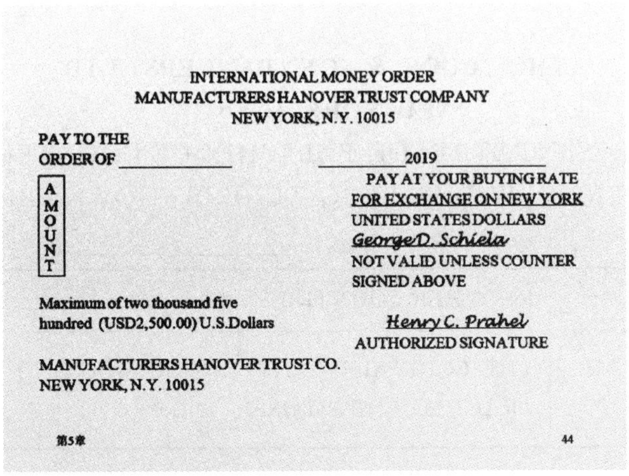
INTERNATIONAL MONEY ORDER
MANUFACTURERS HANOVER TRUST COMPANY
NEW YORK, N.Y. 10015

PAY TO THE
ORDER OF ____________ ________2019________

PAY AT YOUR BUYING RATE
FOR EXCHANGE ON NEW YORK
UNITED STATES DOLLARS
George D. Schiela
NOT VALID UNLESS COUNTER
SIGNED ABOVE

AMOUNT

Maximum of two thousand five
hundred (USD2,500.00) U.S.Dollars

Henry C. Prahel
AUTHORIZED SIGNATURE

MANUFACTURERS HANOVER TRUST CO.
NEW YORK, N.Y. 10015

第5章 44

4. 旅行支票(Traveller's Cheque)

旅行支票是由银行或专门金融机构印制,以发行机构作为最终付款人,以可自由兑换货币作为计价结算货币,有固定面额的票据。

旅行支票是一种定额本票,供旅客购买和支付旅途费用。它与一般银行汇票、支票的不同之处在于,旅行支票没有指定的付款地点和银行,一般也不受日期限制,能在全世界通用,客户可以随时在国外的各大银行、国际酒店、餐厅及其他消费场所兑换现金或直接使用,是国际旅行常用的支付凭证之一。

旅行支票具有双重性:它既是本票,又是支票。从付款人就是签发人这一点来看,旅行支票具有本票的性质。购票人在签票行存有无息存款,兑付旅行支票等于是支取此存

---

① 引自苏宗祥、徐捷(2009),第31页。

款，从这一点来看，旅行支票又具有支票的性质。

购票时购票人当着签票行职员的面，在支票上初签，然后带到国外。需要兑付时，购票人在付款代理行当着职员的面，在支票上复签，代理行核对复签与初签相符，即予付款，但要扣除贴息。由于旅行支票的兑付需要购票人在兑付行当面复签，故旅行支票的独特用途是在旅行携款中抗盗、抗遗失。

**实例 5-6　旅行支票①**

**TRAVELLERS CHEQUE FOR TWENTY DOLLARS**

\$ 20　　　　　　　　　　　　　　　　　　　　　　　　\$ 20

__________　　　　　　　　　　　　　　　　　　　____ 20 ____

COUNTER-SIGN HERE IN THE PRESENCE OF PAYING CASHIER

PLACE AND DATE

**THOS. COOK & SON (BANKERS) LTD**

**NEW YORK AGENCY**

UPON PRESENTATION OF THIS CHEQUE COUNTERSIGNED

BY THE PERSON WHOSE SIGNATURE IS SHOWN BELOW WILL

Pay to the Order of ________________

| IN UNITED STATES | IN OTHER COUNTRIES |
|---|---|
| TWENTY DOLLARS \$ 20 | THE EQUIVALENT AT BANKERS BUYING RATE FOR SIGHT DRAFTS ON NEW YORK |

SIGNATURE
OF HOLDER ________________　　For THOS. COOK & SON (BANKERS) LTD

CHAIRMAN

5. 中央银行本票(Central Banker's Notes)

中央银行本票，即纸币，俗称钞票，会计称现金。它原来是中央银行可兑换成金银铸币的不记名定额本票，后来转变成为由国家立法强制无限期流通的不兑换金银铸币(现金)的纸币，人们逐步称纸币为“现金”。

① 引自苏宗祥、徐捷(2009)，第 32 页。

## 实例 5-7 港币

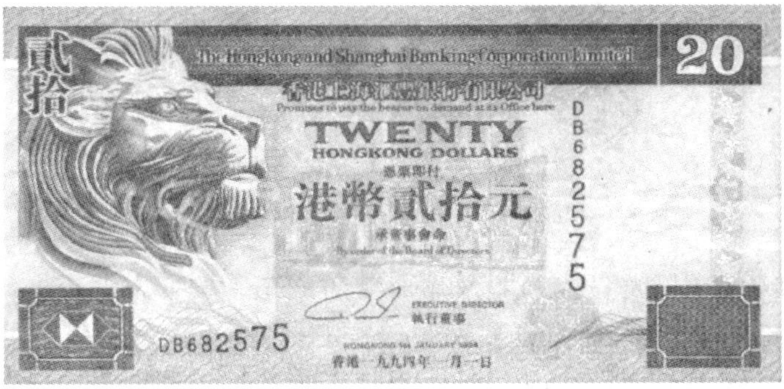


### (三)汇票、本票、支票的区别

汇票、本票和支票在票据性质、当事人、付款期限,以及是否需要承兑上存在区别,如表 5-2 所示。

**表 5-2 汇票、本票、支票对比**

| | 性质 | 当事人 | 期限 | 承兑 |
|---|---|---|---|---|
| 汇票 | 付款命令 | 出票人<br>受票人 收款人 | 即期<br>远期 | 远期要承兑 |
| 本票 | 付款承诺 | 制票人<br>⇕<br>收款人 | 即期<br>远期 | 不需承兑 |
| 支票 | 付款命令 | 存款人<br>银行 收款人 | 即期 | 不需承兑 |

# 第二节 汇款和托收

汇款和托收都是国际贸易中经常采用的支付方式。按资金的流向与支付工具的传递方向,支付方式可以分为顺汇和逆汇两种。顺汇是指资金的流动方向与支付工具的传递方向相同,汇款采用的是顺汇方法;逆汇是指资金的流转方向与支付工具的传递方向相反,托收采用的是逆汇方法。

## 一、汇款(Remittance)

### (一) 汇款的含义

汇款又称汇付,是指银行(汇出行)应汇款人的要求,以联行或代理行作为付款行(汇入行),将钱款付给收款人的一种支付方式。

### (二) 汇款的种类

汇款方式可以分为信汇、电汇和票汇三种,如表5-3所示。

表5-3 汇款的种类

| | 中文名称 | 英文名称 | 支付术语 |
|---|---|---|---|
| 通过银行划拨 | 信汇 | Mail Transfer | M/T |
| | 电汇 | Telegraphic Transfer | T/T |
| 借助银行即期汇票 | 票汇 | Remittance by Banker's Demand Draft | D/D |

### (三) 汇款的业务流程

1. 信汇

信汇(M/T)是指汇出行应汇款人的申请,将信汇委托书邮寄给汇入行,授权解付一定金额给收款人的一种汇款方式。

信汇方式的特点是费用较为低廉,但资金在途时间长,收款人收到汇款较迟。①

2. 电汇

电汇(T/T)是指汇出行应汇款人的申请,拍发加押电报、电传或SWIFT给另一国家的分行或代理行(汇入行)指示解付一定金额给收款人的一种汇款方式。

① 黎孝先(2007),第201页。

电汇方式的优点是收款人可迅速收到汇款且安全系数高，但费用也较高。[①]

信汇与电汇方式的支付流程大致相同，如图 5-2 所示。

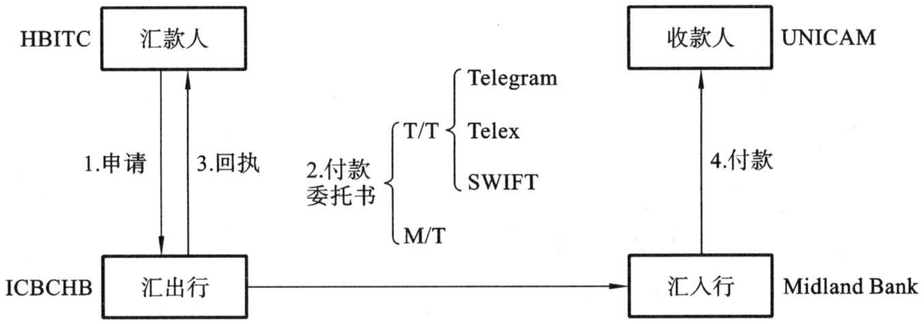


**图 5-2　M/T、T/T 业务流程**

注：(1) 以买方湖北国贸(HBITC)向卖方 UNICAM 支付 41 084.34 美元为例。

(2) Telegram：电报。

Telex：通称电传，字典称为“用户专用电报”。

SWIFT：Society of World-wide Inter-bank Financial Telecommunication，全球银行金融电讯网络。

信汇与电汇的当事人：

汇款人，图 5-2 的汇款人是买方湖北国贸公司(HBITC)；

收款人，图 5-2 的收款人是卖方 UNICAM 公司；

汇出行，即汇款人所在地银行，图 5-2 的汇出行是工商银行湖北分行(ICBCHB)；

汇入行，即收款人所在地银行，图 5-2 的汇入行是英国米德兰银行(Midland Bank)。

3. 票汇

票汇(D/D)是指汇出行应汇款人的申请，代汇款人开立以其分行或代理行为解付行的银行即期汇票(Banker's Demand Draft)，支付一定金额给收款人的一种汇款方式。

票汇与电汇、信汇的不同点在于票汇的汇入行无须通知收款人取款，而由收款人持票登门取款。这种汇票除有限制转让和流通的规定外，经收款人背书，可以转让流通，而电汇、信汇的收款人则不能将收款权转让。因此，票汇具有较大的灵活性，使用也较为方便。[②] 票汇方式的支付流程如图 5-3 所示。

票汇的当事人同信汇/电汇的当事人。

## Q&A 5-4　D/D 中汇票的当事人

**Q**：在 D/D 方式中，汇出行向汇款人出具即期银行汇票，该汇票的基本当事人分别是谁？

**A**：出票人是汇出行工商银行湖北分行(ICBCHB)，受票人是汇入行米德兰银行

① 黎孝先(2007)，第 201 页。

② 黎孝先(2007)，第 202 页。

(Midland Bank)，收款人是卖方 UNICAM 公司。

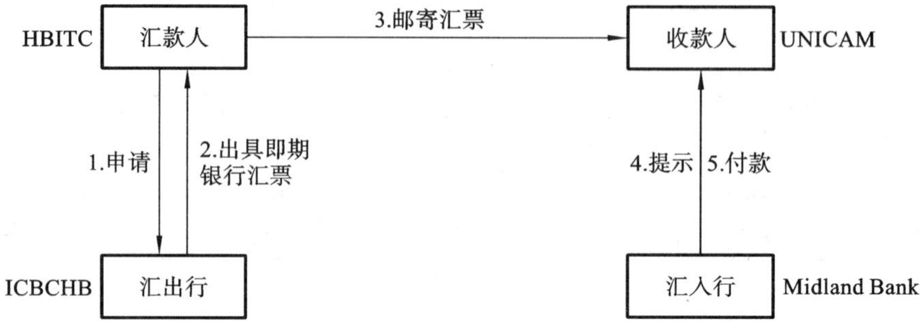


**图 5-3　D/D 业务流程**

注：以买方湖北国贸(HBITC)向卖方 UNICAM 支付 41 084.34 美元为例。

4. 三种汇款方式比较

信汇、电汇和票汇三种方式在支付工具、银行证实方式、速度、安全性、费用等方面存在不同，其比较如表 5-4 所示。

**表 5-4　M/T、T/T、D/D 的比较**

| | T/T | M/T | D/D |
|---|---|---|---|
| 支付工具 | Telegram，Telex，SWIFT | 邮寄 | 银行汇票 |
| 银行证实方式 | 密押 Test Key；SWIFT Authentication Key | 印鉴 | 印鉴 |
| 速度 | 快 | 慢 | 中 |
| 安全 | 安全 | 较安全 | 较安全 |
| 费用 | 高 | 中 | 低 |
| 能否转让 | 否 | 否 | 能 |

### (四) 汇款的特点

1. 商业信用

汇款虽是以银行为媒介进行国际结算，但银行在此过程中仅承担收付委托款项的责任，而对买卖双方在履行合同中的义务并不提供任何担保。汇款的实现，取决于工商企业和个人的信用，属于商业信用。

2. 风险大

对于货到付款的卖方或预付货款的买方来说，能否按时收款或能否按时收货，完全取决于对方的信用。如果对方信用不好，则可能钱货两空，因此，买卖双方必定有一方要承担较大的风险。这就要求经营者加强信用风险管理。

3. 资金负担不平衡

对于货到付款的卖方或预付货款的买方来说，资金负担较重，整个交易过程中需要的资金或者由卖方负担，或者由买方负担，资金负担极不平衡。

4. 手续简便与费用低廉

汇款结算的手续比较简单，银行收取的费用也较少。因此，在交易双方相互信任的情况下，或在跨国公司各子公司之间，或公司内部的贸易结算，均可以采用汇款方式。[①]

**Q&A 5-5 汇款方式的缺陷**

**Q**:汇款方式有什么缺陷？

**A**:在汇款方式下，买方向卖方支付货款与卖方向买方交付货物这两个环节互不制约，要么是预付货款，要么是货到付款。如果是预付货款，则买方存在卖方不履行交货义务的风险。反之，如果是货到付款，则卖方存在买方不履行付款义务的风险。

在金银结算中，"一手交钱、一手交货"的钱货交割方式体现了付款与交货的相互制约。把"一手交钱、一手交货"移植到票据结算中，用支付或承兑汇票与交付货运单据来相互制约，就形成跟单托收。

## 二、托收(Collection)

### (一) 简略定义

托收是指债权人开立汇票委托银行向债务人收取款项。

### (二) 托收的类别

根据委托人签发的汇票是否附带商业单据，托收可以分为光票托收和跟单托收。

光票托收(Clean Collection)是指委托人仅凭汇票而不附有商业单据的托收方式，即仅凭汇票委托银行代为收款。在国际贸易中，光票托收用于收取货款的尾数、佣金、样品费以及其他贸易从属费用等小额款项。[②]

跟单托收(Documentary Collection)是指委托人签发的汇票中附有商业单据的托收，跟单托收所附商业单据主要有提单、保险单、装箱单等。在国际贸易中，货款的收取大多采用跟单托收。在跟单托收的情况下，按照代收行向进口方交单的不同条件，可以分为付款交单和承兑交单。[③] 其中，根据付款期限的不同，付款交单又可以分为即期付款交单和远期付款交单。跟单托收的种类可以用表 5-5 来归纳。

---

① 黎孝先(2007)，第 203—204 页。

② 黎孝先(2007)，第 206 页。

③ 也分别称为凭付款交单和凭承兑交单。

表 5-5 跟单托收的类别

| 代收行向进口方交单的条件 | 英文 | 术语 | 期限 |
|---|---|---|---|
| 付款交单 | Documents against Payment | D/P | 即期 D/P at sight |
| | | | 远期 D/P××days |
| 承兑交单 | Documents against Acceptance | D/A | 远期 D/A××days |

### (三)托收的业务流程

1. 即期付款交单(D/P at sight)

即期付款交单是跟单托收的方式之一,代收行凭付款人即期付款向付款人交付单据。其业务流程如图 5-4 所示。

D/P 即期的当事人:

委托人:图 5-4 的委托人是卖方 UNICAM 公司;

付款人:图 5-4 的付款人是买方湖北国贸公司(HBITC);

托收行:图 5-4 的托收行是英国米德兰银行(Midland Bank);

代收行:图 5-4 的代收行是工商银行湖北分行(ICBCHB)。

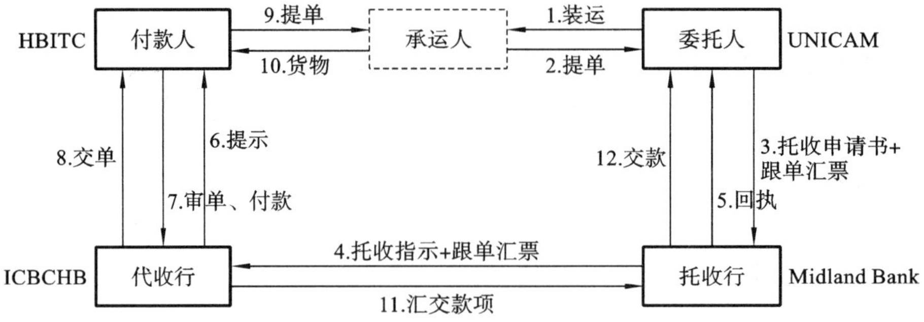


图 5-4 D/P 即期业务流程

注:(1) 以卖方 UNICAM 委托银行向买方湖北国贸(HBITC)收取 41 084.34 美元为例。

(2) 承运人不是托收业务的当事人,但由于货物的装运、提单的签发以及货物的提取均涉及承运人,故在业务流程中用虚线框表示承运人,下同。

### Q&A 5-6 D/P 中汇票的当事人

**Q:**在 D/P 方式中,委托人出具汇票,该汇票的基本当事人分别是谁?

**A:**出票人是委托人 UNICAM 公司,受票人是付款人 HBITC,收款人是委托人 UNICAM 公司。

2. 远期付款交单(D/P after sight)

远期付款交单是跟单托收的方式之一,代收行凭付款人远期付款向付款人交付单据。其业务流程如图 5-5 所示。

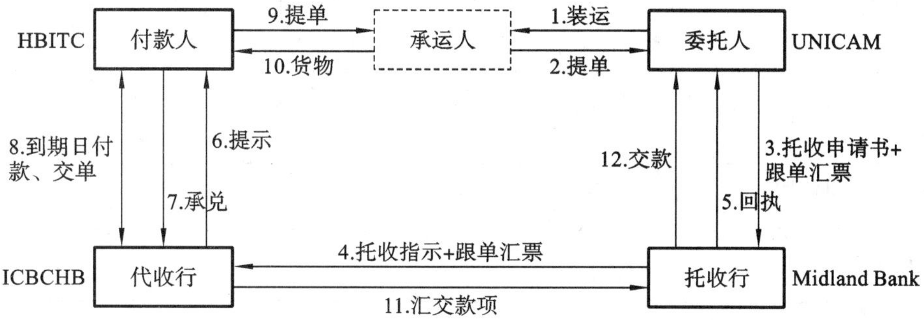


**图 5-5　D/P 远期业务流程**

注:以卖方 UNICAM 委托银行向买方湖北国贸(HBITC)收取 41 084.34 美元为例。

D/P 远期的当事人同 D/P 即期的当事人。

## Q&A 5-7　D/P 远期存在的问题

**Q:**代收行(工商银行)向付款人(湖北国贸)提示单据,付款人承兑汇票后要等到汇票到期日,例如 30 天之后,才能付款、获得单据提货。这会导致什么问题?

**A:**货物运抵目的地时,买方因未获得单据而迟迟不能提货。其后果是产生报关滞报金和额外的仓储费。

3. 承兑交单(D/A)

承兑交单是跟单托收的方式之一,代收行凭付款人承兑汇票向付款人交付单据。其业务流程如图 5-6 所示。

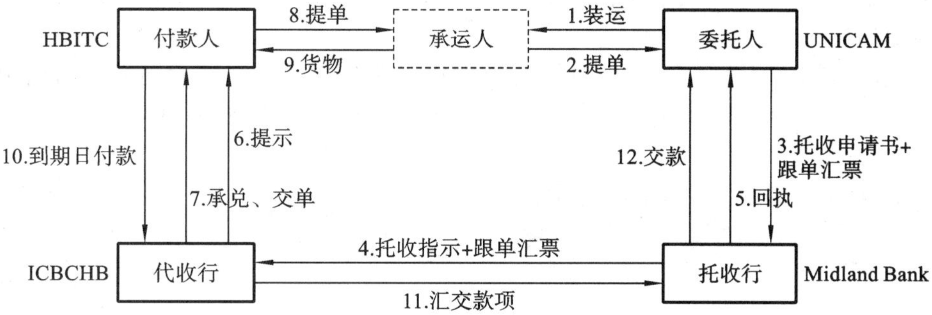


**图 5-6　D/A 业务流程**

注:以卖方 UNICAM 委托银行向买方湖北国贸(HBITC)收取 41 084.34 美元为例。

由图 5-4、5-5、5-6 可以看出，跟单托收的三种方式的区别主要是汇票期限不同、代收行向付款人的交单条件不同，以及由此造成进口方（付款人）的提货时间不同。下面假设代收行向付款人提示汇票的时间为 10 月 1 日，将 D/P 即期、D/P 远期、D/A 三种托收方式下付款人承兑、付款，代收行交单，以及付款人提货的时间比较如表 5-6 所示。

**表 5-6　D/P 即期、D/P 远期、D/A 对比**

| 托收类别 | 汇票期限 | 代收行提示/付款人见票 | 付款人承兑 | 付款人付款 | 代收行交单 | 付款人提货 |
|---|---|---|---|---|---|---|
| D/P 即期 | 即期 | 10 月 1 日 | 无 | 10 月 1 日 | 10 月 1 日 | 10 月 3 日 |
| D/P 30 天 | 见票后 30 天 | 10 月 1 日 | 10 月 1 日 | 11 月 1 日 | 11 月 1 日 | 11 月 3 日 |
| D/A 30 天 | 见票后 30 天 | 10 月 1 日 | 10 月 1 日 | 11 月 1 日 | 10 月 1 日 | 10 月 3 日 |

## Q&A 5-8　D/A 的意义

**Q**：在实际业务中，D/A 有何意义？

**A**：D/A 的意义在于，它实际上起到了为买方提供融资的作用。

买方只需承兑汇票而不必付款即可获得提单提货，然后尽快出售货物，以使在汇票的付款到期日有足够资金付款。因此，D/A 既是支付方式，也是融资方式。

但是，与 D/P 相比，D/A 的钱货制约较弱，在汇票的付款到期日，仍然存在买方拒付货款的可能性。

进出口商们自然想到对 D/A 进行改良，既保留融资作用，又增强钱货制约，这就产生了下述的 D/P·T/R。

4. D/P 远期的变形：D/P·T/R

D/P·T/R 称为远期付款交单凭信托收据借单，是指由出口人主动授权银行凭信托收据借单给进口人，进口人承兑汇票后凭信托收据先行借单提货，日后进口人到期拒付的风险由出口人自己承担。

信托收据（Trust Receipt），是进口人向代收行借单时所出具的一种书面信用担保文件，用来表示愿意以托收行的委托人身份代为提货、报关、存仓、保险或出售，并承认货物所有权仍属银行。

D/P·T/R、D/A、D/P 即期/远期的区别如表 5-7 所示。

**表 5-7　D/P·T/R、D/A、D/P 即期/远期对比**

| | D/P·T/R | D/A | D/P 即期/远期 |
|---|---|---|---|
| 交单条件 | 开立信托收据＋承兑 | 承兑 | 付款 |
| 提货时间 | 即期 | 即期 | 即期/远期 |

续表

| | D/P·T/R | D/A | D/P 即期/远期 |
|---|---|---|---|
| 付款期限 | 远期 | 远期 | 即期/远期 |
| 货物所有权 | 托收行 | 进口商 | 进口商 |
| 出口商风险 | 中 | 大 | 小 |

**(四)托收的国际惯例及其对托收的定义**

目前使用的托收国际惯例是国际商会第 522 号出版物《托收统一规则》(*Uniform Rules for Collection*,ICC Publication No. 522),也称为 URC522,1996 年开始实施。托收规则的最早版本于 1958 年制定。

Collection defined in URC522①

Article 2 Definition of Collection

For the purposes of these Articles:

a. "Collection" means the handling by banks of documents as determined in Sub-Article 2(b),in accordance with instructions received,in order to

(i) obtain payment and/or acceptance,or

(ii) deliver documents against payment and/or against acceptance,or

(iii) deliver documents on other terms and conditions.

b. "Documents"means financial documents and/or commercial documents:

(i) "financial documents" means bills of exchange,promissory notes,cheques,or other similar instruments used for obtaining the payment of money,

(ii) "commercial documents"means invoices,transport documents,documents of title or other similar documents,or any other documents whatsoever,not being financial documents.

URC522 对托收的定义:

第 2 条 托收的定义

就本条款而言,

a. 托收是指银行按照所得到的指示对第 2 条(b)款所确定的单据进行处理,以便

(i) 获得付款和/或承兑;

(ii) 凭付款和/或凭承兑交付单据;

(iii) 凭其他条款和条件交付单据。

b. 单据是指金融单据和/或商业单据:

(i) 金融单据是指汇票、本票、支票或用于获得钱款支付的其他类似工具;

(ii) 商业单据是指发票、运输单据、所有权凭证或其他类似单据,或者是不属于金融单据的其他任何单据。

① 英文定义转引自沈瑞年等人(1999),第 561—562 页。

### （五）使用托收时应注意的问题

第一，托收属于商业信用。托收虽然通过银行中介进行结算，但银行只是接受卖方的委托，按卖方的指示办事，不承担付款的责任，也不提供银行信用，卖方能否按时收款和买方能否按时提货，完全取决于买卖双方的信用。

第二，托收方式对买方有利，对卖方不利。托收方式对于卖方来说是先发货后收款，如果是承兑交单，卖方还可能要在货到后才能收回全部货款，这实际上是卖方向买方提供信用。如果买方倒闭，丧失付款能力，或者因为市场行情下跌，买方借故不履行合同，拒不付款，此时将对卖方造成较大的损失。因此，对于新客户或信誉不好的客户，不宜使用托收方式。

第三，三种交单方式中，相对而言，D/P 即期对卖方最有利，D/A 对买方最有利。因此，对于卖方而言，如果采用托收方式，也要尽量采用 D/P 即期。

#### Q&A 5-9　托收方式中钱货制约的有效性

**Q**：跟单托收较好地解决了汇款方式中钱与货不能相互制约的问题。跟单托收的钱、货制约在什么情况下有效，什么情况下失效？

**A**：跟单托收的钱、货制约在买方始终要货的情况下有效，在买方改变初衷、不再要货的情况下失效。

**Q**：什么因素会导致买方改变初衷、不再要货呢？

**A**：货物的行情下跌或者买方出现资金困难而无力支付货款等情况，都会导致买方改变初衷、不再要货。

信用证方式的出现，一方面保留了托收的钱货制约机制，另一方面使承担付款义务的当事人从贸易公司升级为信用等级更高的银行，有效规避了托收方式中钱货制约机制失效的风险。

## 第三节　信　用　证

在汇款方式中，出口商向进口商交单（交货）与进口商向出口商付款互不制约。托收克服了这一缺陷，它使代收行向进口商交单与进口商付款/承兑相互制约。但是，对出口商而言，托收仍未摆脱汇款的另一缺陷：付款人的信用基础仍是商业信用。出口商们一直在寻求新的支付方式，使得付款责任由进口商承担转变为由信用等级更高的银行来承担。

随着银行参与国际贸易结算，逐步形成了信用证的支付方式，这种支付方式实现了由银行取代进口商承担付款责任的历史性转变，保证出口商安全迅速收到货款，进口商按时收到货运单据。因此，信用证方式进一步提升了付款人的信用等级，同时也为进出口双方提供了资金融通的便利。所以，自信用证出现以来，这种支付方式发展很快，并在国际贸易中被广泛应用。现在，信用证付款已成为国际贸易中一种重要的支付方式。

## 一、信用证的简略定义

信用证的英文表述是 Letter of Credit，支付术语为 L/C。

信用证是指银行（开证行）应买卖双方中一方（申请人）的请求，开给另一方（受益人），保证在一定条件下支付确定数额钱款的凭证，其条件通常是受益人提交符合信用证条款规定的单据。

## 二、信用证的业务流程

不同类别的信用证，其业务流程在具体环节上会有所不同，但其基本流程大致相同。这里介绍最典型的即期议付信用证的业务流程，如图 5-7 所示。

即期议付信用证的当事人：

申请人：图 5-7 的申请人是买方湖北国贸公司（HBITC）；

受益人：图 5-7 的受益人是卖方 UNICAM 公司；

开证行：图 5-7 的开证行是工商银行湖北分行（ICBCHB）；

通知行：图 5-7 的通知行是英国米德兰银行（Midland Bank）；

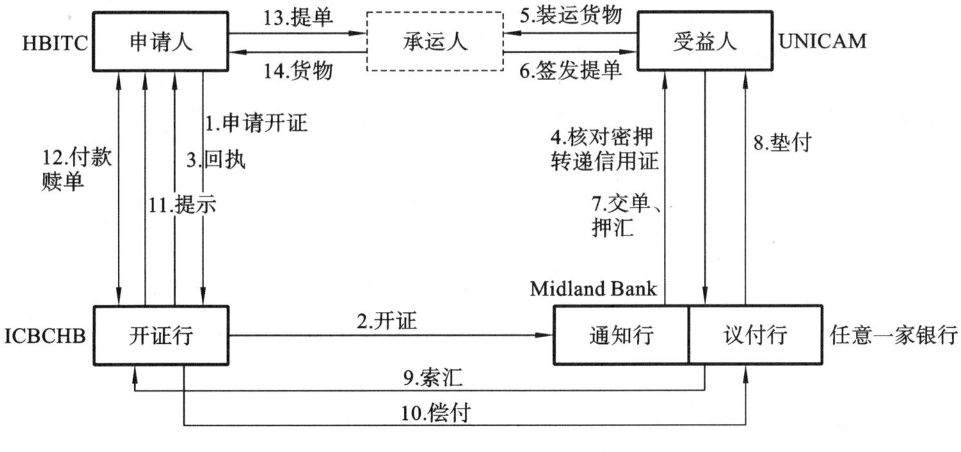


**图 5-7 即期议付信用证业务流程**

注：(1) 以买方湖北国贸（HBITC）用信用证方式向卖方 UNICAM 支付 41 084.34 美元为例。

(2) 承运人不是信用证业务的当事人，但由于货物的装运、提单的签发以及货物的提取均涉及承运人，故在业务流程中用虚线框表示承运人。

议付行：图 5-7 的议付行可以是英国任意一家银行，例如，议付行也可以是通知行，但议付行通常是受益人的往来银行。

### Q&A 5-10　通知行的作用

**Q**：为什么开证行不将信用证直接开给受益人，而要通过通知行转递？

**A**：如果开证行将信用证直接开给受益人，受益人无法识别所收到的文件是否的确来自一家银行。通知行的作用主要是核对信用证确实由开证行所开立。

### Q&A 5-11　即期议付 L/C 中汇票的当事人

**Q**：在即期议付 L/C 方式中，受益人出具即期汇票，该汇票的基本当事人分别是谁？

**A**：出票人是受益人 UNICAM 公司，受票人是开证行湖北工商银行（ICBCHB），收款人是受益人 UNICAM 公司。

## 三、信用证实例

### 实例 5-8　SWIFT 信用证[①]

| | |
|---|---|
| * Own Address: ICBKCNBJHUB | INDUSTRIAL AND COMMERCIAL BANK OF |
| * | CHINA |
| * | WUHAN |
| * | (HUBEI PROVINCIAL BRANCH) |
| * Input Message Type: 700 | ISSUE OF A DOCUMENTARY CREDIT |
| * Sent to:　MIDLGB22×××× | MIDLAND BANK PLC |
| * | LONDON |
| * | (ALL U.K. OFFICES) |
| * Priority/Obsol. Period: Normal/100 Minutes | |
| * 27　/SEQUENCE OF TOTAL | |
| *　1/2 | |

① 本书导论实例 0-1 的合同项下信用证。

* 40A /FORM OF DOCUMENTARY CREDIT
* IRREVOCABLE
* 20 /DOCUMENTARY CREDIT NO.
* LC42191103A
* 31C /DATE OF ISSUE
* 190226
* 19-02-26
* 40E APPLICALBLE RULES
UCP LATEST VERSION
* 31D /DATE AND PLACE OF EXPIRY
* 190515 IN U. K.
* 19-05-15
* 50 /APPLICANT
* HUBEI PROVINCIAL INTERNATIONAL
* TRADE CORPORATION
* 4,JIANGHAN BEILU,WUHAN,CHINA
* 59 /BENEFICIARY-NAME & ADDRESS
* UNICAM LIMITED ATOMIC ABSORPTION
* PO BOX 207,YORK STREET,CAMBRIDGE
* CB1 2SU ENGLAND
* FAX:01223 374437 TEL:01223 358866
* 32B /CURRENCY CODE,AMOUNT
* USD41 084. 34
* US Dollar
* 41 084. 34
* 41D /AVAILABLE WITH.../BY-NAME,ADDRESS
* ANY BANK
* BY NEGOTIATION
* 42C /DRAFTS AT
* SIGHT FOR 100 PCT OF THE INVOICE VALUE
* 42A /DRAWEE-BIC
* ICBKCNBJHUB
* INDUSTRIAL AND COMMERCIAL BANK OF CHINA
* WUHAN
* (HUBEI PROVINCIAL BRANCH)
* 43P /PARTIAL SHIPMENTS
* NOT ALLOWED
* 43T /TRANSSHIPMENT

*　　ALLOWED
*44E　/PORT OF LOADING/AIRPORT OF DEPARTURE
*　　MAIN BRITISH AIRPORTS
*44F　/PORT OF DISCHARGE/AIRPORT OF DESTINATION
*　　WUHAN AIRPORT CHINA
*44C　/LATEST DATE OF SHIPMENT
*　　190430
*　　19-04-30
*45A　/DESCR GOODS AND/OR SERVICES
*　　COMMODITY
*　　989 AA SPECTROMETER AND ACCESSORIES ONE SET USD28 000.00
*　　CATALOG NUMBER 942339692352
*　　HELOIS ALPHA PRISM SYSTEM SPECTROMETER ONE SET USD8 000.00
*　　AND ACCESSORIES
*　　P/N 9423UVA1000E
*　　HELOIS GAMMA UV-VISIBLE SPECTROMETER ONE SET USD5 084.34
*　　P/N 9423UVG1000E
*　　TOTAL:　USD41 084.34
*　　CIP WUHAN AIRPORT INCOTERMS 2010, PACKING CHARGES INCLUDED.
*　　PACKING: BY STANDARD EXPORT PACKING
*　　MANUFACTURER: UNICAM LIMITED, U.K.
*　　SHIPPING MARK: 19FGQM49-9001CE(LZH) / WUHAN CHINA
*71B　/CHARGES
*　　ALL BANKING CHARGES AND INTEREST
*　　IF ANY OUTSIDE THE OPENING BANK
*　　WILL BE BORNE BY THE BENEFICIARY
*48　/PERIOD FOR PRESENTATION
*　　15 DAYS
*49　/CONFIRMATION INSTRUCTIONS
*　　WITHOUT
*78　/INSTRUCTIONS TO PAY/ACC/NEG BK
*　　ALL DOCUMENTS MUST BE FORWARDED TO INDUSTRIAL N
*　　COMMERCIAL BANK OF CHINA HUBEI PROVINCIAL BRANCH HANKOU
*　　OFFICE ADD: 1/F., JINMAO BLDG. 4 NORTH JIANGHAN ROAD HANKOU,
*　　CHINA IN ONE COVER UPON RECEIPT OF DOCUMENTS DRAWN IN
*　　COMPLIANCE WITH TERMS AND CONDITIONS OF THE CREDIT, WE
*　　SHALL REIMBURSE YOU BY T/T ACCORDING TO YOUR INSTRUCTIONS.

```
*72    /SENDER TO RECEIVER INFORMATION
*       /TELEBEN/
*27    /SEQUENCE OF TOTAL
*       2/2
*20    /DOCUMENTARY CREDIT NO.
*       LC42111103A
*46B   /DOCUMENTS REQUIRED
*     +SIGNED COMMERCIAL INVOICE IN 4 COPIES MENTIONING CONTRACT
*       NO.19FGQM49-9001CE(LZH)AND L/C NO.42191103A.
*     +AIR WAYBILLS SHOWING FREIGHT PREPAID INDICATING FREIGHT
*       AMOUNT AND CONSIGNED TO APPLICANT.
*     +INSURANCE POLICY/CERTIFICATE IN 2 FOR 110 PCT OF THE INVOICE
*       VALUE SHOWING CLAIMS PAYABLE IN CHINA IN CURRENCY OF THE
*       DRAFT,BLANK ENDORSED,COVERING AIR TRANSPORTATION ALL
*       RISKS.
*     +PACKING LIST/WEIGHT MEMO IN 4 COPIES INDICATING
*       QUANTITY/GROSS AND NET WEIGHTS OF EACH PACKAGE AND
*       PACKING CONDITIONS AS CALLED FOR BY THE L/C.
*     +CERTIFICATE OF QUALITY IN 2 COPIES ISSUED BY MANUFACTURER.
*     +BENEFICIARY'S CERTIFIED COPY OF FAX DISPATCHED TO THE
*       ACCOUNTEES WITHIN 24 HOURS AFTER SHIPMENT ADVISING AWB NO.
*       SHIPPING DATE,CONTRACT NO.
*47A   /ADDITIONAL CONDITIONS
*     +A FEE OF USD60.00 (OR EQUIVALENT IN OTHER CURRENCY)WILL BE
*       DEDUCTED FROM THE PROCEEDS OF DRAWING FOR EACH SET OF
*       DOCS PRESENTED WITH DISCRIPANCY(IES).
*     +DOCUMENTS ISSUED EARLIER THAN L/C ISSUING DATE ARE NOT
*       ACCEPTABLE.
```

## 四、信用证的基本内容

不同方式开立的信用证，其形式和格式有所区别，但都包含以下基本内容：

（1）对信用证本身的说明，包括信用证的种类、信用证号码、信用证的金额、信用证有效期限和地点、交单期限；

（2）对当事人的规定，明确申请人、受益人、开证行、指定行，说明对议付行有无限制；

（3）对货物的要求，明确品名、品质、数量、包装、价格；

(4) 对运输的要求,规定装运期限、装运港(地)、目的港(地)、是否允许分批装运、是否允许转运;

(5) 对单据的要求,包括发票、装箱单、运输单据、保险单(CIF 条件下)、品质证、产地证、装运通知副本,等等;

(6) 信用证所适用的国际惯例。

## 五、信用证的开立方式

1. 信开信用证(To open by airmail)

这种信用证一般先用纸张打印出来并由开证行签字盖章以后,用邮寄的方式送达通知行。

2. 电开信用证(To open by cable,telex,or SWIFT)

这种信用证主要通过电传或电讯两种方式,由开证行发送给通知行。

(1) 简电本(Brief Cable)。

只列明内容梗概的信用证开立通知书,只作参考,不能作正式有效的信用证。这里的"Cable"实际上已经成为"概念意义上的电报"了,进入 20 世纪 90 年代以后,电报基本上已不在国际贸易中使用了,信用证业务主要采用电传(Telex)和电讯(SWIFT)方式传递。但是,人们习惯上仍然沿用"电报"这种称谓。根据 UCP 600 第 11 条规定,银行一旦向通知行发出了开立信用证的通知书,它随后就必须不可撤销地开立相关的信用证,而且信用证的内容不得与通知书相矛盾。所以,在信用证业务中,那种先说了要开立,随后又因故不予开立信用证的现象是根本不存在的,也是国际惯例所不允许的。①

(2) 全电本(Full Cable)。

开证行以电讯方式开证,把信用证全部条款传递给通知行。全电本是一个内容完整的信用证,是受益人向银行交单以支取款项的依据。

(3) SWIFT 信用证。

SWIFT 是"全球银行金融电信协会"(Society for Worldwide Interbank Financial Telecommunication)的简称,于 1973 年在比利时布鲁塞尔成立。该组织设有自动化的国际金融电信网,该协会的成员银行可以通过该电信网办理信用证业务以及外汇买卖、证券交易、托收等。凡参加 SWIFT 组织的成员银行,均可使用 SWIFT 办理信用证业务,其安全性较普通电信方式高。

凡按照国际商会所制定的电讯信用证格式,利用 SWIFT 系统设计的特殊格式(Format),通过 SWIFT 系统传递的信用证的信息(Message),即通过 SWIFT 开立或通知的信用证称为 SWIFT 信用证,也有称为"全银电协信用证"的。采用 SWIFT,必须遵守 SWIFT 使用手册的规定,使用 SWIFT 手册规定的代号(Tag),因而 SWIFT 具有标准化、固定化和格式统一的特性,且传递速度快捷,成本也较低。②

SWIFT 信用证报文(Text)由一些项目(Field)组成,每一种报文格式(Message

---

① 田运银(2007),第 151 页。

② 黎孝先(2007),第 219 页。

Type,MT)规定由哪些项目组成,每一个项目又严格规定由多少字母、多少数组或多少字符组成。

在一份 SWIFT 信用证报文中,有些规定项目是必不可少的,称为必选项目(Mandatory Field,M);有些规定项目可以由操作员根据业务需要确定是否选用,这些项目称为可选项目(Optional Field,O)。[①]

现将 SWIFT 信用证 MT 700 报文格式各项栏目名称及其 Tag 代号和相关说明列表如表 5-8 所示。

**表 5-8 SWIFT 信用证 MT 700 报文格式**

| M/O | Tag 代号 | Field Name 栏目名称 | | Explanation 说明 |
|---|---|---|---|---|
| M | 27 | Sequence of total | 报文页次 | "1/2"字样表明"该证共有2页,这是其中的第1页" |
| M | 40A | Form of Credit | 跟单信用证形式 | 一般为不可撤销跟单信用证 |
| M | 20 | Documentary credit number | 跟单信用证号码 | |
| O | 23 | Reference to Pre-advice | 预先通知编号 | |
| O | 31C | Date of issue | 开证日期 | |
| M | 40E | Applicable Rules | 适用规则 | 跟单信用证遵循的规则 |
| M | 31D | Date and place of expiry | 信用证的到期日及到期地点 | 事实上就是受益人的最迟交单日期和交单地点 |
| O | 51a | Applicant Bank | 开证申请人的银行 | 当开证行和开证申请人的银行不是同一家银行时,该项目要列明 |
| M | 50 | Applicant | 开证申请人名称及地址 | |
| M | 59 | Beneficiary | 受益人的名称及地址 | |
| M | 32B | Currency code,amount | 信用证的币种代码及金额 | |
| O | 39A | Percentage credit amount tolerance | 信用证金额上下浮动最大允许范围 | "05/05"字样表示"允许上下浮动5%" |
| O | 39B | Maximum Credit Amount | 信用证金额最高限额 | |

① 苏宗祥、徐捷(2008),第398—399页。

续表

| M/O | Tag 代号 | Field Name 栏目名称 | | Explanation 说明 |
|---|---|---|---|---|
| O | 39C | Additional Amounts Covered | 信用证涉及的附加金额 | |
| M | 41a | Available with... by... | 兑付银行及信用证兑付方式 | “available with ＊＊Bank”或“any bank”；by 后面接付款方式，如“即期付款”、“延期付款”、“承兑”或“议付”等 |
| O | 42C | Drafts at... | 汇票的付款期限 | |
| O | 42a | Drawee | 汇票的付款人 | |
| O | 42M | Mixed Payment Details | 混合付款细节 | |
| O | 42P | Deferred Payment Details | 迟期付款细节 | |
| O | 43P | Partial shipments | 分批装运条款 | |
| O | 43T | Transshipment | 转运条款 | |
| O | 44A | Place of Taking in Charge/Dispatch from.../Place of Receipt | 接管地/发运地/收货地 | |
| O | 44E | Port of Loading/Airport of Departure | 装货港口/起飞航空港 | |
| O | 44F | Port of Discharge/Airport of Destination | 卸货港/目的地航空港 | |
| O | 44B | Place of Final Destination/For Transportation to.../Place of Delivery | 货物发运最终目的地/转运至……/交货地 | |
| O | 44C | Latest date of shipment | 最迟装运日期 | |
| O | 44D | Shipment Period | 装运期 | |
| O | 45A | Description of goods and/or services | 信用证项下的货物或服务的描述 | |
| O | 46A | Documents required | 信用证所需单据 | |
| O | 47A | Additional condition | 附加条款 | 通常是对受益人的补充要求 |
| O | 71B | Charges | 需由受益人承担的费用 | 如无此项，就表示除议付费和转让费外，其余概由开证申请人承担 |

续表

| M/O | Tag 代号 | Field Name 栏目名称 | | Explanation 说明 |
|---|---|---|---|---|
| O | 48 | Period of presentation | 交单期限 | 受益人向银行提交单据的时限 |
| M | 49 | Confirmation instruction | 保兑指示 | |
| O | 53a | Reimbursing bank | 偿付行 | |
| O | 78 | Instruction to the paying/accepting/negotiating bank | 开证行对付款行、承兑行或议付行的指示 | |
| O | 57a | Advise through... Bank | 通知行 | 此证将通过收报以外的其他银行通知给受益人 |
| O | 72 | Sender to receiver information | 附言 | |

资料来源：根据苏宗祥、徐捷(2008，第400—401页)和田运银(2007，第152—153页)整理。

## 六、信用证的类别

### (一) 按信用证所要求的单据区分

(1) 跟单信用证(Documentary Credit)，指信用证要求的单据中包括货运单据的信用证。目前在国际贸易中使用的信用证大部分都是跟单信用证。

(2) 光票信用证(Clean Credit)，信用证要求的单据中不包括货运单据。在采用信用证方式预付货款时，通常使用光票信用证。①

### (二) 按开证行能否单方面修改或取消信用证区分

(1) 可撤销信用证(Revocable L/C)，是指在信用证的有效期内，开证行能单方面修改或取消信用证，一般会在信用证上标明"Revocable"或者"This credit is subject to cancellation at any time without prior notice to you."这种类型的信用证对受益人不利，因此，在国际贸易中极少使用可撤销信用证，而 UCP 600 也删除了可撤销信用证的概念及其有关规定。

(2) 不可撤销信用证(Irrevocable L/C)，是指在信用证的有效期内，未经受益人及有关当事人的同意时，开证行不得单方面修改或取消信用证，只要受益人提供的单据符合信用证条款，开证行必须履行付款义务。根据 UCP 600 的规定，所有信用证皆不可撤销。

### (三) 按是否另有银行为开证行的付款责任进行担保区分

(1) 保兑信用证(Confirmed L/C)，是指在开证行开立信用证之后，有另一家银行保证对符合信用证条款的单据履行付款义务。对信用证加保兑的银行，称为保兑行(Confirming Bank)。保兑行一旦做出保兑，就和开证行一样承担第一性的付款责任，且保兑

① 黎孝先(2007)，第221页。

行在承付或议付后,对受益人或其他前手银行无追索权。对于受益人而言,保兑信用证相当于提供了一个"双保险",开证行和保兑行同时提供银行信用,承担第一性的付款责任。由于开证行一般是买方所在地的银行,卖方对开证行的信用并不了解,因此,当受益人对开证行的信用有疑虑时,一般使用保兑信用证。

(2) 无保兑信用证(Unconfirmed L/C),是指在开证行开立信用证后,没有另一家银行进行保兑,由开证行独自承担第一性的付款责任。

在 SWIFT 信用证中,是否加具保兑要在第 49 栏(TAG-49)"Confirmation instruction"(是否加具保兑)中注明。

**(四) 按兑付方式区分**

(1) 议付信用证(Credit (available) by Negotiation),是指开证行在信用证中邀请其他银行充当议付行,即对受益人提交的单据审核无误后,买入汇票及/或单据的信用证。根据 UCP 600 第二条的规定,议付是指指定银行在相符交单下,在其应获偿付的银行工作日当天或之前向受益人预付或者同意预付款项,从而购买汇票(其付款人为指定银行以外的其他银行)及/或单据的行为。议付行一般是受益人所在地的银行,其议付行为相当于为开证行垫付信用证金额。议付行兑付信用证款项后,如果因故遭到开证行的拒绝偿付,议付行对受益人有追索权。

(2) 付款信用证(Credit (available) by Payment),是指开证行或其指定行只凭受益人按信用证规定提交的单据付款,一般不需要汇票。此时,指定行并不为开证行垫款,且兑付信用证款项后,对受益人无追索权。

(3) 承兑信用证(Credit (available) by Acceptance),是指当受益人向开证行或其指定行开具远期汇票并提示汇票或单据时,开证行或其指定行审单无误后即行承兑,并于汇票到期日付款的信用证。

议付信用证、付款信用证和承兑信用证三者的区别如表 5-9 所示。

**表 5-9 议付信用证、付款信用证和承兑信用证比较**

| | 议付信用证 | 付款信用证 | 承兑信用证 |
|---|---|---|---|
| 兑付行 | 议付行 | 开证行/指定行 | 开证行/指定行 |
| 兑付行是否为开证行垫款 | 是 | 否 | 否 |
| 兑付行对受益人有无追索权 | 有 | 无 | 无 |
| 单据中有无汇票 | 必须有汇票 | 不必含有汇票,即使有,汇票也只是附加单据 | 必须有远期汇票 |
| 汇票受票人 | 开证行/指定行 | 不限 | 开证行/指定行 |

**(五)根据付款期限区分**

(1) 即期信用证(Sight Credit),是指在受益人提交符合信用证规定的单据后,付款行(开证行、指定银行或议付行)即期付款的信用证。即期信用证包括即期付款信用证和即期议付信用证两种。

(2) 远期信用证(Usance Credit),是指在受益人提交符合信用证规定的单据后,付款行(开证行、指定银行或议付行)并不立即付款,而是在付款期限到期以后才付款的信用证。

远期信用证包括延期付款信用证、承兑信用证和远期议付信用证三种。其中,延期付款信用证项下的票据不能贴现。根据贴现利息由谁承担,承兑信用证和远期议付信用证又可分为买方远期信用证和卖方远期信用证。买方远期信用证由买方承担贴现利息,卖方远期信用证由卖方承担贴现利息。

买方远期信用证,又称为“假远期信用证”,是指卖方开立远期票据,付款行立即向卖方支付足额货款,但并不立即通知买方支付货款,付款期限到期后,买方才向付款行支付货款及到期利息。在假远期 L/C 中,贴现时利息由买方负担,卖方按即期方式获得票面金额,因此,假远期信用证实质上对买方来说是远期,而对卖方来说是即期。一般而言,当开证行不能即期垫付,买方也没有即期支付能力时,使用假远期信用证。

卖方远期信用证,又称为“真远期信用证”,银行只有在付款期限到期以后才向受益人或汇票的善意持有人支付款项。如果受益人(卖方)向银行贴现远期汇票,需要由卖方自己承担贴现利息。假远期信用证、即期信用证、真远期信用证的对比如表 5-10 所示。

**表 5-10 假远期 L/C、即期 L/C、真远期 L/C 对比**

| | 假远期 L/C | 即期 L/C | 真远期 L/C |
|---|---|---|---|
| 汇票期限 | 远期 | 即期 | 远期 |
| 兑付期限 | 即期<br>提前 | 即期 | 即期<br>提前 |
| 兑付金额 | 全额 | 全额 | 扣除贴息 |
| 贴现利息由谁承担 | 申请人(买方) | 无贴现利息 | 受益人(卖方) |
| 申请人付款赎单期限 | 远期 | 即期 | 远期 |

### (六)出现第二受益人的信用证

当中间商需要对进口商和供货商实行信息隔离时,使用有第二受益人的信用证,分为可转让信用证(Transferable Credit)和背对背信用证(Back-to-Back Credit)两种。

(1) 可转让信用证是指开证行允许被指定的转让行在受益人的要求下,将信用证部分或全部转让给一个或多个第二受益人使用的信用证。

除下列条款外,转让证的条款与原证相同:①信用证总金额和货物单价可比原证减少;②信用证效期、装期和交单期限可比原证提早和缩短;③投保的比例可比原证提高;④转让证的申请人可改为原证的受益人。

可转让信用证的业务流程如图 5-8 所示。

(2) 背对背信用证是指出口商将以自己为受益人的信用证作为担保,要求银行开立以供货商为受益人的信用证。

背对背信用证的条款应该与原证相似,但下列条款可与原证不同:①信用证总金额和货物单价可比原证减少;②信用证效期、装期和交单期限可比原证提早和缩短;③投保的比例可比原证提高;④背对背信用证的申请人可改为原证的受益人。

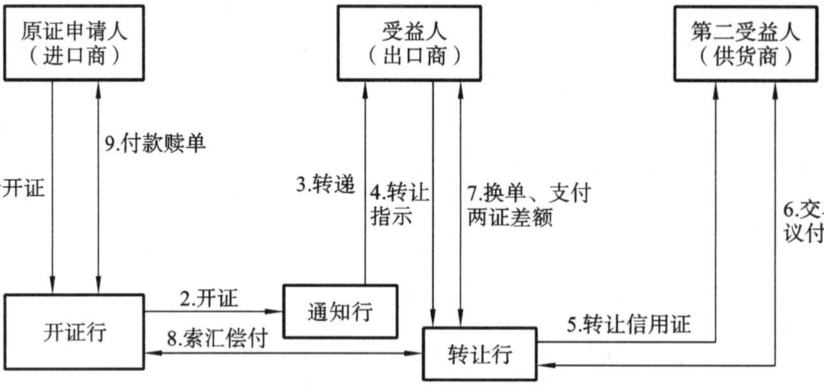


**图 5-8　可转让信用证业务流程**

背对背信用证的业务流程如图 5-9 所示。

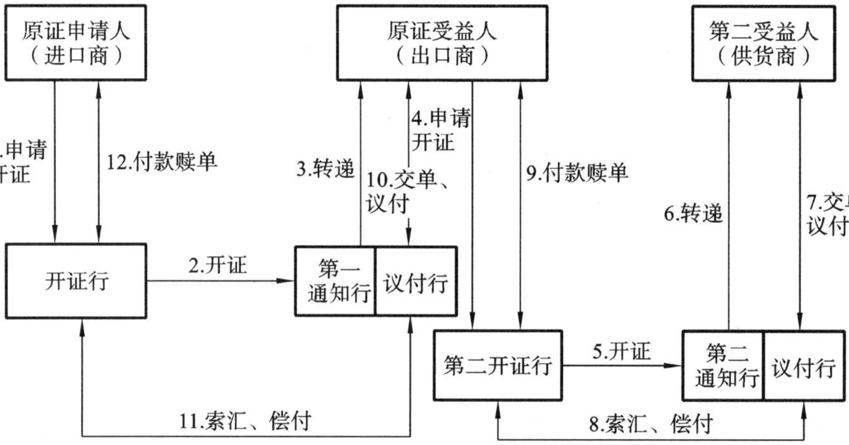


**图 5-9　背对背信用证业务流程**

转让信用证与背对背信用证的区别如表 5-11 所示。

**表 5-11　转让信用证与背对背信用证的区别**

| | 转让信用证 | 背对背信用证 |
|---|---|---|
| 与原证的关系 | 转让的信用证是原证的延展 | 背对背信用证与原证是两个独立的信用证 |
| 开证行 | 同为原证开证行 | 两个不同的开证行 |
| 前提 | 原证必须是可转让的 | 第二开证行接受开证 |
| 信用证条款是否受 UCP 600 第 38 条约束 | 是 | 否 |
| 付款责任 | 转让行不必承担付款责任 | 第二开证行承担独立的付款责任 |
| 中间商角色 | 第一受益人 | 原证受益人，第二证申请人 |

续表

| | 转让信用证 | 背对背信用证 |
|---|---|---|
| 进口商与第二受益人之间的信息隔离程度 | 部分隔离 | 完全隔离 |

**（七）循环信用证**(Revolving Credit)

循环信用证是指，信用证的金额在部分或全部使用后，能恢复到原金额，并能循环多次使用，直至达到信用证规定的循环次数、时间或累积金额为止。在普通信用证的基础上增加一条“循环条款”，就可以实现循环。

一般而言，如果同一份买卖合同项下分批交货，前后跨越时间较长，或累积金额较大时，可以使用循环信用证。循环信用证可以避免信用证保证金的利息损失（跨越时间长）、减少保证金金额（累积金额较大）。

1. 按时间循环

按时间循环的信用证是指信用证上规定受益人每隔某一段时间，可循环使用信用证上规定的金额。

循环条款举例：

This credit is available for up to USD15 000 per month during January 2002 to May 2002. The aggregate amount under this credit is USD75 000.

信用证在 2002 年 1 月至 2002 年 5 月，本信用证每月兑付金额达 USD15 000。本信用证总金额为 USD75 000。

2. 按金额循环

按金额循环的信用证是指信用证项下的钱款付给受益人后，信用证恢复到原来的金额供受益人再度使用。按金额循环的信用证又可分为全自动循环、半自动循环和非自动循环三种。

(1) 全自动循环，是指信用证项下的钱款付给受益人后，不需要开证行通知，信用证自动恢复到原始金额。例如：

The amount of credit (USD15 000)shall be renewable twice automatically after date of negotiation,thus making an aggregate amount of USD45 000.

信用证金额（USD15 000）议付之日后自动恢复两次，总金额达 USD45 000。

(2) 半自动循环，是指信用证项下的钱款付给受益人后若干天内，如开证行未提出终止循环的通知，则信用证恢复到原始金额。例如：

Should the Negotiating Bank not be advised of stopping renewal within 7 days after each negotiation,the amount of this credit shall be increased to the original amount on the 8th day after each negotiation.

若每次议付后 7 日内议付行未获通知停止循环，则每次议付后第 8 日信用证金额增至原始金额。

(3) 非自动循环，是指信用证项下的钱款付给受益人后，需要得到开证行的通知，信

用证才恢复到原始金额。例如:

The amount of credit shall be renewal after each negotiation only upon receipt of issuing bank's notice stating that credit might be renewal.

每次议付后,只有收到开证行通知、表明信用证可以恢复金额,信用证金额才能恢复。

如果按照是否能够累积循环,循环信用证又可分为累积循环信用证和非累积循环信用证。累积循环信用证是指,不论是按时间还是按金额循环,凡是上次未用完的信用证余额,都可以移到下次一并使用的信用证。非累积循环信用证是指,凡是上次未用完的信用证余额不能移到下次一并使用的信用证。

需要说明的是,是否累积循环与按时间循环和按金额循环是可以结合在一起的,二者并不是两种彼此独立的循环方式。

**例 5-3** 累积、按时间循环信用证

This credit is revolving at USD100 000 covering shipment of ____ per calendar month cumulative operation from January 2010 to June 2010 inclusive up to a total of USD600 000.

本信用证循环金额为 USD100 000 装运____按历月累积循环,自 2010 年 1 月至 2010 年 6 月(含 1 月和 6 月)直至总金额 USD600 000。

**例 5-4** 非累积、按金额循环信用证

This credit is revolving for three shipments only. Each shipment should be effected at one month interval. The amount of each shipment is not exceeding USD50 000. The total value of this revolving credit does not exceed USD150 000. The unused balance of each shipment is not cumulative to the following shipment.

本信用证金额仅供三次装运循环。各次装运时间间隔一个月。每次装运金额不超过 USD50 000。本循环信用证的总金额不超过 USD150 000。每次装运的未用余额不得累积到下次装运。

## 七、信用证的国际惯例

随着国际贸易的发展,有关信用证使用过程中相关当事人之间的争议和纠纷经常发生,为此,国际商会为了规范信用证的使用,减少因解释不同而引起的纠纷,拟定了《跟单信用证统一惯例》,其最早版本于 1929 年制定。随着科学技术的发展和国际贸易方式的演变,国际商会也对《跟单信用证统一惯例》进行多次修改,目前采用的是《跟单信用证统一惯例》国际商会第 600 号出版物(*Uniform Customs and Practice for Documentary Credits*,ICC Publication No. 600),简称 UCP 600,由国际商会于 2006 年制定,2007 年开始实施。

UCP 600 的适用范围体现在以下三个方面:

第一,UCP 600 适用于跟单信用证。单据泛指信用证所要求的任何单据(如产地证、装箱单等),并不仅仅限于货运单据(如提单等)。

第二,UCP 600 属国际惯例性质。

第三，在开证行选择 UCP 600 的情况下，除非信用证另有规定，UCP 600 的条款对信用证各当事人都有约束力。

## UCP 600 对信用证的定义[①]

Article 2　Definitions

For the purposes of these rules,

...

***Credit*** means any arrangement, however named or described, ***that is irrevocable*** and thereby constitutes a definite undertaking of the issuing bank to ***honour a complying presentation.***

***Honour*** means:

a. to pay at sight if the credit is available by sight payment.

b. to incur a deferred payment undertaking and pay at maturity if the credit is available by deferred payment.

c. to accept a bill of exchange ("draft") drawn by the beneficiary and pay at maturity if the credit is available by acceptance.

**Issuing bank** means the bank that issues a credit at the request of an applicant or on its own behalf.

***Complying presentation*** means a presentation that is in accordance with the terms and conditions of the credit, the applicable provisions of these rules and international standard banking practice.

**Applicant** means the party on whose request the credit is issued.

**Beneficiary** means the party in whose favour a credit is issued.

第二条　定义

就本惯例而言，

……

信用证是指一项不可撤销的安排，不论其名称或描述如何，该项安排构成开证行对相符交单予以承付的确定承诺。

承付是指：

a. 即期付款，若信用证以即期付款方式兑用。

b. 承诺延期付款并于到期日付款，若信用证以延期付款方式兑用。

c. 承兑由受益人出具的汇票并于到期日付款，若信用证以承兑方式兑用。

开证行是指按照申请人的要求或以自己的名义开立信用证的银行。

相符交单是指符合信用证的条款条件、本惯例的适用条款以及国际标准银行实务的交单。

申请人是指要求开立信用证的当事人。

---

① 英文定义引自国际商会中国国家委员会(2007)。

受益人是指接受信用证并享受其利益的当事人。

在对信用证的定义上，UCP 600 对 UCP 500 有所保留，也进行了更新。主要体现在：第一，UCP 500 定义中银行信用证、双名信用证、不称为信用证的信用证这三项要素在 UCP 600 定义中仍然保留。第二，UCP 500 在定义中将信用证分类为付款信用证、承兑信用证和议付信用证；而 UCP 600 则在第六条“兑用方式、截止日和交单地点”中将信用证分类为付款信用证、承兑信用证和议付信用证。

## 八、信用证方式的特点

信用证支付方式具有以下特点和性质：

(1) 信用证是一种银行信用，开证行承担第一性而且是独立的付款责任。

(2) 信用证是一项自足文件。信用证虽然是根据买卖合同开立的，但信用证一经开出，就成为独立于买卖合同以外的一项约定。

(3) 信用证是一种单据买卖，各有关当事人处理的是单据，而不是货物、服务和/或其他行为。银行只负责审核单证、单单之间的表面相符。

单证相符是指单据符合信用证条款的规定。单单相符是指单据之间不发生矛盾。表面相符是指单据从表面上看符合规定或没有矛盾，对其实际上的真伪不予深究。例如，如果信用证要求厂商出具品质证书，那么，只要交付的单据中有看起来是厂商出具的品质证书即可，银行并不深究这份品质证书是否确系该厂商所签发。

综上所述，信用证方式继承了托收方式中银行向买方交单，受买方付款/承兑的制约，实现了由银行取代进口商承担付款责任的重要转变。汇款、跟单托收和跟单信用证这三种支付方式的对比如表 5-12 所示。

**表 5-12　汇款、托收、信用证对比**

| | 汇款 | 跟单托收 | 跟单信用证 |
|---|---|---|---|
| 付款人的信用属性 | 商业信用 | 商业信用 | 银行信用 |
| 支付工具流向与款项流向 | 一致，顺汇 | 相反，逆汇 | 相反，逆汇 |
| 向买方交单与买方付款是否相互制约 | 否 | 是 | 是 |
| 买方风险 | 预付：大<br>赊账：无 | 中 | 大 |
| 卖方风险 | 预付：无<br>赊账：大 | 中 | 小 |
| 卖方资金周转 | 预付：快<br>赊账：慢且把握性小 | 可预期但把握性较小 | 可预期且把握性大 |

## 第四节 银行保函和备用信用证

### 一、银行保函(Letter of Guarantee)

**(一) 定义**

银行保函的英文表述是 Banker's Letter of Guarantee,术语是 L/G。

银行保函是银行或其他金融机构(担保人),应某一交易的一方当事人(委托人)的申请,向另一方当事人(受益人)开立的书面担保凭证,保证在委托人未能履行其义务的情况下,由担保人承担一定金额的支付责任或赔偿责任。

**(二) 银行保函的基本当事人**

委托人(Principal),也称申请人(Applicant),即向银行提出申请,要求银行开立保函的当事人。

受益人(Beneficiary),即接受保函、有权按保函条款的规定向担保银行提出索赔的当事人。

担保人(Guarantor),即接受委托人的申请或委托向受益人开立保函的银行。

**(三) 保函属性**

保函属性,是指保函与其所依凭的基础合约的关系。保函的不同属性决定保函具有不同的法律效力。保函属性分为独立性和从属性。

(1) 从属性保函(Accessory Guarantee)是指保函是依附于基础合约的附属性契约,其法律效力随基础合约的存在而存在,随基础合约的变更而变更。担保人可以凭委托人对受益人的抗辩理由来对抗受益人的索赔。担保人承担第二性的付款责任。从属性使担保人易于卷入基础合约的商业纠纷。

(2) 独立性保函(Independent Guarantee)是指保函与其所依据的基础合约是相互独立的文件,具有各自独立的法律效力。担保人承担第一性的付款责任。

独立性保函的特性体现在以下三个方面:第一,独立性保函是一项自足文件;第二,担保人处理的只是保函所规定的单据,而不是基础合约是否履行或其他事实;第三,独立性保函通常标明是不可撤销的和无条件的。

**(四) 银行保函的主要内容**

(1) 基本当事人:包括委托人、受益人、担保人等。

(2) 开立保函的依据:基础合同、标书、协议的号码、日期等。

(3) 担保金额:担保的最高限额,必须有确定的金额,一般为项目标的总额的3%—5%。

(4) 要求付款的条件:法院判决书、仲裁裁决书等。

(5) 保函的失效日期或失效事件:如未规定,当保函退还担保人,或受益人用书面声明解除担保人的责任时,保函失效。

(6) 保函所适用的法律与司法:适用担保人营业所在地的法律。如果担保人有数处营业地,则适用其开立保函的分支机构所在地的法律。

### (五) 银行保函的国际惯例

根据保函的不同属性,银行保函所适用的国际惯例有两种:

(1) *Uniform Rules for Contract Bond*,ICC Publication No. 524,即《合约保函统一规则》,国际商会第524号出版物,1993年颁布,通称URCB 524,适用于从属性保函。

(2) *ICC Uniform Rules for Demand Guarantees including Model Forms 2010 Revision*,ICC Publication No. 758,即《见索即付保函统一规则》,国际商会第758号出版物,2010年颁布,通称URDG 758,适用于独立性保函。

## 二、备用信用证(Standby Letter of Credit)

### (一) 定义

备用信用证是银行根据商业合约的一方(申请人)的要求向合约另一方(受益人)所出具的付款保证承诺,开证行保证申请人将履行某种义务,并在申请人未能履行该义务时,凭受益人在信用证有效期内所提交的表面上与信用证条款相符的文件或单据,向受益人支付一定金额的钱款。[①]

### (二) 备用信用证的国际惯例

1998年4月6日,国际商会以第560号出版物公布了*International Standby Practice 98*,即《国际备用证惯例》,简称ISP 98,于1999年1月1日起开始实施。ISP 98共10条规则89款。

### (三) 备用信用证的性质

ISP 98第1.06款的规定:备用信用证开立之后即为一个不可撤销的、独立的、跟单的及有约束力的承诺,但无须如此声明。

据此,备用信用证具有四个性质:

(1) 不可撤销性:备用信用证一经开立,开证人不得单方面修改或取消备用信用证。

(2) 独立性:备用信用证不受基础交易的约束。具体地说,开证人履行付款义务不取决于:①开证人如何从申请人获得偿付的权利和能力;②受益人如何从申请人获得偿付的权利和能力;③备用信用证如何引述任何协议/基础交易。

---

① 徐秀琼(1997),第222页。

（3）跟单性：备用信用证必须有单据的要求。

（4）强制性：无论申请人是否申请，开证人是否收取了费用，备用信用证都对开证人具有约束力。

**（四）备用信用证与银行保函、跟单信用证的比较**

备用信用证、银行保函和跟单信用证都属于银行信用，三者的比较如表 5-13 所示。

**表 5-13 银行保函、备用信用证、跟单信用证比较**

| | 银行保函 | 备用信用证 | 跟单信用证 |
|---|---|---|---|
| 是否是自足文件 | 从属性保函：否<br>独立性保函：是 | 是 | 是 |
| 银行处理的对象 | 单据，不是不履约的事实 | 单据，不是不履约的事实 | 单据，不是货物 |
| 单据的性质 | 主观单据 | 主观单据 | 客观单据 |
| 用于 | 委托人不履行义务的情况下付款 | 申请人不履行义务的情况下付款 | 受益人履行义务的情况下付款 |
| 银行的付款特性 | 具有或然性（备用性） | 具有或然性（备用性） | 具有必然性 |
| 银行的付款责任 | 从属性保函：第二性的付款责任<br>独立性保函：第一性的付款责任 | 第一性的付款责任 | 第一性的付款责任 |
| 付款是否有对价 | 不一定有对价 | 不一定有对价 | 有对价 |
| 兑付行 | 只能是担保人 | 开证行、指定行、议付行均可 | 开证行、指定行、议付行均可 |
| 转让性 | 受益人凭单索款的权利不得转让 | 一般不能 | 开证行同意即可转让 |
| 国际惯例 | 从属性保函：URCB 524<br>独立性保函：URDG 758 | ISP 98 | UCP 600 |

案例 5-2 信用证的软条款

**Q&A 5-12 支付方式的演变**

**Q：**支付方式的演变呈现怎样的规律？

**A：**汇款是国际贸易采用票据支付取代金银支付后最早出现的支付方式，此后，票据支付方式沿下述四个路径演变：

其一，从付款与交单互不制约演变为付款与交单相互制约。

在汇款方式下，买方向卖方支付货款与卖方向买方交付单据这两个环节互不制约，汇款业务中的银行（汇出行和汇入行）也不需要处理汇款所使用的商业单据。在汇款方式中，要么是预付货款，要么是货到付款。如果是预付货款，则买方承担卖方不履行交货义务的风险；反之，如果是货到付款，则卖方承担买方不履行付款义务的风险。在金银支付中，"一手交钱、一手交货"的钱货交割方式体现了付款与交货的相互制约。把"一手交钱、一手交货"移植到票据支付中，用支付或承兑汇票与交付货运单据来相互制约，就形成了跟单托收。

其二，付款人的信用基础从商业信用演变为银行信用。

在汇款的货到付款方式中，卖方要承担买方不履行付款义务的风险。跟单托收方式虽然实现了交单与付款的相互制约，但是，这种制约机制存在失效的可能性，卖方仍然要承担买方拒绝付款、拒绝收货的风险。汇款与跟单托收的共同缺陷是，付款人的信用属性都是商业信用。继承跟单托收中付款与交单的相互制约，再把付款人从贸易公司转变为信用等级更高的银行，就形成了跟单信用证。

不难看出，支付方式在上述两个路径的演变中，卖方的风险逐步减小，买方的风险逐步加大。首先，在汇款中的货到付款方式下，卖方能否按时收到货款，完全取决于买方的信用，如果买方在收到货物后找各种理由拒绝付款或拖延付款，则卖方很可能发生钱货两空的损失。因此，在货到付款方式中，卖方的风险很大。对买方来说，可以先取得货物再付款，故买方风险为零。

其次，在托收方式下，卖方在没有收到货款时已经将货物装运，将所取得的货运单据和跟单汇票一起交银行委托收款，如果此时买方拒绝付款，则卖方要承担仓储、保险、将货物转运或转卖的费用和损失。由于买方必须要进行付款或承兑才能从代收行取得货运单据，在买方付款前，货物并没有置于买方的控制之下。因此，托收相比于汇款，卖方的风险有所减小，而买方的风险有所加大。

最后，在信用证方式下，卖方在收到符合双方约定的信用证之后，才将货物办理装运。信用证是开证行以自身信用提供的付款保证，因此，对卖方而言，只要提交的单据符合信用证的规定，就可以得到货款。而对于买方而言，由于在信用证方式下，银行只处理单据而不涉及货物，因此有可能发生卖方所提交的单据符合信用证规定而所交货物并不符合合同规定的情况，这时银行也已经对卖方付款，买方也必须对银行付款。因此，信用证相比于托收，卖方的风险进一步减小，买方的风险进一步加大。

其三，从单纯的支付方式演变为支付方式与融资方式相结合。

汇款和D/P是单纯的支付方式，而D/A、D/P·T/R和信用证却是支付方式与融资方式的结合体。在D/A、D/P·T/R中，卖方为买方提供资金融通；在信用证中，银行为申请人（买方）垫付款项给受益人（卖方），也是提供资金融通。

其四，从针对必然事件演变为针对或然事件。

汇款、托收和信用证这三种支付方式都针对必然事件，也就是说，在正常情况下，卖方交货的行为是必然发生的，因而，货款收付也是必然要发生的。但是，银行保函和备用信用证却是针对或然性事件的支付方式，也就是说，在正常情况下，款项收付很有可能不会发生。例如，对于买方支付给卖方的定金，需要有银行为卖方做出担保，万一卖方在收到定金后不履行交货义务，银行保证向买方退还定金及相应损失。

## 第五节 合同中的支付条款

合同中的支付条款主要是关于支付方式的约定，它最直接地影响到卖方的收款安全；同时，由于采用不同的支付方式对买卖双方带来的风险不同，因而不同的支付方式也会影响货物价格，因此，仔细磋商并明确约定合同的支付条款，是买卖双方都必须慎重对待的问题。

合同中的支付条款一般用标题"Terms of Payment"表示，举例如下：

**例 5-5** 合同中的支付条款

(12) Terms of payment:

a. Payment by L/C: One month before shipment, the buyer shall establish with its bank an Irrevocable L/C in favour of the seller, to be available against presentation of the shipping documents stipulated in Clause 13 hereof.

b. Payment by collection: After delivery is made, the seller shall send through the seller's bank a draft drawn on the buyer together with the shipping documents stipulated in Clause 13 hereof, to the buyer through the buyer's bank for collection.

c. Payment by T/T: Payment to be effected by the buyer not later than 20 days after receipt of the shipping documents in Clause 13 hereof.

(12) 付款条件：

a. 信用证：装运前 1 个月，买方将通过其银行开立以卖方为受益人的不可撤销信用证，凭第 13 条所规定的装运单据兑付。

b. 托收：交货之后，卖方将通过其银行向买方寄送以买方为受票人的汇票及第 13 条所规定的装运单据，并通过买方银行代收款项。

c. 电汇：买方收到第 13 条所规定的装运单据后 20 天之内电汇款项。

需要说明的是，现实的国际货款收付中，每笔业务并不局限于使用一种支付方式，买卖双方可以根据商品、市场、价格、双方各自承担风险的能力等方面的因素，结合每种支付方式的特点，灵活选择多种支付方式的组合，如部分电汇与部分信用证，部分信用证与部分托收等，不同支付方式的组合可以降低单一支付方式带来的风险。

## 本章小结

国际货款收付主要涉及支付工具的使用和支付方式的选择。支付工具是指代替现金作为流通手段和支付手段的票据，主要有汇票、本票和支票三种；支付方式是指买卖双方之间债权债务的清偿方式，主要有汇款、托收、信用证、银行保函与备用信用证等。

汇票是国际货款结算中使用最为广泛的主要票据。要熟练理解和掌握汇票的含义、基本内容、主要分类及其使用步骤。

汇款和托收属于商业信用，跟单信用证、银行保函和备用信用证属于银行信用。要掌握每种支付方式的特点及其业务流程。每一种结算方式各有利弊，买卖双方可以根据商品、市场、价格、双方各自承担风险的能力等方面的因素，结合每种支付方式的特点，选择尽可能对自己有利的支付方式。同时，每笔业务并不局限于使用一种支付方式，买卖双方可以灵活选择多种支付方式的组合，不同支付方式的组合可以降低单一支付方式带来的风险。

合同中的支付条款主要是关于支付方式的约定，它最直接地影响到卖方的收款安全；同时，由于采用不同的支付方式给买卖双方带来的风险不同，因而不同的支付方式也会影响货物价格，因此，仔细磋商并明确约定合同的支付条款，是买卖双方都必须慎重对待的问题。

## 习　题

# 第六章
# 备用条款：检验、索赔、不可抗力和仲裁

学习目标

- 理解买卖合同中买方的检验权
- 掌握并能正确拟定合同中的检验条款
- 掌握并能正确拟定合同中的索赔条款
- 掌握并能正确拟定合同中的理赔条款
- 理解构成不可抗力事件的条件
- 掌握并能正确拟定合同中的不可抗力条款
- 理解仲裁的特点及仲裁协议的作用
- 掌握并能正确拟定合同中的仲裁条款

在国际货物买卖合同中，可按合同履行过程中条款执行的必然性和或然性，将合同条款划分为必用条款和备用条款两类。必用条款是指合同履行过程中必然执行的条款，而备用条款则是指合同履行过程中不一定执行的条款。通常，外贸公司的格式合同正面是必用条款，而背面则是备用条款。

本书前五章各项条款的共同点在于：它们是国际货物买卖合同中的必用条款。由于必用条款在合同履行过程中必然执行，因此我们在前面各章对各项必用条款进行了详细讨论，这也是国际贸易从业人员必须掌握的基本技能。

本章所涉及的各项条款的共同点在于：它们是国际货物买卖合同中的常见备用条款，在合同履行过程中不一定执行。本章集中对备用条款进行简略讨论。本章条款包括检验检疫条款、索赔与理赔条款、不可抗力条款和仲裁条款。

### Q&A 6-1　合同条款的划分

**Q：**为何将合同条款划分为必用条款和备用条款？这种划分对于理解合同条款有何

意义?

**A**:仔细观察外贸公司的格式合同不难发现,标的物、运输、保险、价格、支付诸项条款一般是合同正面的条款,而检验、索赔、不可抗力、仲裁条款一般是合同背面的条款。透过这一表面现象,本书作者进一步发现,合同履行过程中,正面条款每项都要付诸"实施",而背面条款往往直到合同履行完毕都没有"动用"。可见,背面条款实际上是一种签订但不一定使用的条款,如同建筑中的消防设施一样。因此,本书将前五章条款划归为必用条款,将检验、索赔、不可抗力、仲裁条款划归为备用条款。

# 第一节 进出口检验与检疫

## 一、检验检疫的含义

进出口检验检疫(Inspection and Quarantine)是指在国际货物买卖中,由检验机构对卖方交付给买方货物的品质、数量、包装进行检验,以便确定合同的标的是否符合买卖合同的规定;有时还对装运技术条件或货物在装卸运输过程中发生的残损、短缺进行检验或鉴定,以明确事故的起因和责任的归属;还包括根据一国的法律或行政法规对某些进出口货物实施强制性检验或检疫。[①]

由于进出口检验检疫是独立于买卖双方以外的公正的第三者,即专业的检验机构办理的,具有权威性,因此,检验检疫机构出具的检验证书是买卖双方交接货物、支付货款、办理索赔和理赔的重要依据。同时,进出口检验检疫也有利于商检部门对进出口商品把好质量关,维护进出口国家、企业及消费者的利益,因而也是中国对外贸易管制的重要内容之一。

## 二、检验检疫的范围

在国际货物买卖中,进出口商品的检验检疫范围包括以下几个方面:

第一,法定检验。这是指出入境检验检疫机构依据国家法律、行政法规,对规定的进出口商品或有关的检验检疫项目实施强制性的检验或检疫。在中国,由国家质量监督检

① 吴百福、徐小薇(2007),第225页。

验检疫总局依法制定并公布《出入境检验检疫机构实施检验检疫的进出境商品目录》(简称《法检目录》),对列入《法检目录》的商品实施强制检验,未经检验合格的,不准出入境。

第二,对于法定检验以外的商品,在进出境时,由对外贸易关系人自行决定是否检验及选择检验机构。在中国,国家质量监督检验检疫总局对法定检验以外的商品实施抽查检验,对于抽查检验不合格的商品,可以在出入境检验检疫机构的监督下进行技术处理,经重新检验合格的,方可出入境。

第三,对关系国计民生、价值较高的重要商品,收货人应当在买卖合同中约定检验条款,以维护国家、企业和消费者的利益。

## 三、买方的检验权

国际货物买卖双方在交接货物过程中,通常要经过交付(Delivery)、检验或察看(Inspection or Examination)、接受或拒绝(Acceptance or Rejection)三个环节。[①] 为避免纠纷,很多国家的法律法规和国际公约都对何时、何地行使检验权的问题做了明确规定。所谓检验权,是指买方或卖方有权对所交易的货物进行检验,其检验结果作为交付与接收货物的依据。

根据《联合国国际货物销售合同公约》第 38 条规定:①买方必须在按情况实际可行的最短时间内检验货物或由他人检验货物。②如果合同涉及货物的运输,检验可推迟到货物到达目的地后进行。③如果货物在运输途中改运或买方须再发运货物,没有合理机会加以检验,而卖方在订立合同时已知道或理应知道这种改运或再发运的可能性,检验可推迟到货物到达新目的地后进行。[②] 从而明确规定了买方对货物的检验权。

中国法律也认为,买方对所收到的货物享有检验权。《中华人民共和国合同法》第 157 条规定:买方在收到标的物时应当在约定的检验期间内检验,没有约定检验期间的,应当及时检验。同时,第 158 条还规定:当事人约定检验期间的,买方应当在检验期间内将标的物的数量或质量不符合约定的情形通知卖方。买方怠于通知的,视为标的物的数量或质量符合约定。当事人没有约定检验期间的,买方应当在发现或者应当发现标的物的数量或质量不符合约定的合理期间内通知卖方。[③]

上述规定都体现了一个共同的原则,即除非买卖双方另有规定,买方在接受货物之前,应有权对其购买的货物进行检验。但买方对货物的检验权,并不是买方接受货物的前提条件。如果买方未利用合理的机会检验货物,那么他就自动放弃了检验货物的权利。另外,如果合同中的检验条款规定以卖方的检验为准,此时,就排除了买方对货物的

---

① 吴百福、徐小薇(2007),第 226 页。

② 转引自人民网—中华人民共和国对外经济法律法规汇编—联合国国际货物销售合同公约(http://www.people.com.cn/zixun/flfgk/item/dwjjf/falv/10/10-1-06.html)。

③ 转引自中华人民共和国中央人民政府网—法律法规—中华人民共和国合同法(http://www.gov.cn/banshi/2005-07/11/content_13695_4.htm)。

检验权。[1]

## 四、检验时间和地点

检验时间和地点是指在何时、何地行使对货物的检验权。确定检验的时间和地点，实际上就是确定由买卖双方的哪一方行使对货物的检验权，也就是确定检验结果以哪一方提供的检验证书为准。[2]

在国际贸易实践中，规定检验时间和地点的方法有以下几种：

1. 产地(工厂检验)

这是指由买卖合同规定的商检机构或直接由买方验收人员出具的检验证书作为买卖双方所交接货物的品质、重量等的最后依据，主要针对“非法定检验商品”。由于这种方式直接由买方验收人员验货，因此，可以避免买卖双方日后由于质量问题发生争议和索赔。但是在这种方式下，卖方只承担货物离开产地或工厂前的责任，对于货物在运输途中所发生的一切变化，卖方概不负责，从而否定了买方的复验权，因而对买方极为不利。

2. 离岸品质、离岸重量(Shipping Quality & Weight)

又称为“装运港(地)检验”，是指以出口地商检机构出具的检验证书作为买卖双方交接货物的品质、重量等的最后依据，但买方如果能够证明货物是由于卖方违约或由于货物固有的瑕疵造成的品质问题的情况除外。在这种方式下，卖方对交货后货物所发生的变化不承担责任，同样否定了买方的复验权，特别在当前很多采用“象征性交货”的价格术语中，货物到达买方之前，货款已经支付给了卖方，因而无法保障买方的收货质量，对买方极为不利。

3. 到岸品质、到岸重量(Landed Quality & Weight)

又称为“目的港(地)检验”，是指以进口地商检机构出具的检验证书作为买卖双方交接货物的品质、重量的最后依据。采用这种方法时，买方有权根据货物到达目的港或目的地时的检验结果，对属于卖方责任的品质、重量等检验内容的不符点，向卖方索赔。在这种方式下，卖方事实上承担了货物到达目的港或目的地的品质、重量等责任，同时，由于对买方所在地的商检机构存在信息不对称，卖方无法确保买方所在地商检机构的公正性，因而这种做法对卖方相对不利。

4. 出口国检验、进口国复验

卖方在出口国装运货物时，以合同规定的装运港或装运地检验机构出具的检验证书，作为卖方向银行收取货款的凭证之一。货物抵达目的港或目的地以后，由双方约定的检验机构规定的地点和期限内对货物进行复验。复验后，如果货物与合同规定不符，而且属于卖方责任所致，此时，买方有权凭该检验机构出具的检验证书，在合同规定的期

---

① 黎孝先(2007)，第256页。

② 黎孝先(2007)，第256页。

限内向卖方索赔。由于这种做法兼顾了买卖双方的利益,较为公平合理,因而它是国际货物买卖中最常见的一种规定检验时间和地点的方法,也是中国进出口业务中最常用的方法。[①]

## 五、检验机构

在进出口检验检疫中,为保证公正性,除了交易双方自行对货物进行必要的检验外,一般还委托独立于买卖双方之外的第三方,一般为专业机构,进行检验。另外,根据各国对外贸易管制的规定,对于某些出入境商品(如中国的法检目录中的商品),必须由某机构进行检验,检验合格才能出入境。这种根据客户的委托或有关法律、法规的规定对进出境商品进行检验、鉴定或监督管理的机构就是进出口商品检验机构、检验检疫机构或商检机构。[②]

目前国际上的商检机构种类繁多,主要有官方机构、半官方机构和私营机构三种。

1. 官方机构

官方检验机构是指由国家或地方政府投资,按照国家有关法律法令对出入境商品实施强制性检验、检疫和监督管理的检验机构。[③] 如中国的国家质量监督检验检疫总局、美国食品药物管理局(FDA)、日本通商省检验所。

中华人民共和国国家质量监督检验检疫总局(General Administration of Quality Supervision and Inspection and Quarantine of the People's Republic of China,AQSIQ[④])(简称国家质检总局)是中华人民共和国国务院主管全国质量、计量、出入境商品检验、出入境卫生检疫、出入境动植物检疫、进出口食品安全和认证认可、标准化等工作,并行使行政执法职能的直属机构。

为履行出入境检验检疫职能,国家质检总局在全国31省(自治区、直辖市)共设有35个直属出入境检验检疫局,海陆空口岸和货物集散地设有近300个分支局和200多个办事处,管理所负责地区的进出口商品检验工作。

国家质检总局依法制定并公布《出入境检验检疫机构实施检验检疫的进出境商品目录》(即《法检目录》),对涉及环境、卫生、动植物健康、人身安全的出入境货物、交通工具和人员实施检验检疫通关管理,在口岸对出入境货物实行"先报检,后报关"的检验检疫货物通关管理模式。

出入境检验检疫机构负责实施进出口货物法定检验检疫,并签发"入境货物通关单"和"出境货物通关单",海关凭此放行;签发出境检验检疫证书至中国的贸易国家和地区;依法对出入境检验检疫标志和封识进行管理;负责签发普惠制原产地证、一般原产地证、

① 黎孝先(2007),第258页。
② 黎孝先(2007),第259页。
③ 田运银(2007),第178页。
④ 在检验检疫证书中,其缩写为CIQ。

区域性优惠原产地证和专用原产地证及注册等相关业务。

根据《进出口商品检验法》及其实施条例,国家质检总局对进出口商品及其包装和运载工具进行检验和监管。对列入《出入境检验检疫机构实施检验检疫的进出境商品目录》中的商品实施法定检验和监督管理;对该目录外商品实施抽查;对涉及安全、卫生、健康、环保的重要进出口商品实施注册、登记或备案制度;对进口许可制度民用商品实施入境验证管理;对法定检验商品的免验进行审批;对一般包装、危险品包装实施检验;对运载工具和集装箱实施检验检疫;对进出口商品鉴定和外商投资财产价值鉴定进行监督管理;依法审批并监督管理从事进出口商品检验鉴定业务的机构。

2. 半官方机构

半官方检验机构是指一些有一定权威的、由国家政府授权、代表政府行使某项商品检验或某一方面检验管理工作的民间机构,如美国的担保人实验室(Underwriter's Laboratory,UL)。根据美国政府的规定,凡是进口与防盗信号、化学危险品以及与电器、供暖、防水等有关产品需实施的安全检验和鉴定,必须经美国担保人实验室这一半官方机构检验认证合格,并贴上该实验室的英文缩写标志"UL"后,该产品方可进入美国市场。[①]

3. 私营机构

私营检验机构是指由私人创办,具有专业检验、鉴定技术能力的检验公司,如瑞士的通用鉴定公司(Societe Generale de Surveillance,SGS)。

## 六、检验证书

检验证书(Inspection Certificate)是检验检疫机构对商品实施检验检疫后出具的证明文件,它是买卖双方交接货物、支付货款、办理索赔和理赔的重要依据。

### (一) 检验证书的种类

在国际贸易实践中,常见的检验证书有以下几种:品质证书(Inspection Certificate of Quality)、数量证书(Inspection Certificate of Quantity)、重量证书(Inspection Certificate of Weight)、价值证书(Inspection Certificate of Value)、原产地证书(Inspection Certificate of Origin)、卫生检验证书(Sanitary Inspection Certificate)、验残检验证书(Inspection Certificate on Damaged Cargo,证明进出口商品残损情况、估算残损贬值程度、判定致损原因的证书)。

此外,还有兽医检验证书、消毒检验证书、植物检疫证明等。

检验检疫证书的实例见实例 6-1。

① 黎孝先(2007),第 259 页。

## 实例 6-1 检验检疫证书

中华人民共和国出入境检验检疫①

**ENTRY-EXIT INSPECTION AND QUARANTEE**

**OF THE PEOPLE'S REPUBLIC OF CHINA**

正本

**ORIGINAL**

编号 No.

检 验 证 书

**INSPECTION CERTIFICATE**

**OF QUALITY, QUANTITY AND WEIGHT**

发货人

Consignor ______________________________

收货人

Consignee ______________________________

品名　　　　　　　　　　　　　　　　标记及号码

Description of Goods ________________　Mark & No

包装种类及数量

Number and Type of Packages ____________

运输工具

Means of Conveyance ______________________________

检验结果

RESULTS OF INSPECTION

**QUALITY:**

**QUANTITY:**

**WEIGHT:**

印章　　签证地点 Place of Issue ________　签证日期 Date of Issue ________

Official Stamp　授权签字人 Authorized Officer ________　签名 Signature ________

我们已尽所知和最大能力实施上述检验,不能因我们签发本证书而免除买方或其他方面根据合同和法律所承担的产品质量责任和其他责任。All inspections are carried out conscientiously to the best of our knowledge and ability. This certificate does not in any respect absolve the seller and other related parties from his contractual and legal obligations especially when product quality is concerned.

① 转引自南京世格软件公司(2008A)。

### （二）检验证书的作用

第一，作为货物是否符合合同规定的凭证。在国际货物买卖中，卖方的主要义务是按合同规定的数量、品质交货，检验证书是由独立于买卖双方之外的第三方提供的，用以证明卖方所交付货物是否符合合同规定的数量、品质、包装等条款。

第二，作为报关单据。进出口检验检疫是一国对外贸易管制的重要内容之一，许多国家的法律法规都规定，在有关货物出入境时，当事人必须向海关提交符合规定的检验证书，否则海关不予放行。中国同样规定，对列入《出入境检验检疫机构实施检验检疫的进出境商品目录》中的商品实施强制检验，当事人办理报关手续时，必须提供检验证书作为报关单据。

第三，作为议付单据。在某些进出口业务中，根据买卖双方的自行约定，信用证项下所要求的单据包括检验证书，在此情况下，卖方向银行办理交单议付时，必须提供检验证书。

第四，作为索赔和理赔的依据。在国际货物买卖中，如果收货人提出索赔和有关责任方办理理赔，须出示由检验检疫机构签发的有关品质、数量、重量、价值、残损等证书，

用以证明事实状态、明确责任归属。

## 七、合同中的检验条款

进出口商品检验检疫关系到买卖双方的直接利益，也有利于维护国家、企业和消费者的利益，因此，买卖双方应该在合同中明确规定与商品检验有关的问题，即合同中的检验条款。一般而言，合同中的检验条款主要用于规定检验的时间、地点、检验机构和证书以及买方索赔的时限等。

案例 6-1 进出口检验检疫

案例 6-2 进出口检验检疫

**例 6-1** 合同中的检验条款

Before delivery the manufacturer should make a precise and overall inspection of the goods regarding quality, quantity, specification and performance and issue the certificate indicating the goods in conformity with the stipulation of the contract. The certificates are one part of the documents presented to the bank for negotiation of the payment and should not be considered as final regarding quality, quantity, specification and performance. The manufacturer should include the inspection written report in the Inspection Certificate of Quality, stating the inspection particulars.

在交货前制造商应就订货的质量、数量、规格、性能作出准确全面的检验，并出具货物与本合同相符的检验证书。该证书为议付货款时向银

行提交单据的一部分，但不得作为货物质量、数量、规格、性能的最后依据。制造商应将记载检验细节的书面报告附在品质检验证书内。

# 第二节 索赔与理赔

## 一、违约

合同是对双方当事人权利义务的约定，具有法律效力。在履约过程中，任何一方当事人如不履行合同，或者不按合同约定履行合同，就构成法律上的违约行为。在国际货物买卖中，卖方的主要义务是交付货物，移交一切与货物有关的单据并转移货物所有权；买方的主要义务是支付货物价款和收取货物。

《联合国国际货物销售合同公约》第 25 条规定：一方当事人违反合同的结果，如使另一方当事人蒙受损害，以至于实际上剥夺了他根据合同规定有权期待得到的东西，即为根本违反合同，除非违反合同一方并不预知，而且一个同等资格、通情达理的人处于相同情况中也没有理由预知会发生这种结果。①

## 二、索赔

### （一）索赔的含义

索赔(Claim)是指合同的一方发生违约时，受损害方向违约方要求损害赔偿的行为。

### （二）合同中的索赔条款

在国际货物买卖中，由于买卖双方存在很大程度的信息不对称，造成很多不确定因素，发生违约行为。为明确违约处理，维护当事人的利益，一般都在买卖合同的背面订立索赔与理赔条款，作为备用条款。这样既有利于对合同当事人形成约束，促使其认真履约，也有利于按照条款处理合同违约行为。

索赔条款主要用于规定违约方必须承担哪些违约责任。国际货物买卖中的索赔条款，主要包括以下主要内容：

1. 索赔的依据

索赔依据是指索赔人提出索赔必须提供的检验证明及出证的机构，要求索赔人弄清货损的事实和责任，并提供客观的证据。例如，买卖合同的索赔条款规定，货物到达目的

① 转引自人民网—中华人民共和国对外经济法律法规汇编—联合国国际货物销售合同公约(http://www.people.com.cn/zixun/flfgk/item/dwjjf/falv/10/10-1-06.html)。

地卸货后，若发现货物品质、数量或重量等与合同不符，除由保险公司或承运人负责外，买方应凭双方约定的某商检机构出具的检验证明向卖方提出索赔。

2. 索赔期限

索赔期限是索赔方向违约方索赔的时限，如超过约定时限索赔，违约方可不予受理。常见的约定索赔时限的方法有以下几种①：

（1）货物到达目的地后××天以内；

（2）货物到达目的地卸离运输工具后××天以内；

（3）货物到达买方营业处所或仓库××天以内；

（4）货到检验后××天以内。

3. 索赔金额

如果买卖合同规定有约定的损害赔偿的金额或损害赔偿金额的计算方法，通常按合同规定办理索赔。如果合同对索赔金额未作规定，根据有关的法律和国际贸易实践，确定索赔金额的基本原则为：①赔偿金额应与因违约而遭受的包括利润在内的损失额相等；②赔偿金额应以违约方在订立合同时可预料到的合理损失为限；③由于受损害一方未采取合理措施使有可能减轻而未减轻的损失，应在赔偿金额中扣除。②

需要说明的是，由于索赔条款中的索赔依据一般要求出示检验证书，因此，进出口检验条款和索赔条款相互关联，在有些国际货物买卖合同中，有时将检验和索赔条款综合起来订立，并称为“检验与索赔条款”(Inspection and Claims)。

**例 6-2** 合同中的索赔条款

(18) ③ Inspection and claims

The manufacturer shall before delivery make an inspection of the goods as regards their quality, specifications, performance and quantity/weight, and issue certificates certifying that the goods are in conformity with the stipulations of this contract. The certificates shall form an integral part of the documents to be presented to the paying bank for negotiation/collection of payment but shall not be considered as final in respect of quality, specifications, performance and quantity/weight.

After arrival of the goods at the port of destination, the buyer shall apply to CIQ for a preliminary inspection of the goods in respect of their quality, specifications, and quantity/weight. If any discrepancies are found by CIQ regarding the specifications or quantity/weight or both, except those for which either the insurance company or the shipping company is responsible, the buyer shall, within 120 days after discharge of the goods at the port of destination, have the right either to reject the goods or to claim against the seller on the strength of the inspection certificate issued by CIQ.

Within the warrantee period stipulated in Clause 17 hereof should the quality and/

---

① 黎孝先(2007)，第 271 页。

② 吴百福、徐小薇(2007)，第 239 页。

③ 数字(18)表示在该买卖合同中，检验与索赔条款在第 18 条。

or the specifications of the goods are found not in conformity with the contracted stipulations, or should the goods prove defective for any reasons, the buyer shall arrange for an inspection to be carried out by CIQ and have the right to claim against the seller on the strength of the inspection certificate issued by CIQ.

(18) 检验与索赔

在交货前制造商应就订货的质量、规格、性能、数量/重量进行检验,并出具货物与本合同相符的检验证书。该证书为议付货款或托收时向银行提交单据的一部分,但不得作为货物质量、规格、性能、数量/重量的最后依据。

货物到达目的港后,买方应向中华人民共和国质量监督检验检疫总局(以下简称CIQ)申请就商品的质量、规格、数量/重量进行检验。如果CIQ检验发现属于保险公司或船公司的责任以外的任何品质及/或数量异议,买方在货物卸离目的港120天内,有权拒收货物,或根据CIQ出具的检验证书向卖方提出索赔。

在本合同第17条规定的保证期限以内,若货物品质及/或规格与本合同不符,或货物存在任何瑕疵,买方应向CIQ申请检验,并有权根据CIQ出具的检验证书向卖方提出索赔。

## 三、理赔

### (一) 理赔的含义

理赔(Settlement of Claim)是指违约方对要求损害赔偿的受理与处理。理赔是与索赔相对的概念,和索赔共同构成一个问题的两个方面。

### (二) 理赔的办法

在国际货物买卖中,进行理赔的方式主要有以下几种:

(1) 直接赔偿。当买卖双方就相关的违约情况和损失程度达成共识以后,违约一方在约定时间内将约定数额的赔款直接汇付给受损一方。这种方法对于受损一方最为有利,也最为直接。

(2) 抵扣货款。这种方式用于卖方违约的情况。如果卖方违约,而买方又还未付清货款,在确定了违约情况与赔偿金额以后,买方可以直接从未付货款中抵扣卖方的赔偿金额。

(3) 降价处理。这种方式也用于卖方违约的情况,可以对违约所涉及的合同项下的货物进行降价处理,也可以约定在以后双方新的买卖合同中,卖方给予买方一定的折扣,用于赔偿买方的损失。

### (三) 合同中的理赔条款

合同中的理赔条款主要是对发生违约时,违约方受理与处理损害赔偿的办法的规定。

**例 6-3** 合同中的理赔条款

(19) ① Settlement of claims

① 数字(19)表示在该买卖合同中,理赔条款在第19条。

In case the seller is liable for the discrepancies and a claim is made by the buyer within the period of claim or warrantee period as stipulated in Clauses 17 and 18 of this contract, the seller shall settle the claim upon the agreement of the buyer in the following ways:

a. Agrees to the rejection of the goods and refund to the buyer the value of the goods so rejected in the same currency as contracted herein, and to bear all direct losses and expenses in connection therewith including interest accrued, banking charges, freight, insurance premium, inspection charges, storage, stevedore charges and all other necessary expenses required for the custody and protection of the rejected goods.

b. Devaluates the goods according to the degree of inferiority, extent of damage and amount of losses suffered by the buyer.

c. Replaces the defective goods with new ones which conform to the specifications, quality and performance as stipulated in this contract, and bear all expenses incurred to and direct losses sustained by the buyer.

（19）理赔条款

如货物不符合本合同规定应由卖方负责，同时买方按照本合同第 17 条和第 18 条规定的索赔期限或保证期限内提出索赔者，卖方在取得买方同意后，应按下列方式理赔：

a. 同意买方退货，并将退货金额以成交原币偿还买方，并承担因退货而发生的一切直接损失和费用，包括利息、银行费用、运费、保险费、商检费、仓储、码头装卸以及为保管退货商品而发生的一切其他必要费用。

b. 按照货物的次劣程度、损坏的范围和买方所遭受的损失，将货物降价。

c. 调换有瑕疵的货物，换货必须全新并符合本合同所规定的规格、质量和性能，同时卖方应承担由此而产生的一切费用和买方遭受的一切直接损失。

案例 6-3
索赔与理赔

## 第三节 不可抗力

### 一、不可抗力

不可抗力（Force Majeure）是指不能预见、不能避免、不能克服、导致合同当事人违约的客观情况，它强调人力不可抗拒性。

突发事件要构成不可抗力，必须同时满足三个条件：

第一，在合同生效之后发生；

第二，不是由当事人的过失造成；

第三，对事件的发生及后果，当事人不能预见、不能避免、不能克服。

此外，商品价格的波动、汇率变化、股市涨跌、零配件供应不及时等，属于正常贸易风险，不构成不可抗力事件。

## 二、不可抗力条款

不可抗力条款主要用于规定违约方在什么情况下可以免责。国际货物买卖合同中的不可抗力条款没有固定的形式，买卖双方当事人可自行协商约定，但一般包括以下几个方面的内容：

1. 不可抗力事件的范围

一类是自然力量引起的事件，如水灾、火灾、暴风雨、雪灾、地震、海啸等；另一类是政治或社会原因引起的，如战争、罢工、政府禁令等。买卖双方应在合同中明确约定不可抗力事件的范围，以免事后引起争议。

2. 不可抗力的通知和证明

发生事件的一方应尽快如实地通知对方，同时取得相关机构出具的证明文件，并于约定期限内将证明文件寄给对方为证。在国外，这种证明文件一般由当地的商会或法定公正机构出具。在中国，可由中国国际贸易促进委员会(China Council for the Promotion of International Trade，CCPIT)出具。

3. 不可抗力的处理方式

不可抗力的处理方式主要有三种：一是完全解除合同；二是部分解除合同，如减少进出口商品数量；三是延期履行合同。究竟采取何种方式处理，应视不可抗力对履行合同影响的情况和程度而言，由买卖双方在合同中明确规定，以方便执行。

**例 6-4** 合同中的不可抗力条款

Force Majeure：

The Seller shall not be held responsible for failure or delay to perform all or any part of this contract due to war，earthquake，flood，fire，storm，heavy snow or other causes of Force Majeure. However，the Seller shall advise the Buyer immediately of such occurrence，and within N days thereafter，shall send by registered airmail to the Buyer for their acceptance a certificate issued by the competent government authorities of the place where the accidents occurs as evidence thereof. Under such circumstance，the Seller，however，is still under the obligation to take all necessary measure to hasten the delivery of the goods. In case the accident lasts for more than M weeks，the Buyer shall have the right to cancel the contract.

不可抗力：

如由于战争、地震、水灾、火灾、暴风雨、雪灾或其他不可抗力原因，致使卖方不能全部履行或不能部分履行合同，或者对合同的履行全部延迟或部分延迟，卖方将不承担责任。但卖方应立即将事件通知买方，并于事件发生后 N 天内将事件发生地政府当局出具的事件证明书邮寄给买方为证，并取得买方认可。在这种情况下，卖方仍有责任采取一切必要措施从速交货。如果事件持续超过 M 个星期，买方有权撤销合同。

例 6-4 不可抗力条款的内容分解如下：

（1）不可抗力事件的范围：due to war，earthquake，flood，fire，storm，heavy snow or other causes of Force Majeure。

（2）不可抗力的通知和证明：the Seller shall advise the Buyer immediately of such occurrence，and within N days thereafter，shall send by registered airmail to the Buyer for their acceptance a certificate issued by the competent government authorities of the place where the accidents occurs as evidence thereof。

案例 6-4
不可抗力

（3）不可抗力的处理方式：the Seller，however，is still under the obligation to take all necessary measure to hasten the delivery of the goods. In case the accident lasts for more than M weeks，the Buyer shall have the right to cancel the contract.

# 第四节 国际贸易仲裁

在国际贸易中，买卖双方解决争端的方式主要有友好协商（Negotiation）、调解（Conciliation）、仲裁（Arbitration）、诉讼（Litigation）四种。其中，仲裁是在国际贸易实践中被广泛采用的一种行之有效的方式，中国也一向提倡并鼓励以仲裁的方式解决贸易争端。

## 一、仲裁

仲裁（Arbitration）是指买卖双方自愿将争议提交双方所同意的机构，按照一定的程序和规则进行裁决，裁决结果对双方具有法律约束力。

与司法诉讼相比，仲裁具有两个特点：第一，仲裁机构对争议不具备强制管辖权，因此，必须由争议双方同意仲裁（仲裁协议），否则仲裁机构不能受理；第二，仲裁的裁决是终局的，胜诉方有权要求法院强制执行。

而在司法诉讼中，法院具有强制管辖权，原告的起诉不需要取得被告的同意；一审的判决并不是终局判决，当事人有权上诉进入二审程序。

## 二、仲裁协议

仲裁协议是指双方当事人自愿将争议交付仲裁机构裁决的书面表示。

仲裁协议必须是书面的,它有两种形式:一是买卖合同中的仲裁条款(Arbitration Clause),它是争议发生之前达成的争端解决协议;二是单独签订的协议(Submission Agreement,Arbitration Agreement),它是争议发生之后达成的争端解决协议。这两种方式的仲裁协议具有相同的法律效力,而且都具有独立性。

仲裁协议的作用包括以下三个方面:

第一,约束双方当事人只能以仲裁方式解决争议,不得向法院起诉。

第二,排除法院对有关案件的管辖权。如果一方违背仲裁协议,自行向法院起诉,另一方可根据仲裁协议要求法院不予受理,并将争议案件退交仲裁庭裁断。

第三,使仲裁机构取得对争议案件的管辖权,任何仲裁机构都无权受理没有仲裁协议的争议,这是仲裁的基本原则。

## 三、合同中的仲裁条款

国际货物买卖合同中的仲裁条款用于规定可能发生的争议的解决方式。通常包括以下几项主要内容:

1. 确定仲裁的对象与范围

仲裁对象是指与买卖合同有关的争议,而仲裁范围是指与买卖合同有关的任何争议或者具体列出哪些争议。

2. 确定仲裁国别(地点)

仲裁地点与仲裁所使用的法律密切相关,是仲裁条款中的重要内容。

中国外贸合同中的仲裁条款通常从下列三项国别中选择一项作为仲裁国别:一是中国,二是被申请人所在国,三是双方同意的第三国。

3. 确定仲裁机构

国际上的仲裁机构很多,其中有常设的仲裁机构,也有由双方当事人共同指定仲裁员临时组成的仲裁庭。实际上,一旦确定了仲裁国别,也就确定了仲裁机构。

中国的涉外仲裁机构是中国国际经济贸易仲裁委员会(China International Economic and Trade Arbitration Commission,CIETAC),以仲裁的方式,独立、公正地解决契约性或非契约性的经济贸易等争议。

4. 确定适用的仲裁规则

各国仲裁机构一般都有自己的仲裁规则,原则上说,一旦确定了仲裁机构,也就确定了适用该仲裁机构的仲裁规则。但法律上也允许根据双方当事人的约定,采用仲裁地点以外的第三国仲裁机构所制定的仲裁规则。

5. 明确仲裁的效力

仲裁的裁决是终局的,对争议双方当事人都具有法律上的约束力。为了明确仲裁裁决的效力,在合同的仲裁条款中一般明确标明“The arbitral award is final and binding upon both parties”(仲裁裁决是终局的,对双方当事人均有约束力)。

**例 6-5** 合同中的仲裁条款

Arbitration:

Any dispute arising from or in connection with this contract shall be submitted to China International Economic and Trade Arbitration Commission for arbitration which shall be conducted by the Commission in Beijing or by its Shenzhen Sub-commission in Shenzhen or by its Shanghai Sub-commission in Shanghai at the Claimant's option in accordance with the Commission's arbitration rules in effect at the time of applying for arbitration. The arbitral award is final and binding upon both parties.

案例 6-5
仲裁条款

凡因本合同引起的或与本合同有关的任何争议,均应提交中国国际贸易仲裁委员会,由申请人选择,由仲裁委员会在北京或由其华南分会在深圳或由其上海分会在上海,按照申请仲裁时该会现行的仲裁规则进行仲裁。仲裁裁决是终局的,对双方均有约束力。

**本章小结**

买卖合同的条款分成必用条款和备用条款两类。必用条款是指合同履行过程中必须执行的条款,而备用条款是指合同履行过程中不一定执行的条款。标的物、运输、保险、价格、支付诸项条款一般是合同正面的条款,属于必用条款;而检验、索赔、不可抗力、仲裁条款一般是合同背面的条款,属于备用条款。

进出口检验检疫是由独立于买卖双方当事人之外的第三方办理的,检验机构出具的检验证书是买卖双方交接货物、支付货款、办理索赔和理赔的重要依据。合同中的检验条款主要用于规定检验的时间、地点、检验机构及证书,以及买方索赔的时限等,关系到买卖双方的直接利益。

索赔是指合同的一方发生违约时,受损害方向违约方要求损害赔偿的行为;理赔是指违约方对要求损害赔偿的受理与处理。它们是一个问题的两个方面。索赔条款主要用于规定违约方必须承担哪些违约责任,理赔条款则规定违约方受理与处理损害赔偿的办法。索赔和理赔条款有利于促使合同当事人认真履约,也有利于明确处理合同违约行为的办法。在国际货物买卖合同中,索赔条款有时与检验条款结合起来订立,并称"检验与索赔条款"。

不可抗力是指不能预见、不能避免、不能克服、导致合同当事人违约的客观情况。不可抗力条款主要用于规定违约方在什么情况下可以免责,一般包括不可抗力事件的范围、不可抗力的通知和证明及不可抗力的处理方式三个方面的内容。

在国际贸易中,买卖双方解决争端的方式主要有友好协商、调解、仲裁、诉讼四种。其中,仲裁方式在国际贸易实践中被广泛采用。仲裁是指买卖双方自愿将争议提交双方所同意的机构,按照一定的程序和规则进行裁决,裁决结果对双方具有法律约束力。仲裁机构对争议不具备强制管辖权,仲裁的裁决是终局的。仲裁协议有两种形式:一是买卖合同中的仲裁条款,二是单独签订的协议。合同中的仲裁条款用于规定可能发生的争议的解决方式。

## 习　题

# 第七章 进出口业务的操作步骤

学习目标

- 理解交易前的主要准备工作
- 学会进行进出口成本核算
- 理解交易磋商的一般程序、重点掌握发盘和接受的基本条件
- 读懂并能拟订书面合同的各项条款
- 掌握 L/C 方式下进出口合同的履约流程及各当事人的主要责任
- 掌握进出口履约过程中主要单证的基本内容及其缮制

本书第一至五章详细阐述了国际货物买卖合同的必用条款，第六章简略讨论了国际货物买卖合同的备用条款。本章介绍进出口业务的操作步骤。实际上，进出口业务的主要操作由买卖双方的交易磋商、合同签订、合同履行这三部曲所组成。

## 第一节 交易前的准备工作

在国际货物买卖中，交易双方身处异地，相距遥远，之间存在着较多的信息不对称；加之国际货物买卖持续的时间较长，所涉及的环节较多，需要打交道的部门也较广。因此，在国际贸易进出口交易前，交易双方必须充分做好相关的准备工作，以做到“知己知彼，百战不殆”，保证进出口交易的顺利进行。

交易前的准备工作，主要有熟悉目标市场、选择交易对象、加强成本核算、制定进出口经营方案四方面，如图 7-1 所示。

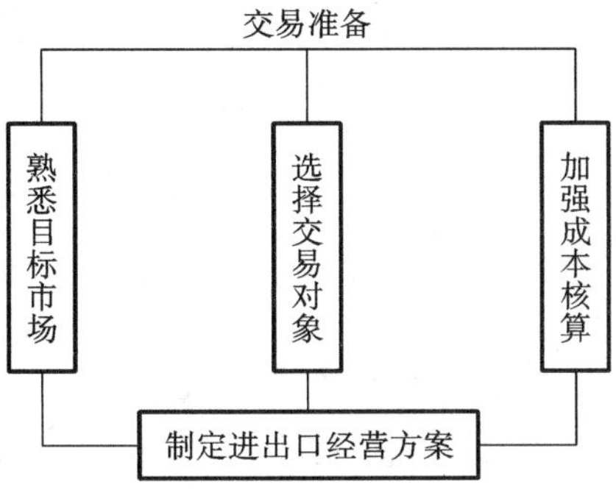


**图 7-1　交易前的准备工作**

## 一、熟悉目标市场

目标市场是企业决定要进入的市场。国际货物买卖双方在进行进出口贸易时，都以他所处的市场环境为背景。熟悉目标市场情况，可以更清楚地了解潜在贸易伙伴的实际情况和潜在需求，帮助企业制定有效的进出口经营方案，成功打入目标市场。

熟悉目标市场，一般可以通过国际市场调研来进行，调研主要途径有互联网、商务局、海关总署，调研内容主要包括以下几个方面：

1. 国际市场环境调研

国际市场环境包括经济环境、政治和法律环境、文化环境和竞争环境等。经济环境包括一国的经济结构、经济发展水平、经济发展前景、物价水平、就业、收入分配等。政治和法律环境主要是指政府的经济政策、对贸易实行的鼓励、限制政策和有关外贸方面的法律法规，如关税和非关税壁垒、外汇管制、卫生检疫、安全认证等。文化环境包括居民的消费习惯、价值观念、风俗习惯等，特别是各国客户的贸易习惯。竞争环境包括竞争者产品质量、价格、营销策略、市场占有率等。

2. 国际商品市场行情调研

国际商品市场行情调研主要是加强对市场供求关系的研究，包括价格走势以及影响价格变动的因素。具体而言，市场供给情况主要包括商品供应的渠道、来源、国外生产厂家、生产能力、数量及库存情况等；市场需求情况主要包括国外市场对商品需求的品种、数量、质量的要求等。通过商品市场行情调研，掌握市场供求变化的规律，预测其变化趋势；同时，了解各地市场的价格情况，分析影响价格变化的因素及价格变化的规律和趋势，结合自身需要，选择最有利的市场和最佳时机开展进出口经营活动。

3. 商品销售技巧调研

这部分调研主要是针对商品销售渠道和广告宣传，前者包括销售网络设立、批零商的经营能力、经营利润、消费者对他们的印象、售后服务等，后者包括消费者购买动机、广告内容、广告时间、方式、效果等。通过商品销售技巧调研，学会选择合适的产品销售渠道，恰当地进行广告宣传，合理地运用定价策略，正确地选择支付方式等。

## 二、选择交易对象

正确选择交易对象，有利于发展业务、扩大经营。为了使交易建立在可靠的基础上，企业必须根据业务需要认真、谨慎地选择国外客户，了解潜在的交易对象。具体而言，可以从以下三个层次进行：

第一，了解交易对象的政治情况、文化背景、资信情况、经营范围、经营能力和经营作风，特别是其资信情况，防范交易风险。关于交易对象的资信情况，可以通过银行、国外的工商团体、国内外交易会、展览会、技术交流会、学术讨论会、中国驻外机构、外国出版的企业名录及厂商年鉴有关资料或国外的咨询机构进行调查和咨询。

第二，了解交易对象的真实需要，分析其潜在需求，促使交易的达成。

第三，了解交易对象的国际贸易惯常做法，如一些习惯和禁忌，以便在不损害我方利益的情况下，尽可能给对方提供一些便利，也方便后面合同的履行。

对客户有所了解后，要选择那些对我们态度友好、信用好、资金比较雄厚、具有一定经营能力且经营范围符合我们需要的客户作为交易对象。此外，在选择客户时，既要注意巩固与老客户的关系，又要积极物色新客户，以便在国际市场上形成一个广泛、稳定的客户群。

## 三、加强成本核算

在进出口交易前加强成本核算，有利于企业制定正确的进出口价格，顺利达成交易，同时保证企业的合理利润。对于出口交易的成本和费用核算、常用价格术语的价格构成，本书第四章已做详细介绍，本章不再重复，只介绍进口交易商品的成本核算。

进口交易商品的成本主要包括进口商品的进口价格、进口关税、进口环节海关代征税和其他各项费用。

1. 进口价格

进口商品的进口价格通常基于CIF/CIP价格进行核算。若以其他价格术语成交，则应参照第四章介绍的常用价格术语的换算方法，换算成CIF/CIP价格。同时，若进口商品以外币报价，还应根据汇率折算成本币。

2. 进口关税

进口关税是一国的海关对进口货物和物品征收的关税，也是一国限制外国商品进口、保护本国相关产业的一种手段。加入WTO后，中国对大部分进口商品的进口关税进行了调整，降低了大部分商品的进口税率，并取消了部分商品的关税。目前，中国进口关税大多采用从价税，即以进口商品的完税价格作为计税依据。其计算公式为：

$$\text{进口关税}=\text{进口商品完税价格}\times\text{进口关税税率}$$

其中，进口商品的完税价格，是指以海关审定的CIF/CIP为基础的价格。成交价格不能确定时由海关依法估定；若以其他价格术语成交的，需要将其换算为CIF/CIP价格。

3. 进口环节海关代征税

(1) 消费税。消费税是以消费品或消费行为的流转额作为课税对象而征收的一种流转税，目前消费税主要针对进口烟、酒、化妆品、护肤护发品、贵重首饰等特殊商品征收。消费税的计算公式如下：

$$\text{计税价格}=\frac{\text{关税完税价格}+\text{关税}}{1-\text{消费税税率}}$$

$$\text{消费税}=\text{计税价格}\times\text{消费税税率}$$

(2) 增值税。增值税是以商品的生产、流通和劳务服务各个环节所创造的新增价值为课税对象的一种流转税。目前，中国增值税的税率主要有三种：第一种，纳税人出口货物，增值税税率为零；第二种，纳税人销售或进口粮食、煤气、图书、农药、化肥等特定货物的，税率为13%；第三种，上述两种情况以外的普通商品，基本税率为17%。[①]

增值税的计算公式如下：

计税价格＝关税完税价格＋关税＋消费税

增值税＝计税价格×增值税税率

（3）船舶吨税。船舶吨税是由海关代为在设关口岸对进出、停靠中国港口的国际航行船舶征收用以航道设施建设的一种使用税。

4. 其他各项费用

与出口商品成本类似，进口交易商品的成本还包括进口的其他杂费，如报关费、报检费、核销费、银行费用、国内运费、海关监管手续费等，读者可参阅第四章第四节相关内容。

### 四、制定进出口经营方案

进出口商品经营方案是企业国内外市场、企业经营决策及目标对其所经营的进出口商品所做的一种业务计划安排。它可使企业交易有计划、有目的地顺利进行，是企业同客户洽商交易的依据。进出口商品经营方案内容一般包括：①国外市场特点、适销品种、供求情况；②国内资源情况；③世界经济贸易动向和价格趋势；④销售意图和经营方针；⑤进出口计划初步安排；⑥采取的贸易方式；⑦进出口盈亏率；⑧价格条件和掌握幅度；⑨佣金和折扣；⑩收汇方式的运用和掌握；⑪其他有关问题。[②]

经营方案涉及的商品，可以是一种，也可以是一类。凡是大宗或重点进出口商品，一般要逐个制定商品进出口方案；对普通商品或经营额不大的商品，通常按商品大类制定经营方案；对小商品可制定内容简单的价格方案，仅对市场和价格提出分析意见，规定对各个地区的进出口价格以及掌握进出口价格的原则和幅度。

应当说，完成进出口商品经营方案的制定只是做好进出口贸易的第一步，要把它变成现实还要经过许多努力。在执行方案的过程中，应注意经常检查方案的执行情况、定期总结经验、及时修订方案中不再适用的内容。

## 第二节 交易磋商的一般程序

进出口业务买卖双方在交易磋商、谈判合同的过程中，一般要经过询盘、发盘、还盘、

① 具体参见《中华人民共和国增值税暂行条例》，1993年12月13日中华人民共和国国务院令第134号发布2008年11月5日国务院第34次常务会议修订通过，2009年1月1日起施行。

② 参考南京世格软件公司(2008A)。

接受四个步骤。其中，发盘和接受是交易磋商不可缺少的两个基本环节。

本节将介绍交易磋商的这四个环节，并以美国 SIDA，Inc. 为买方，中国 Hubei International Trade Corp.（HBITC）为卖方，举例说明买卖双方的交易磋商过程。

## 一、询盘

询盘（Enquiry），又称询价，是指买方为了购买货物或卖方为了销售货物而向对方提出有关交易条件的询问，如图 7-2 所示。

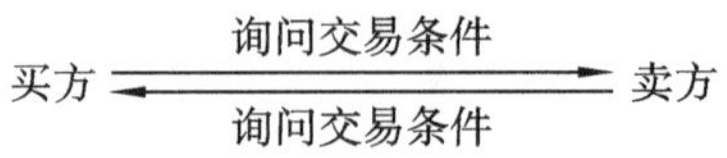


**图 7-2　询盘**

图 7-2 表明，询盘既可以由买方发出，也可以由卖方发出。询盘的特点是询盘对双方都没有约束力，也不是每笔交易的必经程序。

**例 7-1**　询盘

以下是 SIDA 公司向 HBITC 公司发出的一份询盘邮件。

To：Hubei Int'l Trade Corp，

Attn：Manager of Export Department

From：SIDA，Inc.，USA

Subject：Enquiry for bicycles

Date：May 20，2019

Dear Sirs，

We learnt from your website that you are a supplier of bicycles and we are interested in your products. We would like you to make an offer for 28″ bicycles Flying Pigeon Brand. Please inform your time of delivery.

We look forward to your early reply and trust that through our cooperation we shall be able to conclude some transactions with you in the near future.

Thanks and Regards，

Allison Lee

## 二、发盘

1. 发盘的含义

发盘（Offer），也称为要约或发价，是买方或卖方向对方提出各项交易条件，并愿意按照这些条件订立合同的意思表示。

《联合国国际销售合同公约》对发盘的定义如下：向一个或一个以上特定的人提出的订立合同的建议，如果十分确定并且表明发价人在得到接受时承受约束的意旨，即构成发价。[①]

① 转引自人民网—中华人民共和国对外经济法律法规汇编—联合国国际货物销售合同公约（http://www.people.com.cn/zixun/flfgk/item/dwjjf/falv/10/10-1-06.html）。

在买卖双方交易磋商过程中，发盘的常用语句有：发盘(Offer)、报价(Quote)、递实盘(Bid Firm，Firm Bid)。

发盘具有两个特点：

第一，在发盘有效期内，如果受盘人表示接受，发盘人将受到发盘的约束，承担与受盘人订立合同的法律责任。

第二，发盘对受盘人没有约束，受盘人可以接受该发盘，也可以拒绝。

2. 构成发盘的条件

第一，发盘要有确定的受盘人。确定的受盘人是指发盘应该向有名有姓的公司或个人提出，根据《联合国国际销售合同公约》第 14 条第(2)款：非向一个或一个以上特定的人提出的建议，仅应视为邀请做出发价，除非提出建议的人明确地表示相反的意向。因此，普通商业广告并不构成发盘。

第二，发盘的内容须十分确定，即规定品名、品质、数量和价格。对于此，《联合国国际销售合同公约》第 14 条第(1)款规定，一个建议如果写明货物并且明示或暗示地规定数量和价格或规定如何确定数量和价格，即为十分确定。需要说明的是，结合我们前面学习的内容，商品的品名、品质、数量、包装、价格、交货时间、运输方式、支付方式都是合同的必用条款，属于交易的主要条件，因此，在实际发盘中，最好将上述主要交易条件一一列明。

第三，表明订约意旨，即发盘人向对方表示，在得到有效接受时双方可按发盘的条件订立合同。表明订约意旨，可以通过在发盘中约定受盘人对发盘表示接受的时限来表示，或通过随发盘附寄售货确认书或合同来表示。如果发盘人在发盘中表明"此发盘须以发盘人的最后确认有效"，则不是明确的订约意旨，发盘人也不受其约束。

3. 发盘的有效期

发盘的有效期，是指发盘人受约束的期限和受盘人对发盘表示接受的时限。

在实际业务中，通常明确规定发盘的有效期，以避免发生争议。规定有效期的常见方式有：

第一，规定有效或答复的最后日期，例如：Offer valid until November 15，2011；Offer subject to reply received on or before November 15，2011。

第二，规定一段有效或答复的期间，例如：Offer valid within 20 days since the date of offer；Offer subject to reply received within 20 days after the date of the offer。

4. 发盘的撤回和撤销

发盘的撤回(Withdrawal)，是指发盘人将尚未被受盘人收到的发盘予以取消的行为。

《联合国国际货物销售合同公约》第 15 条第(2)款规定：一项发盘，即使它注明是不可撤销的，如果撤回的通知在发盘到达受盘人之前或同时到达受盘人，也可以撤回。这一规定是建立在发盘尚未生效的基础之上。发盘生效之前，对发盘人没有约束力，所以，发盘人可以将发盘取消。

在实际业务中，只有在使用信函或电报向国外发盘时，才有撤回发盘的可能性。因为邮件和电报的送达有一段时间间隔，如发盘人发现市场情况有重大变化或发盘内容有误，可采用速度更快的通信方法，在发盘到达之前，通知受盘人撤回发盘。在使用电传、传真、E-mail 发盘的情况下,由于发出的同时就能收到,所以几乎不存在撤回发盘的可能性。

发盘的撤销(Revocation),是指发盘人将已经被受盘人收到的发盘予以取消的行为。

对于发盘能否被撤销,各国的法律规定有较大差异。英美法系认为,即使发盘中规定了有效期,只要在受盘人表示接受之前,发盘人也可以随时撤销发盘,这一规定对发盘人有利。而大陆法系则认为,发盘人原则上应受到发盘的约束,一项发盘一经送达受盘人即生效后,就不得撤销,除非发盘人在发盘中明确表示不受约束。

对此,《联合国国际货物销售合同公约》(以下简称《公约》)在大陆法系和英美法系之间做了折中。《公约》第 16 条规定:在未订立合同之前,发盘可以撤销,如果撤销通知在受盘人发出接受通知之前到达受盘人。但在下列情况下,发盘不得撤销:①发盘标明发盘的期限或以其他方式表示发盘是不可撤销的;②受盘人有理由信赖该发盘是不可撤销的,而且受盘人已本着对该项发盘的信赖行事。以上规定也表明,发盘对发盘人具有约束力,因此,在对外发盘时,必须谨慎对待。

5. 发盘的失效

发盘的失效,是指发盘的效力的终止或消失。它含有两个方面的意义:一是发盘人不再受发盘的约束,二是受盘人不再享有接受发盘的权利。

有下列情况之一的,发盘失效:①拒绝或还盘的通知传达给发盘人;②在受盘人作出接受之前,发盘人对发盘进行了有效的撤销;③发盘规定的有效期届满而发盘仍未被接受;④不可抗力事件造成发盘的终止;⑤当事人死亡、公司破产等造成发盘终止。

**例 7-2** 发盘

针对例 7-1 的询盘,HBITC 公司向 SIDA 公司发出如下发盘。

To:SIDA,Inc.,USA

Attn:Allison Lee

From:Wang Tao,Hubei Int'l Trade Corp.

Subject:Offer for bicycles

Date:May 22,2019

Dear Allison Lee,

Thank you for your enquiry dated May 20 regarding our bicycles. Our offer is as follows:

28″ bicycles Flying Pigeon Brand

N sets per FCL 20 FT,total US$24 920.00,@US$28.00/set,

CFR Los Angeles,USA Incoterms 2010

Each set packed by carton

Measurement of each carton:L×W×H cm

Payment:by irrevocable L/C

Shipping lead time:within 40 days after receipt of irrevocable L/C at sight

The above offer is valid until May 30,2019.

I'll submit our sales contract by e-Mail for you to review upon your acceptance of this offer.

Please feel free to contact me should you have any questions or comments.

Thanks and Regards,

Wang Tao

## 三、还盘

还盘(Counter-offer)也称为反要约或还价,是指受盘人对发盘内容不完全同意而提出修改的意思表示。

还盘既是受盘人对发盘的拒绝,也是受盘人以发盘人的地位提出的一项新的发盘。一笔交易有时不经过还盘即可完成,有时要经过还盘,甚至是往返多次的还盘才能完成。

需要说明的是,在还盘函中,还盘方一般只对不同意的交易条件提出修改,而没有提到的条件则视为已经同意的。

**例 7-3** 还盘

针对例 7-2 的发盘,SIDA 公司提出如下还盘。

To:Hubei Int'l Trade Corp,

Attn:Wang Tao

From:Allison Lee,SIDA,Inc. ,USA

Subject:Counter-offer

Date:May 23,2019

Dear Wang Tao,

Thank you for your offer dated May 22,2019.

After careful examination and comparison with other brands of similar products,we found that your price is higher than the average in the market. In order to allow us a better competing position,we shall be grateful if you could reduce the price of 28″ bicycles Flying Pigeon Brand to USD 26 per set CFR Los Angeles,USA Incoterms 2010. Moreover,we should be grateful if you make some adjustment of your terms of payment L/C to D/P at sight.

We hope we can enter a lasting business relationship with you and look forward to receiving your reply.

Best Regards,

Allison Lee

## 四、接受

1. 接受的含义

接受(Acceptance),又称承诺,是指受盘人用声明或其他行为表示同意发盘人提出的各项条件。接受一旦生效,即意味着双方达成买卖合同,双方应分别履行其所承担的合同义务。

在买卖双方交易磋商过程中,表示接受一般用"接受"(Accept)、"同意"(Agree)、"确认"(Confirm)。

2. 构成接受的条件

第一，接受必须由发盘中确定的受盘人做出。第三方做出的接受，对发盘人没有约束力，只具有“发盘”的性质。

第二，受盘人必须用声明或有关行为来表示接受，缄默和不行动不构成接受。

第三，接受的内容必须与发盘相符，未对发盘进行实质性变更。所谓实质性变更，是指对价格、付款、品质、数量、交货地点、时间、赔偿责任范围、争端解决方式等主要交易条件提出的修改；而对这些主要交易条件以外内容的变更，则为非实质性变更。

第四，接受必须在发盘规定的期限内（发盘的有效期）做出。

**例 7-4　接受**

经过往返还盘以后，SIDA 公司最后表示接受，并决定下订单。

To：Hubei Int'l Trade Corp,

Attn：Wang Tao

From：Allison Lee，SIDA，Inc.，USA

Subject：Counter-offer

Date：May 29，2019

Dear Wang Tao：

Thank you for your email of May 27，2019. We take pleasure in confirming the following offer and accepting it：

28″ bicycles Flying Pigeon Brand

Price：USD 27 per set CFR Los Angeles，USA Incoterms 2010

Quantity：10 000sets

Packing：Each set packed by carton

Payment：100% by irrevocable L/C payable by draft at sight in our favor for the full invoice value

Shipment：within 40 days after receipt of irrevocable L/C at sight

Please send us a contract and thank you for your cooperation.

Best Regards,

Allison Lee

## 第三节　合同的签订

如前所述，接受一旦生效，即意味着双方已达成买卖合同。但是，在交易磋商环节中达成的一致意见，其条件通常是简要的，有时还是零散的。双方签订合同，实际上是对交易磋商环节中所达成的简要和零散的一致意见加以总结、完善、补充和规范。

国际货物买卖合同是对买卖双方权利和义务的约定，是对买卖双方的约束，对双方来说至关重要，因此，买卖双方应谨慎对待合同的签订。

## 一、合同生效的要件

一项合同，除买卖双方就交易条件通过发盘和接受达成协议后，还需要具备以下条件，才是一项有效的合同，才能得到法律上的保护。

1. 合同当事人必须具有签约能力

法人必须通过代理人，在法人的经营范围内签订合同。中国进出口合同，主要是考虑中国公司是否具有进出口经营权。

2. 合同必须有对价或约因

对价是指当事人为了取得合同利益所付出的代价。约因(Cause)是指当事人签订合同所追求的直接目的。按照英美法和大陆法的规定，合同只有在有对价或约因时，才是法律上有效的合同，无对价或约因的合同，是得不到法律保障的。

3. 合同内容必须合法

许多国家往往从广义上解释“合同内容必须合法”，其中包括不得违反法律、不得违反公共秩序或公共政策，以及不得违反善良风俗或道德三个方面。

《中华人民共和国合同法》(以下简称《合同法》)第 7 条规定：当事人订立、履行合同应当依照法律、行政法规，尊重社会公德，不得扰乱社会经济秩序，损害社会公共利益。

4. 合同形式必须合法

世界上大多数国家，只对少数合同才要求必须按法律规定的特定形式订立，而对大多数合同，一般不从法律上规定应当采取的形式。《合同法》第 10 条规定：当事人订立合同，有书面形式、口头形式和其他形式。

5. 合同当事人意思表示必须真实

各国法律都认为，合同当事人的意思表示必须是真实的才能成为一项有约束力的合同，否则这种合同无效。

另外，根据《合同法》第 52 条规定，有下列情形之一的，合同无效：①一方以欺诈、胁迫的手段订立合同，损害国家利益；②恶意串通，损害国家、集体或者第三人利益；③以合法形式掩盖非法目的；④损害社会公共利益；⑤违反法律、行政法规的强制性规定。

为了使签订的合同能得到法律上的保护，必须了解上述合同生效的各项要件，并依法行事；还要了解造成合同失效的几种情况，避免不必要的损失。[①]

## 二、书面合同的框架

从名义上来讲，当事人订立合同有书面形式、口头形式和其他形式，但为保障双方当事人的权益，在国际贸易的实践中，在买卖双方通过各种方式的磋商达成协议后，一般还

① 黎孝先(2007)，第 311—312 页。

要签订正式的书面合同,并由双方合法代表分别签字,作为订立合同的证据和履约依据。

书面合同是磋商结果的总结和补充,其内容和格式并没有统一的规定,但在框架上一般包括约首、正文和约尾三个部分。

1. 约首

约首部分一般包括合同名称、号码、日期、签约地点以及合同当事人名称、地址、联系方式等内容。

**例 7-5** 约首示例

CONTRACT

CONTRACT NO. ____

Wuhan, Date ____

Buyer: SIDA CORPORATION

1255 Corporate Center Dr., Suite 306, Monterey Park, California 91754 USA

Seller: Hubei International Trade Corporation

4, Jianghan Beilu, Wuhan, Hubei, 430022, P. R. China

This Contract is made by and between the Buyer and the Seller, whereby the Buyer agrees to buy and the Seller agrees to sell the under-mentioned commodity according to the terms and conditions stipulated below:...

2. 正文

合同的正文即合同条款,是合同的主要内容,包括本书前六章所介绍的必用条款和备用条款。买卖双方交易磋商,也就是就合同的这些条款进行谈判的过程。

3. 约尾

合同的约尾部分主要是对合同的附加说明以及合同双方当事人的签字。

**例 7-6** 约尾示例

This contract shall become effective from the date of signature by the authorized representatives of both parties.

This contract is made out in two originals with the same effect, one original to be held by each party in witness thereof.

## 三、书面合同的形式

在国际货物买卖中,书面合同的形式没有特定的限制,可以采用售货确认书(Sales Confirmation)、合同(Contract),也可以采用协议(Agreement)、备用录(Memorandum)、意向书(Letter of Intent)等形式。在中国对外贸易中,主要采用售货确认书和合同。

1. 售货确认书(Sales Confirmation)

售货确认书是比较简式的书面合同,一般只有品名、品质、数量、包装、价格、装运、支付、保险等必用条款,而没有备用条款。售货确认书与合同具有同样的法律效力,一般用于金额不大或者买卖双方之间业务关系比较熟悉的交易。

售货确认书实例见实例 7-1。

## 实例 7-1 售货确认书

中国纺织品进出口公司上海市分公司[①]

**CHINA NATIONAL TEXTILES IMPORT & EXPORT CORPORATION**

**SHANGHAI BRANCH**

27 Chungshan Road E. 1 SHANGHAI CHINA

TEL:8621-65342517 FAX:8621-65124743

编号

TO:CRYSTAL KOBE LTD. No. 21SSG-017

**售货确认书** 日期

**SALES CONFIRMATION** Date:AUG. 26,2019

| 货 号<br>ART. NO. | 品名及规格<br>COMMODITY AND SPECIFICATION | 数 量<br>QUANTITY | 单价及价格条款<br>UNIT PRICE & TERMS | 金 额<br>AMOUNT |
|---|---|---|---|---|
| H32331SE | LADIES' 55% ACRYLIC 45% COTTON KNITTED BLOUSE | 120 CARTONS | USD 48.5 PER DOZ CIFC3% NEW YORK, USA Incoterms 2010 | USD24 250 |
| | | | 总金额<br>TOTAL AMOUNT | USD24 250 |

装运条款

SHIPMENT: SHIPMENT ON OR BEFORE NOV. 20,2019 WITH PARTIAL SHIPMENTS ARE NOT ALLOWED TRANSSHIPMENT IS ALLOWED FROM SHANGHAI TO NEW YORK.

付款方式

PAYMENT: THE BUYER SHALL OPEN THROUGH A BANK ACCEPTABLE TO THE SELLER AN IRREVOCABLE L/C AT SIGHT TO REACH THE SELLER 30 DAYS BEFORE THE MONTH OF SHIPMENT REMAINED VALID FOR NEGOTIATION IN CHINA UNTIL THE 15TH DAY AFTER THE DATE OF SHIPMENT.

保 险

INSURANCE: THE SELLER SHALL COVER INSUREANCE AGAINST ALL RISKS FOR 110% OF THE TOTAL INVOICE VALUE AS PER THE RELEVANT OCEAN MARINE CARGO CLAUSE OF P. I. C. C. DATED JAN. 1ST,1981.

注 意 请完全按本售货确认书开证并在证内注明本售货确认书号码。

IMPORTANT: PLEASE ESTABLISH L/C EXACTLY ACCORDING TO THE TERMS AND CONDITIONS OF THIS S/C AND WITH THIS S/C NUMBER INDICATED.

CRYSTAL KOBE LTD. SHANGHAI TEXTILES I/E CORPORATION

买方 (The Buyers) 卖方 (The Sellers)

① 转引自李元旭、吴国新(2005),第 40 页。

2. 合同(Contract)

合同是正式的买卖协议，除了售货确认书所载明的必用条款，还包括检验、索赔、不可抗力和仲裁等备用条款。合同一般用于大宗商品和金额较大的交易，或者买卖双方以前没有或少有业务往来的情形。关于合同的实例见本书导论合同 0-1。

## 第四节 进出口合同履行[①]

国际货物买卖合同达成以后，进出口合同的履行才意味着一笔业务的最终了结。事实上，国际货物买卖业务，也就是磋商、签订并履行合同的过程。进出口合同的履行直接关系到买卖双方能否在该笔业务中实现相关利益，也会影响企业的商业信用和今后业务的开展，因此买卖双方应本着诚实、诚信的原则，认真、谨慎地履行合同。

在进出口合同履行过程中，卖方的主要义务是交付货物，移交一切与货物有关的单据并转移货物所有权；买方的主要义务是支付货物价款和收取货物。买卖双方履行合同，要经过很多程序和手续，涉及很多机构和部门；同时，贸易方式、品质条款、价格术语、支付方式等的不一样也会导致履约过程有所差异，本节以一般贸易为例，参考 SimTrade 外贸实习平台，详细介绍 CIF 价格术语下用 L/C 付款实例；并对 L/C 以外的其他支付方式，将其与 L/C 方式在流程方面的区别加以说明；对于 CIF 以外的其他价格术语，读者可以结合本书第四章关于价格条件和作价的相关内容，进行对比分析。

### 一、L/C 方式下进出口合同履行

从签订外销合同，到租船订舱、检验、产地证、保险、送货、报关、装船出口，直至押汇(或托收)、交单、结汇、核销、退税，是每笔进出口业务的必经过程。图 7-3 显示了以 CIF 价格术语成交时，L/C 方式下出口商、进口商、出口地银行、进口地银行的进出口合同履约过程，以及履约过程中所涉及的主要结构。

下面对图 7-3 所涉及的各个业务环节分别介绍如下：

1. 推销

进出口商要将产品打进国际市场，必须先开拓市场，寻找合适的交易对象。可以通过寄送业务推广函电(Sale Letter)或在计算机网络、国外杂志、报刊上刊登产品广告来推

① 本节关于进出口合同履行的流程是根据南京世格软件公司(2008B)的 SimTrade 外贸实习平台来进行的，SimTrade 外贸实习平台通过国际贸易业务过程中不同的角色分配，模拟了国际贸易实务的商务环境和业务流程，也是目前国内大多数高校国际贸易实务上机实验课所使用的进出口业务模拟软件。

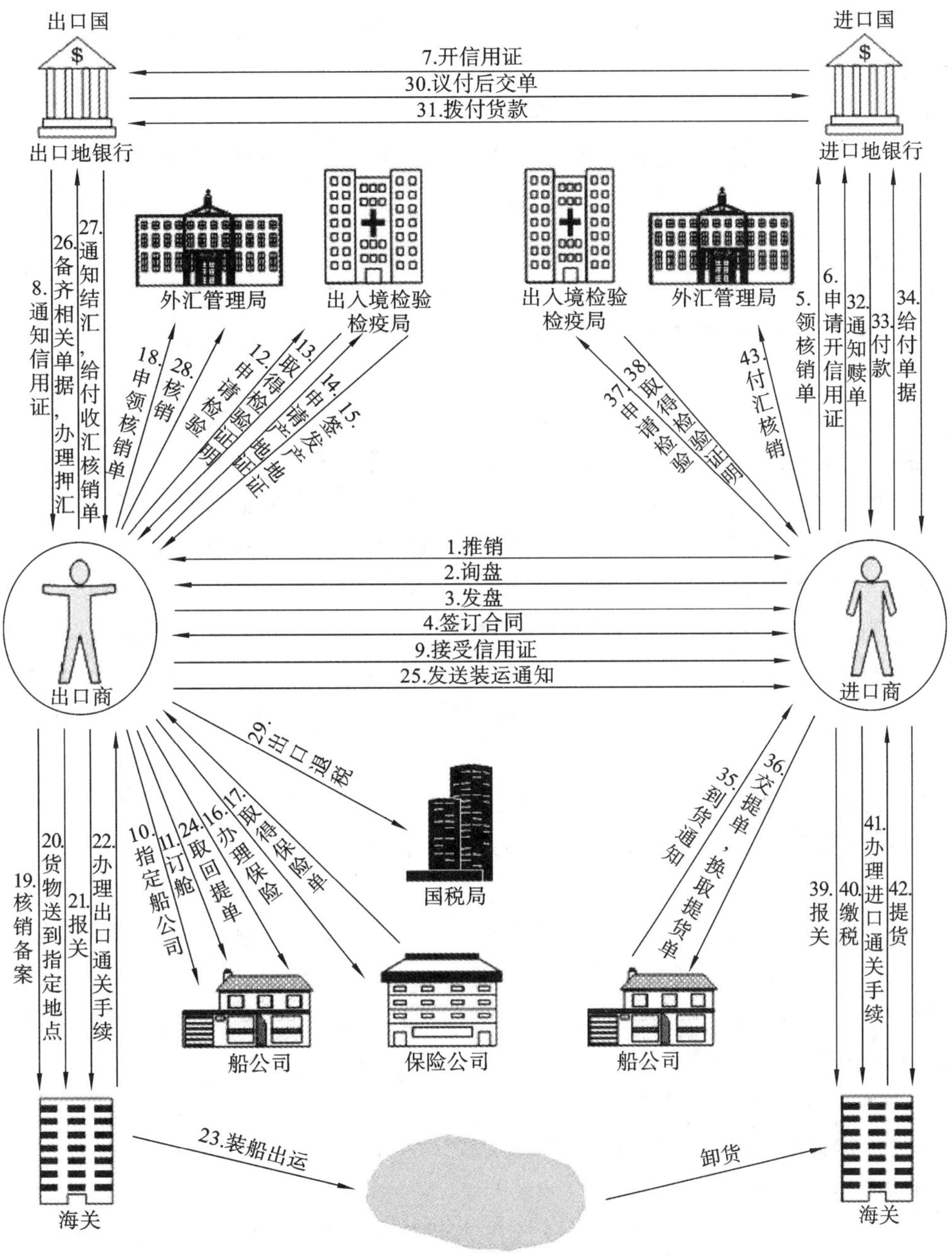


**图 7-3　CIF 价格术语＋L/C 方式下进出口合同履约流程**

资料来源：南京世格软件公司(2008B)。

销自己，同时也可通过参加商展、实地到国外考察等途径来寻找交易对象，增进贸易机会。

2. 询盘

又称询价,是指买方为了购买货物或卖方为了销售货物而向对方提出有关交易条件的询问。其具体内容我们在本章第二节已做介绍。

3. 发盘

也称为要约或发价,是买方或卖方向对方提出各项交易条件,并愿意按照这些条件订立合同的意思表示。其具体内容我们在本章第二节已做介绍。

4. 签订合同

进出口商经过一番讨价还价,就各项交易条件达成一致后,正式签订书面合同。有关书面合同的形式和框架,我们在本章第三节已做介绍。

5. 领核销单

为保证企业严格按照正常贸易活动的外汇需要来使用外汇,杜绝各种形式的套汇、逃汇、骗汇等违法犯罪行为,中国规定企业对外付汇要通过国家审核,实行进口付汇核销制度。采用信用证方式结算时,进口商须在开证前到外汇指定银行领取"贸易进口付汇核销单(代申报单)",凭以办理进口付汇手续;其他结算方式下则在付款前领此单。

6. 申请开信用证

进口商填妥付汇核销单后,再开具按照合同规定填写"不可撤销信用证开证申请书"(*Irrevocable Documentary Credit Application*),向其有往来的外汇银行申请开立信用证。该开证申请书是开证行开立信用证的依据,也是进口商与开证行之间信用证契约关系的证明。

进口商申请开立信用证,一般应向开证行交付一定比率的押金或抵押品,并支付开证手续费。开证申请书的内容,应与合同条款一致。

7. 开信用证

开证银行接受申请并根据申请书开立信用证,经返还进口商确认后,将信用证寄给出口地银行(在出口国称"通知行"),请其代为转送给出口商。

信用证的内容,如品名、品质、数量、价格、金额、交货日期、装运日期、所要求的单据等,应符合合同的规定。

8. 通知信用证

出口地银行(通知行)填妥"信用证通知书"(*Notification of Documentary Credit*),将信用证通知出口商。

需要说明的是,通知行在收到开证行寄来的信用证后,承担着审核信用证的任务。通知行着重审核信用证的真实性,开证行的政治背景、资信能力、付款责任和索汇路线等方面的内容。对于审核后已确定真实性的信用证,通知行一般加上"印鉴相符"的字样。

9. 接受信用证

出口商收到通知银行送来的信用证后,经审核无误,接受信用证,即可开始备货、装船等事宜。如信用证有误,可要求进口商修改。

需要特别注意的是,在此步骤中,出口商存在对信用证的审核和要求修改的过程,这个过程出口商必须特别仔细和谨慎，否则就可能导致不必要的损失。

(1) 审证。出口商对信用证的审核主要是检验信用证内容与买卖合同是否一致，具体而言，其审核要点主要包括：①信用证的种类及生效问题；②金额与币制；③有效期、装运期、交单期及到期地点；④开证申请人和受益人；⑤信用证的付款期限；⑥商品品名、规格、数量、包装条款；⑦运输条款；⑧信用证所要求的单据；⑨其他特殊条款。

(2) 改证。出口商对信用证进行了全面审核后，如发现问题，应区别问题的性质，分别同银行、运输、保险、商检等有关部门研究，做出恰当妥善处理。凡是不属于中国对外贸易方针政策，影响合同执行和安全收汇的情况，必须要求国外客户通过开证行进行修改，并坚持在收到银行修改信用证通知书后才能对外发货，以免发生货物装运后而修改通知书未到的情况，造成我方工作上的被动和经济上的损失。[①]

根据 UCP 600 的规定，除非信用证另有规定，未经开证行、保兑行(如果有保兑的话)和受益人的同意，信用证既不能修改，也不能撤销。在出口商要求修改信用证的过程中，有以下几点需要注意：①信用证需要修改的内容，应集中一次通知开证申请人要求开证行办理修改；②出口商电讯通知开证申请人时，要规定修改书到达的时限；③信用证修改通知书应由原通知行转递或通知；④信用证经修改后，开证行即不可撤销地受该修改的约束；⑤出口商对收到的信用证修改通知书要认真审核；⑥出口商对信用证修改通知书只能全部接受或全部拒绝，部分接受被视为拒绝修改。

10. 指定船公司

在 CIF 或 CFR 术语下，出口商一边备货，一边还要寻找合适的船公司，以提前做好装运准备；在 FOB 术语下，此步骤则应由进口商完成。

11. 订舱

确定好船公司后，出口商即应根据相应的船期，配合装运期限进行订舱，经船公司接受后发给配舱通知，凭以填制其他单据，办理出口报关及装运手续。

12. 申请检验

凡属国家法定检验的商品[②]，或合同规定须由出口商办理检验检疫的商品，在货物备齐后，出口商应根据信用证的规定填写“出境货物报检单”(*Application for Certificate of Export Inspection*)，并备齐商业发票、装箱单等相关文件向出入境检验检疫局申请出口检验。

13. 取得检验证明

检验机构经对商品检验合格后，签发“出境货物通关单”；并根据出口商的要求，签发相应的商检证书，如品质证书、健康证书等。

14. 申请产地证

出口商填妥相应的产地证明书向相关单位申请签发，其中“原产地证明书”(*Certificate of Origin*)与“普惠制产地证明书”(*Generalized System of Preferences Certificate*

① 黎孝先(2007)，第 324 页。

② 即本书第六章中所提及的《法检目录》中的商品。

*of Origin* “*Form A*”）应向出入境检验检疫局申请，而“输欧盟纺织品产地证”则应向商务部授权的纺织品出口证书发证机构申请。

15. 签发产地证

相关机构经过审核，根据出口商的申请，签发相应的产地证书。

16. 办理保险

在 CIF 价格术语下，保险由出口商办理，出口商须根据信用证的规定填写“货物运输保险投保单”（*Cargo Transportation Insurance Application*），并附商业发票向保险公司投保。

如果按 CIF 价格术语成交，保险才由出口商办理；如果按 FOB 或 CFR 价格术语成交，则应由进口商办理保险。

17. 取得保险单

保险公司承保后，签发“货物运输保险单”（*Cargo Transportation Insurance Policy*）给出口商。

18. 申领核销单

中国法律规定，境内出口单位向境外出口货物，均应当办理出口收汇核销手续。出口商在报关前，须到外汇管理局申领“出口收汇核销单”。

19. 核销备案

填妥核销单后，出口商即可凭以向海关申请核销备案。

20. 货物送到指定地点

出口商办完以上各项手续后，将货物送抵指定的码头或地点，以便报关出口。

21. 报关

送出货物后，出口商填妥“出口货物报关单”，并备齐相关文件（出口收汇核销单、商业发票、装箱单、出境货物通关单等），向海关投单报关。

出口商办理报关，可以自行办理，也可以通过报关经纪公司或国际货运代理公司办理代理报关。

22. 办理出口通关手续

海关审核单据无误后即办理出口通关手续，签发加盖验讫章的核销单与报关单（出口退税联）给出口商，以便其办理核销与退税。

23. 装船出运

通关手续完成后，货物即装上船，开航。

24. 取回提单

船公司须等到货物已装上船（B/L 上有记载 On Board Date）并起航后才签发提单，因此货物出运后，出口商就可到船公司领取“海运提单”。

25. 发送装运通知

出口商将货物运出后，应向买主寄发“装运通知”（*Shipping Advice*）。尤其是在 FOB、CFR 术语下，保险由买方自行负责时，出口商须尽快发送装运通知以便买方凭此办理保险事宜。

26. 备齐相关单据，办理押汇

货物装运出口后，出口商按 L/C 上规定，备妥相关文件（商业发票、装箱单、海运提单、货物运输保险单、商检证书、产地证、信用证等），并签发以进口商为付款人的汇票，向出口地银行要求押汇。以出口单据作为质押，向银行取得融资。

27. 通知结汇，给付收汇核销单

押汇单据经押汇银行验审与信用证的规定相符，即拨付押汇款，通知出口商可以结汇，同时收取一定押汇费用。此外，银行还将出具加盖“出口收汇核销专用联章”的《出口收汇核销专用联》给出口商。

在此环节，押汇银行审核单据的主要标准是“单证一致”、“单单一致”，同时银行只负责审核单据与信用证及单据之间是否“表面上相符”。

28. 核销

出口商凭出口收汇核销专用联及其他相关文件（出口收汇核销单送审登记表、报关单、出口收汇核销单、商业发票等）向外管局办理核销，办理完成后，外管局发还出口收汇核销单（第三联）。

29. 出口退税

核销完成后，出口商再凭出口收汇核销单（第三联）、报关单（出口退税联）与商业发票前往国税局办理出口退税。

30. 议付后交单

押汇银行议付后，将押汇单据发送到国外开证银行，要求偿付押汇款。

31. 拨付货款

开证银行审单与信用证条款核对无误后，拨付押汇款即承兑给出口地银行。

32. 通知赎单

开证银行向进口商要求缴清货款。由于当初进口商在向开证银行申请开立信用证时，大部分的信用证金额尚未付清，而出口商已经在出口地押汇（抵押融资），所以开证银行通知进口商缴清余款，将押汇单据赎回。

33. 付款

进口商向开证银行缴清货款，同时需将之前领取的贸易进口付汇核销单交给银行审核。

34. 给付单据

进口商付款后，自开证银行取回所有单据，即出口商凭以押汇的文件。

35. 到货通知

此时，货物已运抵进口国的目的港，船公司通知进口商来换取提货单。

36. 交提单，换取提货单

进口商向船公司缴交提单换取提货单（Delivery Order；D/O）。尤其当进口商是在 FOB 术语下买入货物时，进口商只有向船公司缴清运费及杂费，并将提单向船公司换取提货单,才能向海关提出要求报关,表明进口商已获得船公司同意可以提领货物。

37. 申请检验

进口商填写“入境货物报检单”(*Application for Certificate of Import Inspection*),并备齐提货单、商业发票、装箱单等文件向出入境检验检疫局申请进口检验。

38. 取得检验证明

检验机构经对商品检验合格后,签发“入境货物通关单”给进口商。

39. 报关

进口商备齐进口货物报关单、提货单、商业发票、装箱单、入境货物通关单、合同等文件,向海关投单报关。

40. 缴税

进口商向海关缴清各项税款,应纳税捐包括进口关税、增值税与消费税等。

41. 办理进口通关手续

海关审单通过,办理进口通关手续。

42. 提货

海关放行后,进口商即可至码头或货物存放地提领货物。

43. 付汇核销

最后,进口商还要凭进口付汇到货核销表、进口货物报关单及进口付汇核销单到外汇管理局办理付汇核销。

## Q&A 7-1 进出口合同的履行

**Q:**关于进出口合同的履行,一般教材都只将出口商和进口商作为考察对象,本书为何将银行也作为考察对象?传统教材会分开阐述出口商的履约要点和进口商的履约要点,本书为何将各方当事人作为一个整体,基于不同的结算方式来分类介绍履约过程?这样安排有何合理性?

**A:**第一,由于银行通过国际结算直接影响买卖双方的货款收付和单据转移,因此,在阐述进出口合同履约程序时,本书将进口地银行和出口地银行也作为考察对象。

第二,传统教材将合同履行分成出口合同履行和进口合同履行,并介绍出口商和进口商履约过程中的主要业务环节,本书突破了这一思路,而是将整个合同所涉及的当事人和业务流程作为一个整体,介绍合同的履行,这样更便于读者理解各方当事人在履约时的主要业务环节所涉及的机构及其主要职责,更加符合国际贸易实务环境的实际。事实上,同一个合同的履约过程,对于进口商来说,意味着进口合同履行;对于出口商来说,意味着出口合同履行,它们只是同一个事情的两个方面。另一方面,读者也可以很容易从履约流程图中箭头所指的方向分解出各方当事人的主要业务环节。

## 二、其他结算方式下进出口合同履行

L/C、D/P、D/A、T/T 是国际贸易中常用的四种结算方式，前面已经具体描述过 L/C 方式下的履约流程，以下将就其他三种结算方式与 L/C 在流程方面的区别加以说明。

1. D/P 与 L/C 的区别

(1) 在 D/P 方式下，进口商不需向银行申请开发信用证，有关信用证部分的流程都可省去。

(2) 出口商在办完报关等手续后，不再采用“押汇”方式向银行交付单据，而是采用“托收”方式，出口地银行也不需垫付款项。

(3) 进口地银行同样不需垫付款项，可直接通知进口商前来付款赎单。

(4) 进口商付款后，银行才能通知出口商结汇。

2. D/A 与 L/C 的区别

(1) 在 D/A 方式下，进口商不需向银行申请开发信用证，有关信用证部分的流程都可省去。

(2) 出口商在办完报关等手续后，不再采用“押汇”方式向银行交付单据，而是采用“托收”方式，出口地银行也不需垫付款项。

(3) 进口地银行同样不需垫付款项，可直接通知进口商前来赎单；进口商赎单时不需付款，可先承兑，在汇票到期日前付款即可。

(4) 进口商付款后，银行才能通知出口商结汇。

3. T/T 与 L/C 的区别

(1) 在 T/T 方式下，进口商不需向银行申请开发信用证，有关于信用证部分的流程都可省去。

(2) 出口商在办完报关等手续后，不再采用“押汇”方式向银行交付单据，而是直接将单据送进口商。

(3) 进口商收到单据可直接办理相关手续，可销货收回资金后再付款给进口商。

(4) 进口商付款后，银行才能通知出口商结汇。

## 三、进出口履约主要单证

在进出口履约过程中，无论对于出口商还是进口商，单证操作都是很重要的一个方面，需要谨慎对待。买卖双方准备相关单证的基本要求是“单证一致”、“单单一致”、“单货一致”，即要求所提供的单据与信用证要求一致，不同单据之间的内容一致，以及单据描述与货物一致。

### (一) 汇票

汇票是国际贸易实务结算环节中非常重要的一种票据，汇票在汇款(其中的票汇)、托收和信用证业务中都有使用，在信用证业务中使用最为广泛。有关汇票的含义、基本内容、主要票据行为和使用步骤以及汇票实例，本书第五章“国际货款收付”做了详细介绍,在此不再重复。

**(二) 发票**(Invoice)

发票,一般是指商业发票(Commercial Invoice),还有海关发票(Customs Invoice)、厂商发票(Manufacturer's Invoice)、形式发票(Proforma Invoice)等。

1. 商业发票

商业发票是卖方向买方开立的,凭以向买方收取货款的发货价目清单,是装运货物的总说明。它是卖方向买方的发货凭证,是卖方重要的履约证明文件,也是进出口双方办理报关、纳税的重要依据,还是办理索赔和理赔的重要凭证。

商业发票没有统一的格式,但必须符合合同的规定,文字描述必须与信用证完全一致。发票的主要内容有:①出票人名称和地址;②发票名称;③发票抬头人(TO);④发票号码(No.);⑤发票签发日期(Date);⑥信用证号码(L/C No.);⑦合同号(Contract No.);⑧起讫地点(From... To...);⑨唛头(Shipping marks);⑩货物的描述(Quantity & Descriptions);⑪价格(Price);⑫声明文句;⑬签发人的签字或盖章。

商业发票的实例见实例 7-2。

2. 海关发票

海关发票是有些国家的海关制定的一种固定格式的发票,要求国外出口商填写。进口国要求填写这种发票,主要是作为估价完税或征收差别待遇关税或反倾销税的依据。此外,还供编制统计资料之用。[①]

海关发票格式与详细内容因国而异,其内容除商品品名、单价、总值等与商业发票相同外,还包括商品的成本价值(Cost/Value of Goods)和商品的生产国家(Country of Origin of Goods)等内容。

在填写海关发票时,一般应注意以下问题:

(1) 各个国家(地区)使用的海关发票都有其固定格式,不能混用。

(2) 凡是商业发票和海关发票上共有项目的内容,必须与商业发票保持一致,不得相互矛盾。

(3) 在"出口国国内市场价格"一栏,其价格的高低是进口国海关作为是否征收反倾销税的重要依据,应根据有关规定慎重处理。

(4) 如成交价格为 CIF 价格术语,应分别列明 FOB 价、运费、保险费,这三者的总和应与 CIF 货值相等。

(5) 签字人和证明人均须以个人身份出现,而且这两者不能为同一个人。个人签字均须以手签生效。[②]

海关发票的实例见实例 7-3。

---

① 黎孝先(2007),第 341 页。

② 黎孝先(2007),第 341 页。

## 实例 7-2 商业发票①

**UNICAM** **INVOICE** RECHNUNG FACTURE FATURA

| | | | |
|---|---|---|---|
| UNICAM LIMITED ATOMIC ABSORPTION<br>PO BOX 207,YORK STREET,CAMBRIDGE<br>CB1 2SU ENGLAND<br>FAX:01223 374437 TEL:01223 358866 | | Invoice number<br>100032-1 | Account number<br>766198 |
| | | Invoice date(tax point)<br>19/03/19 | Seller's reference<br>100032-1 Laura Chambers |
| | | Customer reference<br>19FGQM49-9001CE(LZH) | Order date<br>03/03/19 |
| | | Invoice to HUBEI PROVINCIAL INTERNATIONAL<br>TRADE CORPORATION<br>4,JIANGHAN BEILU<br>WUHAN,CHINA | |
| | | Customer VAT No: | |
| Vessel/flight no. and date | Port/airport of loading | Country of origin of goods<br>SEE BELOW | Country of destination<br>CHINA |
| Port/airport of discharge | Place of delivery | Terms of delivery and payment<br>Delivery terms:Carriage and Insurance Paid to(CIP)<br>Delivery Method:Airfreight<br>Payment Terms:Payment under Letter of Credit | |

| Item | Description | Quantity | Unit price | Amount |
|---|---|---|---|---|
| 001 | SOLLAR 989 AA D BEAM AUTO QUADLAMP 942339692352GB<br>HS90273000 S/N:500569 HZ= | 1 | 25 593.12 | 25 593.12 |
| 002 | AIR Compressor 942339003011GB<br>HS90279090 HZ= | 1 | 111.39 | 111.39 |
| 003 | Slotted tube atom trap(STAT) 942339035011GB<br>HS90279090 HZ= | 1 | 780.70 | 780.70 |
| 004 | Chromium Uncoded Hollow Cathode Lamp 942339020241GB<br>HS902790900 HZ= | 1 | 199.56 | 199.56 |
| 005 | Cadmuim Uncoded Hollow Cathode Lamp 942339020481GB<br>HS902790900 HZ= | 1 | 218.91 | 218.91 |
| 006 | Nichel Uncoded Hollow Cathode Lamp 942339020281GB<br>HS902790900 HZ= | 1 | 199.56 | 199.56 |
| 007 | Copper Uncoded Hollow Cathode Lamp 942339020291GB<br>HS902790900 HZ= | 1 | 172.18 | 172.18 |
| 008 | Lead Uncoded Hollow Cathode Lamp 942339020821GB<br>HS902790900 HZ= | 1 | 199.56 | 199.56 |
| 009 | HELIOS ALPHA SPECTROMETER DOUBLE BEAM<br>9423UVA1000EGB<br>HS90273000 S/N:0600118 HZ= | 1 | 7 677.26 | 7 677.26 |
| 010 | 10MM UV Silica cell 942316810421GB<br>HS902790900 HZ= | 7 | 93.06 | 651.42 |
| 011 | SINGLE CELL HOLDER FOR UV SPECTROMETERS<br>9423UV51200EGB<br>HS902790900 HZ= | 1 | 165.76 | 165.76 |
| 012 | 20MM Glass Cell 942316810501GB<br>HS902790900 HZ= | 8 | 34.90 | 279.20 |
| 013 | HELIOS GAMA SPECTROMETERNON-SCANNING,2NM<br>9423UVG1000EGB<br>HS90273000 HZ= | 1 | 3 707.78 | 3 707.78 |
| | PFI Page No. 1<br>QUALITY SYSTEMS REGISTRATION BS EN ISO 9001:1994<br>Reg. Body:BSI Quality Assurance Reg. No:FM09032<br>All products are supplied within the scope of the<br>above Registration unless indicated by a "N" | | | |

① 本书实例 0-1 的合同项下商业发票。

**UNICAM** **INVOICE** RECHNUNG FACTURE FATURA

<table>
<tr><td rowspan="3">UNICAM LIMITED ATOMIC ABSORPTION<br>PO BOX 207,YORK STREET,CAMBRIDGE<br>CB1 2SU ENGLAND<br>FAX:01223 374437 TEL:01223 358866</td><td colspan="2">Invoice number<br>100032-1</td><td>Account number<br>766198</td></tr>
<tr><td colspan="2">Invoice date(tax point)<br>19/03/19</td><td>Seller's reference<br>100032-1 Laura Chambers</td></tr>
<tr><td colspan="2">Customer reference<br>19FGQM49-9001CE(LZH)</td><td>Order date<br>03/03/19</td></tr>
<tr><td rowspan="2"></td><td colspan="3">Invoice to HUBEI PROVINCIAL INTERNATIONAL<br>TRADE CORPORATION<br>4,JIANGHAN BEILU<br>WUHAN,CHINA</td></tr>
<tr><td colspan="3">Customer VAT No:</td></tr>
</table>

| Vessel/flight no. and date | Port/airport of loading | Country of origin of goods<br>SEE BELOW | Country of destination<br>CHINA |
|---|---|---|---|
| Port/airport of discharge | Place of delivery | Terms of delivery and payment<br>Delivery terms:Carriage and Insurance Paid to (CIP)<br>Delivery Method:Airfreight<br>Payment Terms:Payment under Letter of Credit | |

| Item | Description | Quantity | Unit price | Amount |
|---|---|---|---|---|
| | S/N:061109 | | | |
| 014 | 100 MM UV Silica cell 942316810421GB<br>HS902790900 HZ= | 1 | 93.06 | 93.06 |
| 015 | 20 MM UV Grade Silica cell 942316810521GB<br>HS902790900 HZ= | 1 | 34.88 | 34.88 |
| | STANDARD EXPORT PACKING<br>PACKING SPECIFICATION/FOUR CARTONS:<br>-----------------------------------------<br>1/4 @ 113×74×84 CMS CONT:ITEM 001<br>NETT WT. 92.0 KGS GROSS WT. 102.0 KGS<br>2/4 @ 58×45×49 CMS CONT:ITEMS 02-08<br>NETT WT. 15.0 KGS GROSS WT. 19.0 KGS<br>3/4 @ 56×53×38 CMS CONT:ITEMS 09-12<br>NETT WT. 12.5 KGS GROSS WT. 13.0 KGS<br>4/4 @ 56×53×38 CMS CONT:ITEMS 13-15<br>NETT WT. 12.5 KGS GROSS WT. 13.0 KGS<br>:<br>TOTALS NETT WT. 132.0 KGS GROSS WT. 147.0 KGS<br>:<br>:<br>IRREVOCABLE DOCUMENTARY LETTER OF CREDIT NUMBER:LC42191103A<br>:<br>GOODS<br>COMMODITY<br>989 AA SPECTROMETER AND ACCESSORIES ONE SET<br>USD28 000.00 | | | |
| | PFI Page No. 2<br>QUALITY SYSTEMS REGISTRATION BS EN ISO 9001:1994<br>Reg. Body:BSI Quality Assurance Reg. No:FM09032<br>All products are supplied within the scope of the above Registration unless indicated by a "N" | | | |

**UNICAM** **INVOICE** RECHNUNG FACTURE FATURA

| | | |
|---|---|---|
| UNICAM LIMITED ATOMIC ABSORPTION<br>PO BOX 207, YORK STREET, CAMBRIDGE<br>CB1 2SU ENGLAND<br>FAX: 01223 374437 TEL: 01223 358866 | Invoice number<br>100032-1 | Account number<br>766198 |
| | Invoice date(tax point)<br>19/03/19 | Seller's reference<br>100032-1 Laura Chambers |
| | Customer reference<br>19FGQM49-9001CE(LZH) | Order date<br>03/03/19 |
| | Invoice to HUBEI PROVINCIAL INTERNATIONAL TRADE CORPORATION<br>4, JIANGHAN BEILU<br>WUHAN, CHINA | |
| | Customer VAT No: | |

| | | | |
|---|---|---|---|
| Vessel/flight no. and date | Port/airport of loading | Country of origin of goods<br>SEE BELOW | Country of destination<br>CHINA |
| Port/airport of discharge | Place of delivery | Terms of delivery and payment<br>Delivery terms: Carriage and Insurance Paid to (CIP)<br>Delivery Method: Airfreight<br>Payment Terms: Payment under Letter of Credit | |

| Item | Description | Quantity | Unit price | Amount |
|---|---|---|---|---|
| | CATALOG NUMBER 942339692352<br>HELOS ALPHA PRISM SYSTERM SPECTROMETER ONE SET<br>USD8 000. 00<br>AND ACCESSORIES<br>P/N 9423UVA1000E<br>HELOIS GAMMA UV-VISIBLE SPECTROMETER ONE SET<br>USD5 084. 34<br>P/N 9423UVG1000E<br>TOTAL: USD 41 084. 34<br>CIF WUHAN AIRPORT Incoterms 2010, PACKING CHARGES INCLUDED<br>PACKING: BY STANDARD EXPORT PACKING<br>MANUFACTURER: UNICAM LIMITED, U. K.<br>SHIPPING MARK: 19FQM49-9001CE(LZH) / WUHAN CHINA<br>:<br>:<br>CONTRACT NO. 11FQM49-9001CE(LZH) AND L/C NO. LC42191103A<br>:<br>:<br>FOR AND ON BEHALF OF<br>UNICAM LIMITER ATOMIC ABSORPTION<br>(Signature) | | | |
| | PFI Page No. 3<br>QUALITY SYSTEMS REGISTRATION BS EN ISO 9001:1994<br>Reg. Body: BSI Quality Assurance Reg. No: FM09032<br>All products are supplied within the scope of the above Registration unless indicated by a "N"<br>TOTAL NETT USD | | | 41 084. 34 |

## 实例 7-3 加拿大海关发票[①]

Revenue Canada Revenu Canada **CANADA CUSTOMS INVOICE**
Customs and Excise Douanes et Accise FACTURE DES DOU ANES CANADIENNE

<table>
<tr><td colspan="3">1 Vendor (Name and Address)<br>/Vendeur (Name et adresse).</td><td colspan="4">2 Date of Direct Shipment to Canada<br>/Date d'expedition directe vers le Canada<br>3 Other References (Include Purchaser's Order No)<br>Autres references (Inclure le n de commande de l'acheteur)</td></tr>
<tr><td colspan="3" rowspan="3">4 Consignee (Name and Address)<br>/Destinataire (Nom et adresse)</td><td colspan="4">5 Purchaser's Name and Address (if other than Consignee)<br>Nom et adresse de l'acheteur (S'il differe du destinataire)</td></tr>
<tr><td colspan="4">6 Country of Transhipment /Pays de transbordement</td></tr>
<tr><td colspan="2">7 Country of Origin of Goods<br>Pays d'origine des marchandises</td><td colspan="2">IF SHIPMENT INCLUDS GOODS OF DIFFERENT ORIGINS ENTER ORIGINS AGAINST ITEMS IN 12.</td></tr>
<tr><td colspan="3" rowspan="2">8 Transportation Give Mode and Place of Direct Shipment to Canada Transport Preciser mode et point d'expedition directe Vers le Canada</td><td colspan="4">9 Conditions of Sale and Terms of Payment<br>(i. e. Sale, Consignment Shipment. Leased Goods, etc. )<br>Conditions de vente et modalites de paiement<br>(p. ex. vente, expedition en consignation, location de marchan-dises. etc. )</td></tr>
<tr><td colspan="4">10 Currency of Settlement /Devises du paiement</td></tr>
<tr><td rowspan="2">11 No of Pkgs<br>ND'e De colis</td><td colspan="2" rowspan="2">12 Specification of Commodities (Kind of Packages, Marks and Numbers, General Description and Characteristics, i. e. Grade, Quality</td><td rowspan="2">13 Quantity (State Unit)<br>(Preciser I'unite)</td><td colspan="3">Selling Price/Prix de vente</td></tr>
<tr><td colspan="2">14 Unit Price<br>Prix unitaire</td><td>15 Total</td></tr>
<tr><td colspan="3" rowspan="2">18 If any of fields 1 to 17 are included on an attached commercialinvoice. Check this box ☐<br>Commercial Invoice No. ________</td><td colspan="3">16 Total Weight/Poids Total</td><td rowspan="2">17<br>Invoice Total</td></tr>
<tr><td>Net</td><td colspan="2">Gross/Bru</td></tr>
<tr><td colspan="3">19 Exporter's Name and Address (If other than Vendor)<br>Nom et adresse de l'exportatur (S'il deffere du vendeur)</td><td colspan="4">20 Originator (Name and Address)/Expediteur d'origine (Nom et adresse)</td></tr>
<tr><td colspan="3">21 Departmental Ruling (If applicable)/Decision du Ministere (S'il y a lieu)</td><td colspan="4">22 If fields 23 to 25 are not applicable, check this box Si les zones 23 a 25 sont sans object, cocher cette boite ☐</td></tr>
<tr><td colspan="2">23 If included in field 17 indicate amount Si compris dans le total a la zone 17. Preciser<br>(i) Transportation charges, expenses and insurance from the place of direct shipment to Canada.<br>$ ________<br>(ii) Costs for construction, erection and assembly incurred afer importation into Canada.<br>$ ________<br>(iii) Export packing<br>$ ________</td><td colspan="2">24 If not included in field 17 indicate amount Si non copris dans le total a la zone 17 preciser<br>(i) Transportation charges. Expenses and insurance to the place of direct shipment to Canada.<br>$ ________<br>(ii) Amounts for commissions other than buying commissions.<br>$ ________<br>(iii) Export packing<br>$ ________</td><td colspan="3">25 Check (If applicable):<br>Cocher (S'il y a lieu):<br>(i) Royalty payments or subsequent proceeds are paid or payable by the purchaser. ☐<br>(ii) The purchaser has supplied goods or services for use in the production of these goods. ☐</td></tr>
</table>

**DEPARTMENT OF NATIONAL REVENUE CUSTOMS AND EXCISE**
**MINISTERE DU REVENU NATIONAL DOUANES ET ACCISE**

① 转引自李元旭、吴国新(2005),第 121 页。

3. 厂商发票

厂商发票是根据进口方的要求，由出口商品的制造厂商开给出口商的售货发票，详述出口商品的具体情况。如果信用证有此单据要求，出口商应提供厂商发票。要求提供厂商发票的主要目的是检查出口国出口商品是否有降价倾销行为，供进口国海关估价、核税以及征收反倾销税之用。

厂商发票的填写应注意：

(1) 在单据上部要印有醒目粗体字“厂商发票”(MANUFACTURER'S INVOICE)字样。

(2) 抬头人为出口商。

(3) 出票日期应早于商业发票日期。

(4) 货物名称、规格、数量、件数必须与商业发票一致。

(5) 货币应为出口国币制。

(6) 货物出厂时，一般无出口装运标记，厂商发票不必缮打唛头，如来证有明确规定，则厂商发票也应打上唛头。

(7) 厂方作为出单人，由厂方负责人签字盖章。

4. 形式发票

形式发票是一种非正式发票，是卖方对潜在的买方报价的一种形式，可以用作邀请买方发出确定的订单。发票上一般注明价格和销售条件，所以一旦买方接受此条件，就能按形式发票内容签订合约。由于形式发票上详细载明了进口货价及有关费用，所以有些国家规定可以凭形式发票申请进口许可证，或作为向海关申报货物价格之用。因此，买方常常需要形式发票，以作为申请进口和批准外汇之用。

### (三) 海运提单

由于海运提单(Bill of Lading)直接关系到货物所有权的交接，因此，海运提单是进出口履约环节最重要的单据之一。有关海运提单的性质、基本内容、分类以及海运提单的实例，本书第二章《国际货物运输》做了详细介绍，在此不再重复。

### (四) 装箱单

装箱单(Packing List)是表明出口货物的包装形式、规格、数量、毛重、净重、体积的一种单据，用以说明货物包装细节的详细清单。装箱单作为商业发票的补充单据，便于国外买方在货物到目的港时，核对货物及供海关检查。

装箱单的主要内容包括：①出口企业名称和地址(Exporter's Name and Address)；②单据名称(Name of Document)：一般用英文粗体标出 Packing List (Note)，Packing Specifications，Specifications；③装箱单编号(No.)；④出单日期(Date)；⑤唛头(Shipping Mark)；⑥品名和规格(Name of Commodity and Specifications)。

装箱单上关于货物的填写要求与商业发票及信用证描述一致。另外，与装箱单具有类似作用的还有：重量单(Weight Memo)，用于说明货物重量细节的详细清单；尺码单(Measurement List)，用于说明货物尺码细节的详细清单。

装箱单的实例见实例 7-4。

## 实例 7-4　装箱单/重量单①

**UNICAM**　　**PACKING LIST/WEIGHT MEMO**

<table>
<tr><td colspan="2" rowspan="3">UNICAM LIMITED ATOMIC ABSORPTION<br>PO BOX 207,YORK STREET,CAMBRIDGE<br>CB1 2SU ENGLAND<br>FAX:01223 374437　TEL:01223 358866</td><td>Invoice number</td><td>Account number<br>766198</td></tr>
<tr><td>Invoice date(tax point)<br>19/03/19</td><td>Seller's reference<br>100032-1 Laura Chambers</td></tr>
<tr><td>Customer reference<br>19FGQM49-9001CE(LZH)</td><td>Order date<br>03/03/19</td></tr>
<tr><td colspan="2" rowspan="2"></td><td colspan="2">Invoice to　HUBEI PROVINCIAL INTERNATIONAL<br>TRADE CORPORATION<br>4,JIANGHAN BEILU<br>WUHAN,CHINA</td></tr>
<tr><td colspan="2">Customer VAT No:</td></tr>
<tr><td>Vessel/flight no. and date</td><td>Port/airport of loading</td><td>Country of origin of goods<br>SEE BELOW</td><td>Country of destination<br>CHINA</td></tr>
<tr><td>Port/airport of discharge</td><td>Place of delivery</td><td colspan="2">Terms of delivery and payment</td></tr>
</table>

| Item | Description | Quantity | Unit price | Amount |
|---|---|---|---|---|
| 001 | SOLLAR 989 AA D BEAM AUTO QUADLAMP 942339692352GB<br>HS90273000 S/N:500569 HZ= | 1 | | |
| 002 | AIR Compressor 942339003011GB<br>HS90279090 HZ= | 1 | | |
| 003 | Slotted tube atom trap(STAT) 942339035011GB<br>HS90279090 HZ= | 1 | | |
| 004 | Chromium Uncoded Hollow Cathode Lamp 942339020241GB<br>HS902790900 HZ= | 1 | | |
| 005 | Cadmuim Uncoded Hollow Cathode Lamp 942339020481GB<br>HS902790900 HZ= | 1 | | |
| 006 | Nichel Uncoded Hollow Cathode Lamp 942339020281GB<br>HS902790900 HZ= | 1 | | |
| 007 | Copper Uncoded Hollow Cathode Lamp 942339020291GB<br>HS902790900 HZ= | 1 | | |
| 008 | Lead Uncoded Hollow Cathode Lamp 942339020821GB<br>HS902790900 HZ= | 1 | | |
| 009 | HELIOS ALPHA SPECTROMETER DOUBLE BEAM<br>9423UVA1000EGB<br>HS90273000 S/N:0600118 HZ= | 1 | | |
| 010 | 10MM UV Silica cell 942316810421GB<br>HS902790900 HZ= | 7 | | |
| 011 | SINGLE CELL HOLDER FOR UV SPECTROMETERS<br>9423UV51200EGB<br>HS902790900 HZ= | 1 | | |
| 012 | 20MM Glass Cell 942316810501GB<br>HS902790900 HZ= | 8 | | |
| 013 | HELIOS GAMA SPECTROMETERNON-SCANNING,2NM<br>9423UVG1000EGB<br>HS90273000 HZ= | 1 | | |
| | QUALITY SYSTEMS REGISTRATION BS EN ISO 9001:1994<br>Reg. Body:BSI Quality Assurance Reg. No:FM09032<br>All products are supplied within the scope of the<br>above Registration unless indicated by a "N"<br>Page No. 1 | | | |

① 本书实例 0-1 的合同项下的装箱单/重量单。

**UNICAM** **PACKING LIST/WEIGHT MEMO**

| | | |
|---|---|---|
| UNICAM LIMITED ATOMIC ABSORPTION<br>PO BOX 207, YORK STREET, CAMBRIDGE<br>CB1 2SU ENGLAND<br>FAX:01223 374437 TEL:01223 358866 | Invoice number | Account number<br>766198 |
| | Invoice date(tax point)<br>19/03/19 | Seller's reference<br>100032-1 Laura Chambers |
| | Customer reference<br>19FGQM49-9001CE(LZH) | Order date<br>03/03/19 |
| | Invoice to HUBEI PROVINCIAL INTERNATIONAL<br>TRADE CORPORATION<br>4, JIANGHAN BEILU<br>WUHAN, CHINA | |
| | Customer VAT No: | |

| | | | |
|---|---|---|---|
| Vessel/flight no. and date | Port/airport of loading | Country of origin of goods<br>SEE BELOW | Country of destination<br>CHINA |
| Port/airport of discharge | Place of delivery | Terms of delivery and payment | |

| Item | Description | Quantity | Unit price | Amount |
|---|---|---|---|---|
| | S/N:061109 | | | |
| 014 | 100 MM UV Silica cell 942316810421GB<br>HS902790900 HZ= | 1 | | |
| 015 | 20 MM UV Grade Silica cell 942316810521GB<br>HS902790900 HZ= | 1 | | |
| | STANDARD EXPORT PACKING<br>PACKING SPECIFICATION/FOUR CARTONS:<br>--------------------------------<br>1/4 @ 113×74×84 CMS CONT:ITEM 001<br>NETT WT. 92.0 KGS GROSS WT. 102.0 KGS<br>2/4 @ 58×45×49 CMS CONT:ITEMS 02-08<br>NETT WT. 15.0 KGS GROSS WT. 19.0 KGS<br>3/4 @ 56×53×38 CMS CONT:ITEMS 09-12<br>NETT WT. 12.5 KGS GROSS WT. 13.0 KGS<br>4/4 @ 56×53×38 CMS CONT:ITEMS 13-15<br>NETT WT. 12.5 KGS GROSS WT. 13.0 KGS<br>:<br>TOTALS NETT WT. 132.0 KGS GROSS WT. 147.0 KGS<br>:<br>:<br>IRREVOCABLE DOCUMENTARY LETTER OF CREDIT NUMBER:<br>LC42198103A<br>:<br>GOODS<br>COMMODITY<br>989 AA SPECTROMETER AND ACCESSORIES ONE SET<br>USD28 000.00 | | | |
| | QUALITY SYSTEMS REGISTRATION BS EN ISO 9001:1994<br>Reg. Body:BSI Quality Assurance Reg. No:FM09032<br>All products are supplied within the scope of the<br>above Registration unless indicated by a "N"<br>Page No. 2 | | | |

**UNICAM** **PACKING LIST/WEIGHT MEMO**

<table>
<tr><td colspan="2" rowspan="3">UNICAM LIMITED ATOMIC ABSORPTION<br>PO BOX 207, YORK STREET, CAMBRIDGE<br>CB1 2SU ENGLAND<br>FAX:01223 374437 TEL:01223 358866</td><td>Invoice number<br>100032-1</td><td>Account number<br>766198</td></tr>
<tr><td>Invoice date(tax point)<br>19/03/19</td><td>Seller's reference<br>100032-1 Laura Chambers</td></tr>
<tr><td>Customer reference<br>19FGQM49-9001CE(LZH)</td><td>Order date<br>03/03/19</td></tr>
<tr><td colspan="2" rowspan="2"></td><td colspan="2">Invoice to HUBEI PROVINCIAL INTERNATIONAL<br>TRADE CORPORATION<br>4, JIANGHAN BEILU<br>WUHAN, CHINA</td></tr>
<tr><td colspan="2">Customer VAT No:</td></tr>
<tr><td>Vessel/flight no. and date</td><td>Port/airport of loading</td><td>Country of origin of goods<br>SEE BELOW</td><td>Country of destination<br>CHINA</td></tr>
<tr><td>Port/airport of discharge</td><td>Place of delivery</td><td colspan="2">Terms of delivery and payment</td></tr>
</table>

<table>
<tr><th>Item</th><th>Description</th><th>Quantity</th><th>Unit price</th><th>Amount</th></tr>
<tr><td></td><td>CATALOG NUMBER 942339692352<br>HELOS ALPHA PRISM SYSTERM SPECTROMETER ONE SET<br>USD8 000.00<br>AND ACCESSORIES<br>P/N 9423UVA1000E<br>HELOIS GAMMA UV-VISIBLE SPECTROMETER ONE SET<br>USD5 084.34<br>P/N 9423UVG1000E<br>TOTAL: USD 41 084.34<br>CIP WUHAN AIRPORT Incoterms 2010, PACKING CHARGES INCLUDED<br>PACKING: BY STANDARD EXPORT PACKING<br>MANUFACTURER: UNICAM LIMITED, U. K.<br>SHIPPING MARK: 19FQM49-9001CE(LZH) / WUHAN CHINA<br>:<br>:<br>CONTRACT NO. 11FQM49-9001CE(LZH) AND L/C NO. LC42191103A</td><td></td><td></td><td></td></tr>
<tr><td></td><td>QUALITY SYSTEMS REGISTRATION BS EN ISO 9001:1994<br>Reg. Body: BSI Quality Assurance Reg. No: FM09032<br>All products are supplied within the scope of the<br>above Registration unless indicated by a "N"<br>PFI Page No. 3</td><td></td><td></td><td></td></tr>
</table>

### （五）保险单

保险单(Insurance Policy)是保险人与被保险人之间订立保险合同的证明文件，反映了他们之间的权利和义务关系。当被保险货物受到保险凭证责任范围内的损失时，它是索赔和理赔的依据。同时，在CIF合同中，它又是卖方向买方提供的出口结汇单据之一。有关保险单的种类、基本内容和保险单实例，本书第三章《国际货物运输保险》已做了详细介绍，在此不再重复。

### （六）原产地证书

原产地证书(Certificate of Origin,C/O),是由出口国政府有关机构签发的一种证明货物的原产地或制造地的法律文件。原产地证书主要用于证明出口货物的原产地,以此作为进口国海关对进口商品实行差别关税、进口限制、不同进口配额和不同税率的依据文件,也是出口通关、结汇和有关方面进行贸易统计的重要依据。

在中国企业的出口业务中,原产地证书有一般原产地证书(C/O 产地证)、普惠制原产地证书(GSP 产地证或称 Form A)、输欧盟纺织品产地证等,具体选择使用哪一种产地证,需要根据信用证条款确定。在中国,原产地证书可以由国家出入境检验检疫局和中国国际贸易促进委员会签发。

一般原产地证书的实例见实例 7-5,普惠制原产地证书的实例见实例 7-6。

#### 实例 7-5 一般原产地证书[①]

**ORIGINAL**

<table>
<tr><td colspan="2">1. Exporter(full name and address)</td><td colspan="3" rowspan="2">CERTIFICATE NO<br>CERTIFICATE OF ORIGIN<br>OF<br>THE PEOPLE'S REPUBLIC OF CHINA</td></tr>
<tr><td colspan="2">2. Consignee(full name,address,country)</td></tr>
<tr><td colspan="2">3. Means of transport and route</td><td colspan="3" rowspan="2">5. For certifying authority use only</td></tr>
<tr><td colspan="2">4. Country/region of destination</td></tr>
<tr><td>6. Marks and numbers</td><td>7. Number and kind of packages description of goods;</td><td>8. H. S. Code</td><td>9. Quantity</td><td>10. Number and date of invoices</td></tr>
<tr><td colspan="2">11. Declaration by the exporter<br>The undersigned hereby declares that the above details and statement are correct; that all the goods were produced in China and that they comply with the Rules of Origin of the People's Republic of China.<br><br>Place and date,signature and stamp of authorized signatory</td><td colspan="3">12. Certification<br>It is hereby certified that the declaration by the exporter is correct.<br><br>Place and date,signature and stamp of certifying authority</td></tr>
</table>

① 转引自李元旭、吴国新(2005),第 167 页。

## 实例 7-6 Form A[①]

**ORIGINAL**

| | |
|---|---|
| 1. Goods consigned from (Exporter's business name, address, country) | Reference No: <br>**GENERALIZED SYSTEM OF PREFERENCES** <br>**CERTIFICATE OF ORIGIN** <br>**(Combined declaration and certificate)** <br>**FORM A** <br>**Issued in THE PEOPLE'S REPUBLIC OF CHINA** <br>(country) <br>See Notes, overleaf |
| 2. Goods consigned to (Consignee's name, address, country) | |
| 3. Means of transport and route (as far as known) | 4. For official use |

| 5. Item number | 6. Marks and numbers of packages | 7. Nunber and kind of packages; description of goods | 8. Orign criterion (see Notes verleaf) | 9. Gross weight or other quantity | 10. Number and date of invoices |
|---|---|---|---|---|---|
| | | | | | |

| | |
|---|---|
| 11. Certification <br>It is hereby certified, on the basis of control carried out, that the declaration by the exporter is correct. <br><br>Place and date, signature and stamp of certifying authority | 12. Declaration by the exporter <br>The undersigned hereby declares that the above details and statements are correct; that all the goods were produced in <br>**CHINA** <br>(country) <br>and that they comply with the origin requirements specified for those goods in the Generalized System of Preferences for goods exported to <br>(importing country) <br><br>Place and date, signature of authorized signatory |

① 转引自李元旭、吴国新(2005),第 169 页。

### （七）检验证书

本书第六章阐述了由检验检疫机构出具的检验证书，此处不再赘述。在实际业务，也有由卖方/厂商自行出具的检验证书，如实例 7-7 所示。

#### 实例 7-7 卖方自行出具的品质检验证书[①]

**UNICAM LIMITED ATOMIC ABSORPTION**

MANUFACTURER CERTIFICATE OF QUALITY

IRREVOCABLE DOCUMENTARY CREDIT NUMBER：LC42191103A

MANUFACTURER： UNICAM LIMITED ATOMIC ABSORPTION
PO BOX 207，YORK STREET，
CAMBRIDGE CB1 2SU ENGLAND
FAX：01223 374437 TEL：01223 358866

GOODS
COMMODITY
989 AA SPECTROMETER AND ACCESSORIES ONE SET USD28 000.00

CATALOG NUMBER 942339692352
HELOS ALPHA PRISM SYSTERM SPECTROMETER ONE SET USD8 000.00
AND ACCESSORIES
P/N 9423UVA1000E
HELOIS GAMMA UV-VISIBLE SPECTROMETER ONE SET USD5084.34
P/N 9423UVG1000E

TOTAL：USD 41084.34

CIP WUHAN AIRPORT Incoterms 2010，PACKING CHARGES INCLUDED
PACKING：BY STANDARD EXPORT PACKING
MANUFACTURER：UNICAM LIMITED，U. K.
SHIPPING MARK：19FQM49-9001CE(LZH) / WUHAN CHINA
CONTRACT NO： 11FQM49-9001CE(LZH)
TESTED FOR： HUBEI PROVINCIAL INTERNATIONAL
TRADE CORPORATION
4，JIANGHAN BEILU，WUHAN，CHINA
REF NO： 10032-1

WE HEREBY CERTIFY THAT THE EQUIPMENT DESCRIBED ABOVE HAS BEEN FULLY TESTED IN ACCORDANCE WITH STANDARD PROCEDURE AND CONFORMS TO CONTRACT SPECIFICATIONS IN EVERY RESPECT.
PROCEDURES ARE IN ACCORDANCE WITH STANDARDS SET BY EN ISO 9001：1994.
SIGNED
(Signature)
FOR COMMERCIAL MANAGER

**UNICAM LIMITED ATOMIC ABSORPTION，PO BOX 207，YORK STREET，CAMBRIDGE CB1 2SU ENGLAND FAX：01223 374437 TEL：01223 358866**

① 本书实例 0-1 的合同项下的品质检验证书。

### (八)装船通知

装船通知(Shipping Advice),也称"装船声明"(Shipping Statement/Shipping Declaration),一般是根据信用证或合同要求,在货物离开起运地后,由出口商发给进口商的通知一定数量的货物已经起运的通知文件。它一方面使进口商了解船舶在航行中的动态,以便及时接货;另一方面则起着保险通知的作用,因此装船通知一般也是信用证所要求的单据之一。

装船通知的实例见实例 7-8。

**实例 7-8 装船通知①**

**中国纺织品进出口公司上海市分公司**
**CHINA NATIONAL TEXTILES IMPORT&EXPORT CORPORATION**
**SHANGHAI BRANCH**
27. CHUNGSHAN ROAD E. 1.
SHANGHAI,CHINA
TEL:8621-65342517　FAX:8621-65724743

To:M/S

**装 船 通 知**
SHIPPING ADVICE

发票号码
No. ________

日期
Date ________

| | |
|---|---|
| 装船口岸<br>From ________ | 目的地<br>To ________ |
| 信用证号数<br>Letter of Credit No. ____ | 开证银行<br>Issued by ________ |

| 唛号<br>Marks & Nos. | 货名数量<br>Quantities and Description | 总值<br>Amount |
|---|---|---|

上列货物装运船名
The above goods shipped per s. s. ________
开航日期
Sailing on or about ________

中国纺织品进出口公司上海市分公司
China National Textiles Imp. & Exp. Corporation
SHANGHAI BRANCH
SHANGHAI CHINA

① 转引自李元旭、吴国新(2005),第 232 页。

### （九）受益人证实的装运通知

受益人证实的装运通知(Beneficiary's Certified Copy of Shipping Advice)是指受益人在先前发送给收货人的装运通知副本上签字(盖章)予以证实，通常用作信用证项下的押汇单据之一。

受益人证实的装运通知的实例见实例 7-9。

#### 实例 7-9 受益人证实的装运通知[①]

**UNICAM**

UNICAM LIMITED ATOMIC ABSORPTION

PO BOX 207, YORK STREET,

CAMBRIDGE CB1 2SU ENGLAND

FAX: 01223 374437 TEL: 01223 358866

FAX MESSAGE

| | |
|---|---|
| TO: | HUBEI PROVINCIAL INTERNATIONAL TRADE CORPORATION<br>4, JIANGHAN BEILU, WUHAN, CHINA |
| FROM: | UNICAM LIMITED ATOMIC ABSORPTION PO BOX 207, YORK STREET, CAMBRIDGE CB1 2SU ENGLAND FAX: 01223 374437 TEL: 01223 358866 |
| RE: | Irrevocable Documentary Credit Number: LC42191103A |

As per the terms and conditions of the above mentioned Letter of Credit shipment details are as follows:

| | |
|---|---|
| AWB No.: | 999-92655452 |
| Flight No.: | CA938 to Beijing<br>CA First Available to Wuhan |
| Shipping Date: | 22 March 2019 |
| Contract No.: | 19FQM49-9001CE(LZH) |
| Commodity: | 989 AA Spectrometer and accessories one set USD28 000.00<br>Catalog number 942339692352<br>Helios Alpha Prism System Spectrometer one set USD8 000.00<br>and accessories P/N 9423UVA1000E<br>Helios Gamma UV-visible Spectrometer one set USD5084.34<br>P/N 9423UVG1000E TOTAL: USD 41 084.34<br>CIP Wuhan Airport Incoterms 2010, packing charges included<br>Packing: By Standard Export Packing<br>Manufacturer: Unicam Limited, U.K.<br>Shipping Mark: 19FQM49-9001CE(LZH) / WUHAN CHINA |
| Quantity: | 4 Cartons (15 Items) |
| Weight: | Total Gross 147.0 Kgs |

Value of Shipment: USD41 084.34

Kind regards

UNICAM LIMITED ATOMIC ABSORPTION

CERTIFIED TRUE COPY
SIGNED (Signature)

① 本书实例 0-1 的合同项下的受益人证实的装运通知。

## 本章小结

在国际货物买卖中，交易双方之间存在着较多的信息不对称，交易双方在交易前必须充分做好相关的准备工作，主要包括熟悉目标市场、选择交易对象、加强成本核算、制订进出口经营方案四方面。

进出口业务买卖双方在交易磋商、谈判合同的过程中，一般要经过询盘、发盘、还盘、接受四个步骤。其中，发盘和接受是交易磋商不可缺少的两个基本环节，要注意构成有效发盘和有效接受的条件。

国际货物买卖合同是对买卖双方权利和义务的约定，合同有书面形式、口头形式和其他形式，但为保障买卖双方的利益，一般签订书面合同作为履约依据。书面合同是磋商结果的总结和补充，一般包括约首、正文和约尾三个部分，售货确认书、合同等都属于书面合同的形式。外贸工作人员要能理解并能正确拟订书面合同的各项条款。

国际货物买卖合同达成以后，进出口合同的履行至关重要，外贸工作人员要能理解进出口合同履约的主要流程、履约过程中各方的主要职责，并能正确缮制合同履约过程中所要求的单据。

## 习　题

# 参考文献

References


[1] 董瑾.国际贸易实务[M].北京:高等教育出版社,2001.

[2] 顾民.进出口贸易操作实务[M].北京:对外经济贸易大学出版社,2001.

[3] 国际商会中国国家委员会.ICC跟单信用证统一惯例(2007年修订版)及关于电子交单的附则(版本1.1)[S].2007.

[4] 国际商会中国国家委员会.国际贸易术语解释通则2010[M].北京:中国民主法制出版社,2011.

[5] 《进出口业务》编写组.国际贸易管理与规则汇编[M].北京:中国财政经济出版社,1982.

[6] 黎孝先.国际贸易实务[M].3版.北京:对外经济贸易大学出版社,2000.

[7] 黎孝先.国际贸易实务[M].4版.北京:对外经济贸易大学出版社,2007.

[8] 黎孝先.进出口合同条款与案例分析[M].北京:对外经济贸易大学出版社,2003.

[9] 李元旭,吴国新.国际贸易单证实务[M].北京:清华大学出版社,2005.

[10] 李昭华,潘小春. 国际结算[M].2版. 北京:北京大学出版社,2015.

[11] 刘文广.国际贸易实务网络课程[OL].[2009-06-28].http://www.jemcc.net/department/gushuangjpk/0/3.htm.

[12] 南京世格软件公司.世格外贸实务教学系统[CP].南京:南京世格软件公司,2008年A.

[13] 南京世格软件公司.SimTrade外贸实习平台[CP].南京:南京世格软件公司,2008年B.

[14] 彭福永.国际贸易实务教程[M].上海:上海财经大学出版社,2000.

[15] 曲建忠,刘福祥.国际贸易实务案例评析与疑难解答[M].北京:石油大学出版社,1997.

[16] 沈达明,冯大同,赵宏勋.国际商法(上下册)[M].北京:对外贸易出版社,1982.

[17] 沈瑞年,尹继红,庞红.国际结算[M].北京:中国人民大学出版社,1999.

[18] 苏宗祥,徐捷.国际结算[M].北京:中国金融出版社,2008.

[19] 苏宗祥,徐捷.国际结算[M].北京:中国金融出版社,2009.

[20] 田运银.轻工外贸实务英语[M].北京:中国纺织出版社,2004.
[21] 田运银.国际贸易实务精讲[M].北京:中国海关出版社,2007.
[22] 王淑敏.Incoterms 2010:自由穿梭于国际贸易与运输之间的新规则[J].中国海商法年刊,2011,22(1):109-113.
[23] 吴百福.进出口贸易实务教程(修订本)[M].上海:上海人民出版社,1999.
[24] 吴百福.进出口贸易实务教程[M].4版.上海:上海人民出版社,2003.
[25] 吴百福,徐小薇.进出口贸易实务教程[M].5版.上海:格致出版社,上海人民出版社,2007.
[26] 徐进亮.最新国际商务惯例与案例[M].南宁:广西科学技术出版社,2000.
[27] 徐秀琼.国际结算[M].北京:中国财政经济出版社,1996.
[28] 叶万德,陈原.国际贸易实务案例教程[M].广州:华南理工大学出版社,2003.
[29] 袁永友,柏望生.新编国际贸易实务案例评析[M].北京:中国商务出版社,2004.
[30] 张燕玲.国际结算业务[M].北京:中国金融出版社,1994.

# 附录 A INCOTERMS 2010 对 FOB,CFR,CIF 的工作、费用及风险划分[①]

## 1. FOB

FREE ON BOARD

FOB (insert named port of shipment) Incoterms 2010

GUIDANCE NOTE

This rule is to be used only for sea or inland waterway transport.

"Free on Board" means that the seller delivers the goods on board the vessel nominated by the buyer at the named port of shipment or procures the goods already so delivered. The risk of loss of or damage to the goods passes when the goods are on board the vessel, and the buyer bears all costs from that moment onwards.

The seller is required either to deliver the goods on board the vessel or to procure goods already so delivered for shipment. The reference to "procure" here caters for multiple sales down a chain (string sales), particularly common in the commodity trades.

FOB may not be appropriate where goods are handed over to the carrier before they are on board the vessel, for example goods in containers, which are typically delivered at a terminal. In such situations, the FCA rule should be used.

FOB requires the seller to clear the goods for export, where applicable. However, the seller has no obligation to clear the goods for import, pay any import duty or carry out any import customs formalities.

FOB (插入指定装运港) Incoterms 2010

使用说明

本术语仅用于海运或内河水运。

FOB 是指卖方在指定装运港将货物交付到买方指定的船只上或买下已经交付到船只上的货物。货物交到船上时,货物灭失或损坏的风险转移,同时,买方承担自该时起的

① 附录 1 的英文引自国际商会中国国家委员会(2011),英文部分第 79—105 页。对于每种价格术语项下买卖双方的 10 项义务,INCOTERMS 2010 对卖方义务 A 与买方义务 B 采用镜像对照排列(presented in mirror fashion),本附录对卖方义务 A 与买方义务 B 采用序贯对照排列(presented in sequence fashion),以便节约版面。

一切费用。

卖方要么须将货物交付到船只上,要么须买下已经交付到船只上的货物。此处"买下"一词适用于多次转卖所形成的交易链(链式销售),在货物贸易中尤其常见。

FOB可能不适合于货物在上船之前已经交付给承运人的情况,例如,用集装箱运输的货物通常在某个运输终端交货。在此类情况下,应当使用FCA术语。

在出口清关手续适用的情况下,FOB要求卖方出口清关。但卖方无义务办理进口清关、支付任何进口关税或办理任何进口海关手续。

A THE SELLER'S OBLIGATIONS 卖方义务

B THE BUYER'S OBLIGATIONS 买方义务

A1 General obligations of the seller

The seller must provide the goods and the commercial invoice in conformity with the contract of sale and any other evidence of conformity that may be required by the contract.

Any document referred to in A1—A10 may be an equivalent electronic record or procedure if agreed between the parties or customary.

B1 General obligations of the buyer

The buyer must pay the price of the goods as provided in the contract of sale.

Any document referred to in B1—B10 may be an equivalent electronic record or procedure if agreed between the parties or customary.

A1 卖方一般义务

卖方必须提供符合销售合同规定的货物和商业发票,以及合同可能要求的、证明货物符合合同规定的其他任何凭证。

A1—A10所指任何单据,在双方约定或符合惯例的情况下,可以是同等效力的电子记录或程序。

B1 买方一般义务

买方必须按照销售合同规定支付价款。

B1—B10所指任何单据,在双方约定或符合惯例的情况下,可以是同等效力的电子记录或程序。

A2 Licenses,authorizations,security clearances and other formalities

Where applicable,the seller must obtain,at its own risk and expense,any export licence or other official authorization and carry out all customs formalities necessary for the export of the goods.

B2 Licenses,authorizations,security clearances and other formalities

Where applicable,it is up to the buyer to obtain,at its own risk and expense,any import licence or other official authorization and carry out all customs formalities for the import of the goods and for their transport through any country.

A2 许可证、批文、安全通关和其他手续

在需要办理出口清关手续的情况下,卖方必须自担风险和费用,以取得任何出口许可证或其他官方批文,办理货物出口所需的一切海关手续。

B2 许可证、批文、安全通关和其他手续

在需要办理进口清关手续的情况下,应由买方自担风险和费用,取得任何进口许可证或其他官方批文,并办理货物进口和在必要时从任何国家过境所需的一切海关手续。

A3 Contracts of carriage and insurance

a) Contract of carriage

The seller has no obligation to the buyer to make a contract of carriage. However, if requested by the buyer or if it is commercial practice and the buyer does not give an instruction to the contrary in due time, the seller may contract for carriage on usual terms at the buyer's risk and expense. In either case, the seller may decline to make the contract of carriage and, if it does, shall promptly notify the buyer.

b) Contract of insurance

The seller has no obligation to the buyer to make a contract of insurance. However, the seller must provide the buyer, at the buyer's request, risk, and expense (if any), with information that the buyer needs for obtaining insurance.

B3 Contracts of carriage and insurance

a) Contract of carriage

The buyer must contract, at its own expense for the carriage of the goods from the named port of shipment, except where the contract of carriage is made by the seller as provided for in A3 a).

b) Contract of insurance

The buyer has no obligation to the seller to make a contract of insurance.

A3 运输合同和保险合同

a)运输合同

卖方对买方无订立运输合同的义务。但是,若买方要求,或是依商务实践,且买方没有适时做出相反的指示,卖方可按通常条件订立运输合同,风险和费用由买方承担。在上述两种情况下,卖方都可以拒绝签订运输合同,如其拒绝,应立即通知买方。

b)保险合同

卖方对买方无订立保险合同的义务。但是,应买方要求、由买方承担费用(如果有的话),卖方必须向买方提供买方取得保险所需信息。

B3 运输合同和保险合同

a)运输合同

买方必须自担费用订立从指定装运港运输货物的合同,卖方按照 A3a)订立运输合同者除外。

b)保险合同

买方对卖方无订立保险合同的义务。

A4 Delivery

The seller must deliver the goods either by placing them on board the vessel nominated by the buyer at the loading point, if any, indicated by the buyer at the named port of shipment or by procuring the goods so delivered. In either case, the seller must deliver the goods on the agreed date or within the agreed period and in the manner customary at the port.

If no specific loading point has been indicated by the buyer, the seller may select the point within the named port of shipment that best suits its purpose.

B4 Taking delivery

The buyer must take delivery of the goods when they have been delivered as envisaged in A4.

A4 交货

卖方必须交付货物，要么以在指定装运港内买方指定的装货点(如果有的话)将货物装上买方指定的船只的方式交货，要么买下已经如此交付的货物的方式交货。在其中任何一种情况下，卖方必须在约定日期或期限内并按照指定装运港的习惯方式交付货物。

如果买方未指定具体的装货点，卖方可在指定装运港内选择最合适的装货点。

B4 收取货物

当货物按照 A4 的规定交付时，买方必须收取。

A5 Transfer of risks

The seller bears all risks of loss of or damage to the goods until they have been delivered in accordance with A4 with the exception of loss or damage in the circumstances described in B5.

B5 Transfer of risks

The buyer bears all risks of loss of or damage to the goods from the time they have been delivered as envisaged in A4.

If

a) the buyer fails to notify the nomination of a vessel in accordance with B7; or

b) the vessel nominated by the buyer fails to arrive on time to enable the seller to comply with A4, is unable to take the goods, or closes for cargo earlier than the time notified in accordance with B7;

then, the buyer bears all risks of loss of or damage to the goods:

(i) from the agreed date, or in the absence of an agreed date,

(ii) from the date notified by the seller under A7 within the agreed period, or, if no such date has been notified,

(iii) from the expiry date of any agreed period for delivery,

provided that the goods have been clearly identified as the contract goods.

A5 风险转移

卖方必须承担货物灭失或损坏的一切风险，直至货物按 A4 完成交付，B5 规定的灭失或损坏的情况除外。

B5 风险转移

买方承担按照 A4 交付货物时起货物灭失或损坏的一切风险。

如果

a)买方未按照 B7 通知船只名称;或者

b)买方指定的船只未按时到达导致卖方未能按 A4 履行义务,或该船只未能接收货物,或早于 B7 所通知的时间截止接收货物,

则买方按下列情况承担货物灭失或损坏的一切风险:

(i) 自约定之日起,或如果没有约定日期;

(ii) 自卖方在约定期期限内按照 A7 通知的日期起,或如果没有通知日期;

(iii)自任何约定交货期限届满之日起。

但以该货物已清楚地确定为合同项下之货物为限。

A6 Allocation of costs

The seller must pay

a)all costs relating to the goods until they have been delivered in accordance with A4,other than those payable by the buyer as envisaged in B6;and

b)where applicable,the costs of customs formalities necessary for export,as well as all duties,taxes and other charges payable upon export.

B6 Allocation of costs

The buyer must pay

a)all costs relating to the goods from the time they have been delivered as envisaged in A4,except,where applicable,the costs of customs formalities necessary for export,as well as all duties,taxes and other charges payable upon export as referred to in A6 b);

b)any additional costs incurred,either because:

(i) the buyer has failed to give appropriate notice in accordance with B7,or

(ii) the vessel nominated by the buyer fails to arrive on time,is unable to take the goods,or closes for cargo earlier than the time notified in accordance with B7,

provided that the goods have been clearly identified as the contract goods;and

c)where applicable,all duties,taxes and other charges,as well as the costs of carrying out customs formalities payable upon import of the goods and the costs for their transport through any country.

A6 费用划分

卖方必须支付

a)与货物有关的一切费用,直至货物按 A4 交付为止,按照 B6 应由买方支付的费用除外;及

b)在需要办理海关手续时,货物出口需支出的海关手续费、一切关税、税捐和对出口收取的其他费用。

B6 费用划分

买方必须支付

a)自货物 A4 交付时起的与货物有关的一切费用,但是,在需要办理海关手续时,A6b)所规定的货物出口需支付的海关手续费、一切关税、税捐和对出口收取的其他费用除外。

b)由于以下原因之一发生的任何额外费用:

(i) 买方未按照 B7 给予卖方相应的通知,或者

(ii) 买方指定的船只未按时到达,不能接收上述货物,或早于按照 B7 通知的时间截止接收货物,

但以该货物已清楚地确定为合同项下之货物为限,及

c)在需要办理海关手续时,货物进口应支付的海关手续费、一切关税、税捐和其他费用,及办理海关手续的费用,以及货物从他国过境所需的运输费用。

A7 Notices to the Buyer

The seller must, at the buyer's risk and expense, give the buyer sufficient notice either that the goods have been delivered in accordance with A4 or that the vessel has failed to take the goods within the time agreed.

B7 Notices to the seller

The buyer must give the seller sufficient notice of the vessel name, loading point and, where necessary, the selected delivery time within the agreed period.

A7 通知买方

由买方承担风险和费用,卖方必须向买方发出充分的通知,要么说明货物已按 A4 交付,要么说明船只未能在约定的时间内接收货物。

B7 通知卖方

买方必须就船名、装船地点以及必要时在所约定的期限内选择的交货时间向卖方发出充分的通知。

A8 Delivery document

The seller must provide the buyer, at the seller's expense, with the usual proof that the goods have been delivered in accordance with A4.

Unless such proof is a transport document, the seller must provide assistance to the buyer, at the buyer's request, risk and expense, in obtaining a transport document.

B8 Proof of delivery

The buyer must accept the proof of delivery provided as envisaged in A8.

A8 交货凭证

卖方必须自担费用,向买方提供证明货物已按 A4 交货的通常凭证。

除非上述凭证是运输单据,否则,应买方的请求,并由买方负担风险和费用,卖方必须协助买方取得运输单据。

B8 交货证据

买方必须接受按 A8 提供的交货凭证。

A9 Checking-packaging-marking

The seller must pay the costs of those checking operations (such as checking quality, measuring, weighing, counting) that are necessary for the purpose of delivering the goods in accordance with A4, as well as the costs of any pre-shipment inspection mandated by the authority of the country of export.

The seller must, at its own expense, package the goods, unless it is usual for the particular trade to transport the type of goods sold unpackaged. The seller may package the goods in the manner appropriate for their transport, unless the buyer has notified the seller of specific packaging requirements before the contract of sale is concluded. Packaging is to be marked appropriately.

B9 Inspection of goods

The buyer must pay the costs of any mandatory pre-shipment inspection, except when such inspection is mandated by the authorities of the country of export.

A9 检查、包装、刷唛

卖方必须支付为按 A4 交货所需检查(如检查质量、丈量、过磅、点数)的费用,以及出口国有关当局强制要求的装船前检验的费用。

卖方必须自付费用包装货物,在特定贸易中,某类货物之运输按惯例不需要包装者除外。卖方可以适合于货物运输的方式来包装货物,买方在订立销售合同前告知卖方特定包装要求者除外。包装应作适当刷唛。

B9 货物检验

买方必须支付装船前检验的费用,但出口国有关当局强制要求的装船前检验除外。

A10 Assistance with information and related costs

The seller must, where applicable, in a timely manner, provide to or render assistance in obtaining for the buyer, at the buyer's request, risk and expense, any documents and information, including security-related information, that the buyer needs for the import of the goods and/or for their transport to the final destination.

The seller must reimburse the buyer for all costs and charges incurred by the buyer in providing or rendering assistance in obtaining documents and information as envisaged in B10.

B10 Assistance with information and related costs

The buyer must, in a timely manner, advise the seller of any security information requirements so that the seller may comply with A10.

The buyer must reimburse the seller for all costs and charges incurred by the seller in providing or rendering assistance in obtaining documents and information as envisaged in A10.

The buyer must, where applicable, in a timely manner, provide to or render assistance in obtaining for the seller, at the seller's request, risk and expense, any documents and information, including security-related information, that the seller needs for the transport and export of the goods and for their transport through any country.

A10 协助提供信息及相关费用

在需要提供协助的情况下,应买方的请求并由其承担风险和费用,卖方必须及时向买方提供或协助买方取得单据和信息,包括与安全相关的信息,买方需要这些单据和信息用于货物进口及/或货物运输到最终目的地。

卖方必须偿付买方按B10提供协助取得单据和信息所发生的一切开销和费用。

应买方的请求,卖方必须向买方提供买方投保的必要信息。

B10 协助提供信息及相关费用

买方必须及时告知卖方任何安全信息要求,以便卖方遵守A10的规定。

买方必须偿付卖方按A10提供协助取得单据和信息所发生的一切开销和费用。

在需要提供协助的情况下,应卖方的请求并由其承担风险和费用,买方必须及时协助卖方取得单据和信息,包括与安全相关的信息,卖方需要这些单据和信息用于货物的运输和出口以及货物经由任何国家的过境运输。

## 2. CFR

COST AND FREIGHT

CFR (insert named port of destination) Incoterms 2010

GUIDANCE NOTE

This rule is to be used only for sea or inland waterway transport.

"Cost and Freight" means that the seller delivers the goods on board the vessel or procures the goods already so delivered. The risk of loss of or damage to the goods passes when the goods are on board the vessel. The seller must contract for and pay the costs and freight necessary to bring the goods to the named port of destination.

When CPT, CIP, CFR or CIF are used, the seller fulfils its obligation to deliver when it hands the goods over to the carrier in the manner specified in the chosen rule and not when the goods reach the place of destination.

This rule has two critical points, because risk passes and costs are transferred at different places. While the contract will always specify a destination port, it might not specify the port of shipment, which is where risk passes to the buyer. If the shipment port is of particular interest to the buyer, the parties are well advised to identify it as precisely as possible in the contract.

The parties are well advised to identify as precisely as possible the point at the agreed port of destination, as the costs to that point are for the account of the seller. The seller is advised to procure contracts of carriage that match this choice precisely. If the seller incurs costs under its contract of carriage related to unloading at the specified point at the port of destination, the seller is not entitled to recover such costs from the buyer unless otherwise agreed between the parties.

The seller is required either to deliver the goods on board the vessel or to procure goods already so delivered for shipment to the destination. In addition, the seller is required either to make a contract of carriage or to procure such a contract. The reference to "procure" here caters for multiple sales down a chain (string sales), particularly common in the commodity trades.

CFR may not be appropriate where goods are handed over to the carrier before they are on board the vessel, for example goods in containers, which are typically delivered at a terminal. In such circumstances, the CPT rule should be used.

CFR requires the seller to clear the goods for export, where applicable. However, the seller has no obligation to clear the goods for import, pay any import duty or carry out any import customs formalities.

CFR（插入指定目的港）Incoterms 2010

使用说明

本术语仅用于海运或内河水运。

CFR 是指卖方将货物交付到船只上或买下已经交付到船只上的货物。货物交到船上时，货物灭失或损坏的风险转移。卖方必须签订合同，并支付必要的成本和费用，以将货物运输到指定目的港。

使用 CPT、CIP、CFR 或 CIF 时，卖方按照其选用的术语所规定的方式将货物交付给承运人时即为完成交货义务，而不是在货物到达目的地时完成交货义务。

由于风险转移和费用转移的地点不同，本术语有两个关键点。虽然合同总是会规定目的港，但不一定会规定装运港，而装运港却是风险转移到买方的地方。如果装运港对买方利害攸关，则建议买卖双方最好在合同中尽可能确切地规定装运港。

由于卖方要承担将货物运至目的港具体地点的费用，建议买卖双方最好尽可能确切地规定指定目的港中的具体地点。建议卖方订立确切符合该选择的运输合同。如果卖方因履行运输合同在目的港的规定地点发生卸货费用，卖方无权要求买方偿付该项费用，买卖双方另作约定者除外。

卖方要么须将货物交付到船只上，要么须买下已经交付到船只上的货物。此外，卖方还须签订运输合同，或者买下已签订的运输合同。此处"买下"一词适用于多次转卖所形成的交易链（链式销售），在货物贸易中尤其常见。

CFR 可能不适合于货物在上船之前已经交付给承运人的情况，例如，用集装箱运输的货物通常在某个运输终端交货。在此类情况下，应当使用 CPT 术语。

在需要办理出口清关手续的情况下，CFR 要求卖方出口清关。但卖方无义务办理进口清关、支付任何进口关税或办理任何进口海关手续。

A　THE SELLER'S OBLIGATIONS 卖方义务

B　THE BUYER'S OBLIGATIONS 买方义务

A1　General obligations of the seller

The seller must provide the goods and the commercial invoice in conformity with the contract of sale and any other evidence of conformity that may be required by the contract.

Any document referred to in A1—A10 may be an equivalent electronic record or procedure if agreed between the parties or customary.

B1 General obligations of the buyer

The buyer must pay the price of the goods as provided in the contract of sale.

Any document referred to in B1—B10 may be an equivalent electronic record or procedure if agreed between the parties or customary.

A1 卖方一般义务

卖方必须提供符合销售合同规定的货物和商业发票,以及合同可能要求的、证明货物符合合同规定的其他任何凭证。

A1—A10 所指任何单据,在双方约定或符合惯例的情况下,可以是同等效力的电子记录或程序。

B1 买方一般义务

买方必须按照销售合同规定支付价款。

B1—B10 所指任何单据,在双方约定或符合惯例的情况下,可以是同等效力的电子记录或程序。

A2 Licenses, authorizations, security clearances and other formalities

Where applicable, the seller must obtain, at its own risk and expense, any export licence or other official authorization and carry out all customs formalities necessary for the export of the goods.

B2 Licenses, authorizations, security clearances and other formalities

Where applicable, it is up to the buyer to obtain, at its own risk and expense, any import licence or other official authorization and carry out all customs formalities for the import of the goods and for their transport through any country.

A2 许可证、批文、安全通关和其他手续

在需要办理出口清关手续的情况下,卖方必须自担风险和费用,以取得任何出口许可证或其他官方批文,办理货物出口所需的一切海关手续。

B2 许可证、批文、安全通关和其他手续

在需要办理出口清关手续的情况下,买方自担风险和费用,自愿取得任何进口许可证或其他官方批文,并办理货物进口和在必要时从他国过境所需的一切海关手续。

A3 Contracts of carriage and insurance

a) Contract of carriage

The seller must contract or procure a contract for the carriage of the goods from the agreed point of delivery, if any, at the place of delivery to the named port of destination or, if agreed, any point at that port. The contract of carriage must be made on usual terms at the seller's expense and provide for carriage by the usual route in a vessel of the type normally used for the transport of the type of goods sold.

b) Contract of insurance

The seller has no obligation to the buyer to make a contract of insurance. However, the seller must provide the buyer, at the buyer's request, risk, and expense (if any), with information that the buyer needs for obtaining insurance.

B3 Contract of carriage and insurance

a)Contract of carriage

The buyer has no obligation to the seller to make a contract of carriage.

b)Contract of insurance

The buyer has no obligation to the seller to make a contract of insurance. However, the buyer must provide the seller, upon request, with the necessary information for obtaining insurance.

A3 运输合同和保险合同

a)运输合同

卖方必须订立或买下运输合同,将货物自交货地内的约定交货点(如果有的话)运送至指定目的港或该目的港的任何地点,如果有约定的话,可按通常条件订立运输合同,由卖方承担费用,经由通常航线、由通常用来运输该类货物的船只运输。

b)保险合同

卖方对买方无订立保险合同的义务。但是,应买方要求、由买方承担费用(如果有的话),卖方必须向买方提供买方取得保险所需的信息。

B3 运输合同和保险合同

a)运输合同

买方对卖方无订立运输合同的义务。

b)保险合同

买方对卖方无订立保险合同的义务,应卖方要求,买方必须向卖方提供取得保险的必要信息。

A4 Delivery

The seller must deliver the goods either by placing them on board the vessel or by procuring the goods so delivered. In either case, the seller must deliver the goods on the agreed date or within the agreed period and in the manner customary at the port.

B4 Taking delivery

The buyer must take delivery of the goods when they have been delivered as envisaged in A4 and receive them from the carrier at the named port of destination.

A4 交货

卖方必须交付货物,要么在指定装运港内买方指定的装货点(如果有的话)将货物装上买方指定的船只,要么买下已经如此交付的货物。在其中任何一种情况下,卖方必须在约定日期或期限内并按照指定装运港的习惯方式交付货物。

B4 收取货物

当货物按照 A4 的规定交付时,买方必须收取。

A5 Transfer of risks

The seller bears all risks of loss of or damage to the goods until they have been delivered in accordance with A4, with the exception of loss or damage in the circumstances described in B5.

B5 Transfer of risks

The buyer bears all risks of loss of or damage to the goods from the time they have been delivered as envisaged in A4.

If the buyer fails to give notice in accordance with B7, then it bears all risks of loss of or damage to the goods from the agreed date or the expiry date of the agreed period for shipment, provided that the goods have been clearly identified as the contract goods.

A5 风险转移

卖方必须承担货物灭失或损坏的一切风险,直至货物按 A4 完成交付,B5 规定的灭失或损坏的情况除外。

B5 风险转移

买方必须承担货物按 A4 交付时起的灭失或损坏的一切风险。

如买方未按 B7 通知卖方,则买方必须自约定的装运日期或装运期限届满之日起,承担货物灭失或损坏的一切风险,但以该货物已清楚地确定为合同项下之货物为限。

A6 Allocation of costs

The seller must pay

a) all costs relating to the goods until they have been delivered in accordance with A4, other than those payable by the buyer as envisaged in B6;

b) the freight and all other costs resulting from A3 a), including the costs of loading the goods on board and any charges for unloading at the agreed port of discharge that were for the seller's account under the contract of carriage; and

c) where applicable, the costs of customs formalities necessary for export, as well as all duties, taxes and other charges payable upon export, and the costs for their transport through any country that were for the seller's account under the contract of carriage.

B6 Allocation of costs

The buyer must, subject to the provisions of A3 a), pay

a) all costs relating to the goods from the time they have been delivered as envisaged in A4, except, where applicable, the costs of customs formalities necessary for export as well as all duties, taxes, and other charges payable upon export as referred to in A6 c);

b) all costs and charges relating to the goods while in transit until their arrival at the port of destination, unless such costs and charges were for the seller's account under the contract of carriage;

c) unloading costs including lighterage and wharfage charges, unless such costs and charges were for the seller's account under the contract of carriage;

d) any additional costs incurred if it fails to give notice in accordance with B7, from the agreed date or the expiry date of the agreed period for shipment, provided that the goods have been clearly identified as the contract goods; and

e) where applicable, all duties, taxes and other charges, as well as the costs of carrying out customs formalities payable upon import of the goods and the costs for their transport through any country unless included within the cost of the contract of carriage.

A6 费用划分

卖方必须支付

a)与货物有关的一切费用,直至货物按 A4 交付为止,按照 B6 应由买方支付的费用除外;及

b)由 A3 a)所产生的运费和一切其他费用,包括按运输合同规定由卖方承担的将货物装上船只的费用以及在约定卸货港卸货的费用。

c)在需要办理海关手续时,货物出口需支出的海关手续费、一切关税、税捐和对出口收取的其他费用,以及运输合同规定应由卖方支付的货物经由任何国家过境的运费。

B6 费用划分

在不与 A3 a)冲突的情况下,买方必须支付:

a)自按照 A4 交货时起与货物相关的一切费用,但是,在需要办理海关手续时,A6 c)所规定的货物出口需支付的海关手续费、一切关税、税捐和对出口收取的其他费用除外;

b)货物在运输途中直至到达目的港为止的一切费用,按照运输合同应由卖方支付的费用除外;

c)包括驳运费和码头费在内的卸货费,按照运输合同应由卖方支付的卸货费除外;

d)如买方未按 B7 发出通知,则自约定的装运日期或装运期限届满之日起,所发生的一切额外费用,但以该货物已清楚确定为合同项下之货物为限;以及

e)在需要办理海关手续时,货物进口应支付的海关手续费、一切关税、税捐和其他费用,及办理海关手续的费用,以及货物从他国过境所需的运输费用,该费用已包括在运输合同的费用中者除外。

A7 Notices to the buyer

The seller must give the buyer any notice needed in order to allow the buyer to take measures that are normally necessary to enable the buyer to take the goods.

B7 Notices to the seller

The buyer must, whenever it is entitled to determine the time for shipping the goods and/or the point of receiving the goods within the named port of destination, give the seller sufficient notice thereof.

A7 通知买方

卖方必须向买方发出通知,以便买方能够为收取货物采取通常必要的措施。

B7 通知卖方

一旦买方有权决定装运货物的时间和/或在指定目的港内收取货物的地点,买方必须就此向卖方发出充分通知。

A8 Delivery document

The seller must, at its own expense, provide the buyer without delay with the usual transport document for the agreed port of destination.

This transport document must cover the contract goods, be dated within the period agreed for shipment, enable the buyer to claim the goods from the carrier at the port of destination and, unless otherwise agreed, enable the buyer to sell the goods in transit by the transfer of the document to a subsequent buyer or by notification to the carrier.

When such a transport document is issued in negotiable form and in several originals, a full set of originals must be presented to the buyer.

B8 Proof of delivery

The buyer must accept the transport document provided as envisaged in A8 if it is in conformity with the contract.

A8 交货凭证

卖方必须自担费用,毫无延迟地向买方提供以约定港口为目的地的通常运输单据。

该运输单据必须载明合同货物,其签发日期必须在约定的装运期限之内,并使买方能在目的港向承运人索取货物,并且,除非另行约定,使得买方在货物运输途中可以通过将运输单据转让给后手买方的方式或通过通知承运人的方式来转卖该货物。

如该运输单据属可转让单据且有数份正本,则应向买方提供全套正本单据。

B8 交货证据

若按 A8 提供的运输单据符合合同规定,则买方必须接受该单据。

A9 Checking-packing-marking

The seller must pay the costs of those checking operations (such as checking quality, measuring, weighing, counting) that are necessary for the purpose of delivering the goods in accordance with A4, as well as the costs of any pre-shipment inspection mandated by the authority of the country of export.

The seller must, at its own expense, package the goods, unless it is usual for the particular trade to transport the type of goods sold unpackaged. The seller may package the goods in the manner appropriate for their transport, unless the buyer has notified the seller of specific packaging requirements before the contract of sale is concluded. Packaging is to be marked appropriately.

B9 Inspection of goods

The buyer must pay the costs of any mandatory pre-shipment inspection, except when such inspection is mandated by the authorities of the country of export.

A9 检查、包装、刷唛

卖方必须支付为按 A4 交货所需检查(如检查质量、丈量、过磅、点数)的费用,以及出口国有关当局强制要求的装船前的检验费用。

卖方必须自付费用包装货物,在特定贸易中,某类货物之运输按惯例不需要包装者除外。卖方可以适合于货物运输的方式来包装货物,买方在订立销售合同前告知卖方特定包装要求者除外。包装应作适当刷唛。

B9 货物检验

买方必须支付装船前的检验费用,但出口国有关当局强制要求的装船前检验除外。

A10 Assistance with information and related costs

The seller must, where applicable, in a timely manner, provide to or render assistance in obtaining for the buyer, at the buyer's request, risk and expense, any documents and information, including security-related information, that the buyer needs for the import of the goods and/or for their transport to the final destination.

The seller must reimburse the buyer for all costs and charges incurred by the buyer in providing or rendering assistance in obtaining documents and information as envisaged in B10.

B10 Assistance with information and related costs

The buyer must, in a timely manner, advise the seller of any security information requirements so that the seller may comply with A10.

The buyer must reimburse the seller for all costs and charges incurred by the seller in providing or rendering assistance in obtaining documents and information as envisaged in A10.

The buyer must, where applicable, in a timely manner, provide to or render assistance in obtaining for the seller, at the seller's request, risk and expense, any documents and information, including security-related information, that the seller needs for the transport and export of the goods and for their transport through any country.

A10 协助提供信息及相关费用

在需要提供协助的情况下,应买方的请求并由其承担风险和费用,卖方必须及时向买方提供或协助买方取得单据和信息,包括与安全相关的信息,买方需要这些单据和信息用于货物进口及/或货物运输到最终目的地。

卖方必须偿付买方按 B10 提供协助取得单据和信息所发生的一切开销和费用。

应买方的请求,卖方必须向买方提供买方投保的必要信息。

B10 协助提供信息及相关费用

买方必须及时告知卖方任何安全信息要求,以便卖方遵守 A10 的规定。

买方必须偿付卖方按 A10 提供协助取得单据和信息所发生的一切开销和费用。

在需要提供协助的情况下,应卖方的请求并由其承担风险和费用,买方必须及时协助卖方取得单据和信息,包括与安全相关的信息,卖方需要这些单据和信息用于货物的运输和出口以及货物经由任何国家的过境运输。

## 3. CIF

COST, INSURANCE AND FREIGHT

CIF (insert named port of destination) Incoterms 2010

GUIDANCE NOTE

This rule is to be used only for sea or inland waterway transport.

"Cost, Insurance and Freight" means that the seller delivers the goods on board the vessel or procures the goods already so delivered. The risk of loss of or damage to the goods passes when the goods are on board the vessel. The seller must contract for and pay the costs and freight necessary to bring the goods to the named port of destination.

The seller also contracts for insurance cover against the buyer's risk of loss of or damage to the goods during the carriage. The buyer should note that under CIF the seller is required to obtain insurance only on minimum cover. Should the buyer wish to have more insurance protection, it will need either to agree as much expressly with the seller or to make its own extra insurance arrangements.

When CPT, CIP, CFR, or CIF are used, the seller fulfils its obligation to deliver when it hands the goods over to the carrier in the manner specified in the chosen rule and not when the goods reach the place of destination.

This rule has two critical points, because risk passes and costs are transferred at different places. While the contract will always specify a destination port, it might not specify the port of shipment, which is where risk passes to the buyer. If the shipment port is of particular interest to the buyer, the parties are well advised to identify it as precisely as possible in the contract.

The parties are well advised to identify as precisely as possible the point at the agreed port of destination, as the costs to that point are for the account of the seller. The seller is advised to procure contracts of carriage that match this choice precisely. If the seller incurs costs under its contract of carriage related to unloading at the specified point at the port of destination, the seller is not entitled to recover such costs from the buyer unless otherwise agreed between the parties.

The seller is required either to deliver the goods on board the vessel or to procure goods already so delivered for shipment to the destination. In addition the seller is required either to make a contract of carriage or to procure such a contract. The reference to "procure" here caters for multiple sales down a chain (string sales), particularly common in the commodity trades.

CIF may not be appropriate where goods are handed over to the carrier before they are on board the vessel, for example goods in containers, which are typically delivered at a terminal. In such circumstances, the CIP rule should be used.

CIF requires the seller to clear the goods for export, where applicable. However, the seller has no obligation to clear the goods for import, pay any import duty or carry out any import customs formalities.

CIF(插入指定目的港)Incoterms 2010

使用说明

本术语仅用于海运或内河水运。

CIF 是指卖方将货物交付到船只上或买下已经交付到船只上的货物。货物交到船上时,货物灭失或损坏的风险转移。卖方必须签订合同,并支付必要的成本和费用,以将货物运输到指定目的港。

卖方还要为运输途中买方的货物灭失或损害的风险投保。买方应该注意到，在 CIF 条件下，卖方只需投保最低险别。如果买方希望更多保险的保护，则需与卖方明确达成协议，或自行另外加购保险。

使用 CPT、CIP、CFR 或 CIF 时，卖方按照其选用的术语所规定的方式将货物交付给承运人时即为完成交货义务，而不是在货物到达目的地时完成交货义务。

由于风险转移和费用转移的地点不同，本术语有两个关键点。虽然合同总是会规定目的港，但不一定会规定装运港，而装运港却是风险转移到买方的地方。如果装运港对买方利害攸关，则建议买卖双方最好在合同中尽可能确切地规定装运港。

由于卖方要承担将货物运至目的港具体地点的费用，建议买卖双方最好尽可能确切地规定指定目的港中的具体地点。建议卖方订立准确符合该选择的运输合同。如果卖方因履行运输合同在目的港的规定地点发生卸货费用，卖方无权要求买方偿付该项费用，买卖双方另作约定者除外。

卖方要么须将货物交付到船只上，要么须买下已经交付到船只上的货物。此外，卖方还须签订运输合同，或者买下已签订的运输合同。此处"买下"一词适用于多次转卖所形成的交易链(链式销售)，在货物贸易中尤其常见。

CIF 可能不适合于货物在上船之前已经交付给承运人的情况，例如，用集装箱运输的货物通常在某个运输终端交货。在此类情况下，应当使用 CIP 术语。

在需要办理出口清关手续的情况下，CIF 要求卖方出口清关。但卖方无义务办理进口清关、支付任何进口关税或办理任何进口海关手续。

A THE SELLER'S OBLIGATIONS 卖方义务

B THE BUYER'S OBLIGATIONS 买方义务

A1 General obligations of the seller

The seller must provide the goods and the commercial invoice in conformity with the contract of sale and any other evidence of conformity that may be required by the contract.

Any document referred to in A1—A10 may be an equivalent electronic record or procedure if agreed between the parties or customary.

B1 General obligations of the buyer

The buyer must pay the price of the goods as provided in the contract of sale.

Any document referred to in B1—B10 may be an equivalent electronic record or procedure if agreed between the parties or customary.

A1 卖方一般义务

卖方必须提供符合销售合同规定的货物和商业发票，以及合同可能要求的、证明货物符合合同规定的其他任何凭证；

A1—A10 所指任何单据，在双方约定或符合惯例的情况下，可以是同等效力的电子记录或程序。

B1 买方一般义务

买方必须按照销售合同规定支付价款；

B1—B10 所指任何单据，在双方约定或符合惯例的情况下，可以是同等效力的电子记录或程序。

A2 Licenses, authorizations, security clearances and other formalities

Where applicable, the seller must obtain, at its own risk and expense, any export licence or other official authorization and carry out all customs formalities necessary for the export of the goods.

B2 Licenses, authorizations, security clearances and other formalities

Where applicable, it is up to the buyer to obtain, at its own risk and expense, any import licence or other official authorization and carry out all customs formalities for the import of the goods and for their transport through any country.

A2 许可证、批文、安全通关和其他手续

在需要办理出口清关手续的情况下，卖方必须自担风险和费用，以取得任何出口许可证或其他官方批文，办理货物出口所需的一切海关手续。

B2 许可证、批文、安全通关和其他手续

在需要办理出口清关手续的情况下，买方自担风险和费用，自愿取得任何进口许可证或其他官方批文，并办理货物进口和在必要时从他国过境所需的一切海关手续。

A3 Contracts of carriage and insurance

a) Contract of carriage

The seller must contract or procure a contract for the carriage of the goods from the agreed point of delivery, if any, at the place of delivery to the named port of destination or, if agreed, any point at that port. The contract of carriage must be made on usual terms at the seller's expense and provide for carriage by the usual route in a vessel of the type normally used for the transport of the type of goods sold.

b) Contract of insurance

The seller must obtain, at its own expense, cargo insurance complying at least with the minimum cover provided by Clauses (C) of the Institute Cargo Clauses (LMA/IUA①) or any similar clauses. The insurance shall be contracted with underwriters or an insurance company of good repute and entitle the buyer, or any other person having an insurable interest in the goods, to claim directly from the insurer.

When required by the buyer, the seller shall, subject to the buyer providing any necessary information requested by the seller, provide at the buyer's expense any additional cover, if procurable, such as cover as provided by Clauses (A) or (B) of the Institute Cargo Clauses (LMA/IUA) or any similar clauses and/or cover complying with the Institute War Clauses and/or Institute Strikes Clauses (LMA/IUA) or any similar clauses.

The insurance shall cover, at a minimum, the price provided in the contract plus

---

① 本书作者注：此处，LMA 是英国劳氏市场协会(Lloyd's Market Association)的英文缩写，IUA 是伦敦国际保险人协会(International Underwriting Association of London)的英文缩写。

10% (i. e. ,110%)and shall be in the currency of the contract.

The insurance shall cover the goods from the point of delivery set out in A4 and A5 to at least the named port of destination.

The seller must provide the buyer with the insurance policy or other evidence of insurance cover.

Moreover,the seller must provide the buyer,at the buyer's request,risk,and expense (if any),with information that the buyer needs to procure any additional insurance.

B3 Contracts of carriage and insurance

a)Contract of carriage

The buyer has no obligation to the seller to make a contract of carriage.

b)Contract of insurance

The buyer has no obligation to the seller to make a contract of insurance. However, the buyer must provide the seller,upon request,with any information necessary for the seller to procure any additional insurance requested by the buyer as envisaged in A3b).

A3 运输合同和保险合同

a)运输合同

卖方必须订立或买下运输合同,将货物自交货地内的约定交货点(如果有的话)运送至指定目的港或该目的港的任何地点,如果有约定的话。可按通常条件订立运输合同,由卖方承担费用,经由通常航线、由通常用来运输该类货物的船只运输。

b)保险合同

卖方必须自担费用取得货物保险,该保险至少符合《协会货物保险条款》(LMA/IUA)条款 C 或类似条款中的最低保险险别。保险合同应与信誉良好的保险人或保险公司订立,使得买方或任何其他对货物具有保险利益的当事人有权直接向保险人索赔。

当买方要求、且能提供卖方所需信息时,如果可以投保的话,卖方应投保任何附加险别,诸如《协会货物保险条款》(LMA/IUA)条款 A、B 或类似条款中的险别,以及《协会战争保险条款》(LMA/IUA)及/或《协会罢工保险条款》(LMA/IUA)或类似条款中的险别,费用由买方承担。

保险金额最低应包括合同规定价款另加 10%,即 110%,并应采用合同货币。

保险范围覆盖货物自 A4 与 A5 确定的交货点直至至少目的港。卖方必须向买方提供保险单或其他保险凭证。

卖方必须向买方提供保险单或其他保险凭证。

另外,应买方要求、由买方承担风险和费用(如果有的话),卖方必须向买方提供信息说明买方需要加购保险。

B3 运输合同和保险合同

a)运输合同

买方对卖方无订立运输合同的义务。

b)保险合同

买方对卖方无订立保险合同的义务,但是,应卖方要求,买方必须向卖方提供任何必要信息,以便卖方按 A3b)投保买方所要求的任何附加险。

A4　Delivery

The seller must deliver the goods either by placing them on board the vessel or by procuring the goods so delivered. In either case, the seller must deliver the goods on the agreed date or within the agreed period and in the manner customary at the port.

B4　Taking delivery

The buyer must take delivery of the goods when they have been delivered as envisaged in A4 and receive them from the carrier at the named port of destination.

A4　交货

卖方必须交付货物,要么在指定装运港内买方指定的装货点(如果有的话)将货物装上买方指定的船只,要么买下已经如期交付的货物。在其中任何一种情况下,卖方必须在约定日期或期限内并按照指定装运港的习惯方式交付货物。

B4　收取货物

当货物按照 A4 的规定交付时,买方必须收取。

A5　Transfer of risks

The seller bears all risks of loss of or damage to the goods until they have been delivered in accordance with A4, with the exception of loss or damage in the circumstances described in B5.

B5 Transfer of risks

The buyer bears all risks of loss of or damage to the goods from the time they have been delivered as envisaged in A4.

If the buyer fails to give notice in accordance with B7, then it bears all risks of loss of or damage to the goods from the agreed date or the expiry date of the agreed period for shipment, provided that the goods have been clearly identified as the contract goods.

A5　风险转移

卖方必须承担货物灭失或损坏的一切风险,直至货物按 A4 完成交付,B5 规定的灭失或损坏的情况除外。

B5　风险转移

买方必须承担货物按 A4 交付时起的灭失或损坏的一切风险。

如买方未按 B7 通知卖方,则买方必须自约定的装运日期或装运期限届满之日起,承担货物灭失或损坏的一切风险,但以该货物已清楚地确定为合同项下之货物为限。

A6　Allocation of costs

The seller must pay

a) all costs relating to the goods until they have been delivered in accordance with A4, other than those payable by the buyer as envisaged in B6;

b) the freight and all other costs resulting from A3 a), including the costs of loading the goods on board and any charges for unloading at the agreed port of discharge that were for the seller's account under the contract of carriage;

c)the costs of insurance resulting from A3 b);and

d)where applicable,the costs of customs formalities necessary for export,as well as all duties,taxes and other charges payable upon export,and the costs for their transport through any country that were for the seller's account under the contract of carriage.

B6 Allocation of costs

The buyer must,subject to the provisions of A3 a),pay

a)all costs relating to the goods from the time they have been delivered as envisaged in A4,except,where applicable,the costs of customs formalities necessary for export as well as all duties,taxes,and other charges payable upon export as referred to in A6 d);

b)all costs and charges relating to the goods while in transit until their arrival at the port of destination,unless such costs and charges were for the seller's account under the contract of carriage;

c)unloading costs including lighterage and wharfage charges,unless such costs and charges were for the seller's account under the contract of carriage;

d)any additional costs incurred if it fails to give notice in accordance with B7,from the agreed date or the expiry date of the agreed period for shipment,provided that the goods have been clearly identified as the contract goods;

e)where applicable,all duties,taxes and other charges,as well as the costs of carrying out customs formalities payable upon import of the goods and the costs for their transport through any country unless included within the cost of the contract of carriage;and

f)the costs of any additional insurance procured at the buyer's request under A3 b) and B3 b).

A6 费用划分

卖方必须支付

a)与货物有关的一切费用,直至货物按 A4 交付为止,按照 B6 应由买方支付的费用除外;

b)由 A3 a)所产生的运费和一切其他费用,包括按运输合同规定由卖方承担的将货物装上船只的费用以及在约定卸货港卸货的费用;

c)由 A3 3)所产生的保险费用;以及

d)在需要办理海关手续时,货物出口需支出的海关手续费、一切关税、税捐和对出口收取的其他费用,以及运输合同规定应由卖方支付的货物经由任何国家过境的运费。

B6 费用划分

在不与 A3 a)冲突的情况下,买方必须支付:

a)自按照 A4 交货时起与货物相关的一切费用,但是,在需要办理海关手续时,A6 d)所规定的货物出口需支付的海关手续费、一切关税、税捐和对出口收取的其他费用除外;

b)货物在运输途中直至到达目的港为止的一切费用,按照运输合同应由卖方支付的费用除外;

c)包括驳运费和码头费在内的卸货费,按照运输合同应由卖方支付的卸货费除外;

d)如买方未按B7发出通知,则自约定的装运日期或装运期限届满之日起,所发生的一切额外费用,但以该货物已清楚确定为合同项下之货物为限;

e)在需要办理海关手续时,货物进口应支付的海关手续费、一切关税、税捐和其他费用,及办理海关手续的费用,以及货物从他国过境所需的运输费用,该费用已包括在运输合同的费用中者除外;以及

f)根据A3 b)及B3 b),应买方要求投保的任何附加险的费用。

A7 Notices to the buyer

The seller must give the buyer any notice needed in order to allow the buyer to take measures that are normally necessary to enable the buyer to take the goods.

B7 Notices to the seller

The buyer must, whenever it is entitled to determine the time for shipping the goods and/or the point of receiving the goods within the named port of destination, give the seller sufficient notice thereof.

A7 通知买方

卖方必须向买方发出通知,以便买方能够为收取货物采取通常必要的措施。

B7 通知卖方

一旦买方有权决定装运货物的时间和/或在指定目的港内收取货物的地点,买方必须就此向卖方发出充分通知。

A8 Delivery document

The seller must, at its own expense provide the buyer without delay with the usual transport document for the agreed port of destination.

This transport document must cover the contract goods, be dated within the period agreed for shipment, enable the buyer to claim the goods from the carrier at the port of destination and, unless otherwise agreed, enable the buyer to sell the goods in transit by the transfer of the document to a subsequent buyer or by notification to the carrier.

When such a transport document is issued in negotiable form and in several originals, a full set of originals must be presented to the buyer...

B8 Proof of delivery

The buyer must accept the transport document provided as envisaged in A8 if it is in conformity with the contract.

A8 交货凭证

卖方必须自担费用,毫无延迟地向买方提供以约定港口为目的地的通常运输单据。

该运输单据必须载明合同货物,其签发日期必须在约定的装运期限之内,并使买方能在目的港向承运人索取货物,并且,除非另行约定,使得买方在货物运输途中可以通过将运输单据转让给后手买方的方式或通过通知承运人的方式来转卖该货物。

如该运输单据属可转让单据且有数份正本,则应向买方提供全套正本单据。

B8　交货证据

若按 A8 提供的运输单据符合合同规定,则买方必须接受该单据。

A9　Checking-packaging-marking

The seller must pay the costs of those checking operations (such as checking quality, measuring, weighing, counting) that are necessary for the purpose of delivering the goods in accordance with A4, as well as the costs of any pre-shipment inspection mandated by the authority of the country of export.

The seller must, at its own expense, package the goods, unless it is usual for the particular trade to transport the type of goods sold unpackaged. The seller may package the goods in the manner appropriate for their transport, unless the buyer has notified the seller of specific packaging requirements before the contract of sale is concluded. Packaging is to be marked appropriately.

B9　Inspection of goods

The buyer must pay the costs of any mandatory pre-shipment inspection, except when such inspection is mandated by the authorities of the country of export.

A9 检查、包装、刷唛

卖方必须支付为按 A4 交货所需检查(如检查质量、丈量、过磅、点数)的费用,以及出口国有关当局强制要求的装船前的检验费用。

卖方必须自付费用包装货物,在特定贸易中,某类货物之运输按惯例不需要包装者除外。卖方可以适合于货物运输的方式来包装货物,买方在订立销售合同前告知卖方特定包装要求者除外。包装应作适当刷唛。

B9　货物检验

买方必须支付装船前的检验费用,但出口国有关当局强制要求的装船前检验除外。

A10　Assistance with information and related costs

The seller must, where applicable, in a timely manner, provide to or render assistance in obtaining for the buyer, at the buyer's request, risk and expense, any documents and information, including security-related information, that the buyer needs for the import of the goods and/or for their transport to the final destination.

The seller must reimburse the buyer for all costs and charges incurred by the buyer in providing or rendering assistance in obtaining documents and information as envisaged in B10.

B10　Assistance with information and related costs

The buyer must, in a timely manner, advise the seller of any security information requirements so that the seller may comply with A10.

The buyer must reimburse the seller for all costs and charges incurred by the seller in providing or rendering assistance in obtaining documents and information as envisaged in A10.

The buyer must, where applicable, in a timely manner, provide to or render assistance in obtaining for the seller, at the seller's request, risk and expense, any documents and information, including security-related information, that the seller needs for the transport and export of the goods and for their transport through any country.

A10 协助提供信息及相关费用

在需要提供协助的情况下,应买方的请求并由其承担风险和费用,卖方必须及时向买方提供或协助买方取得单据和信息,包括与安全相关的信息,买方需要这些单据和信息用于货物进口及/或货物运输到最终目的地。

卖方必须偿付买方按 B10 提供协助取得单据和信息所发生的一切开销和费用。

应买方的请求,卖方必须向买方提供买方投保的必要信息。

B10 协助提供信息及相关费用

买方必须及时告知卖方任何安全信息要求,以便卖方遵守 A10 的规定。

买方必须偿付卖方按 A10 提供协助取得单据和信息所发生的一切开销和费用。

在需要提供协助的情况下,应卖方的请求并由其承担风险和费用,买方必须及时协助卖方取得单据和信息,包括与安全相关的信息,卖方需要这些单据和信息用于货物的运输和出口以及货物经由任何国家的过境运输。

# 附录 B 本书专业词汇及术语中英文对照表

## A

Acceptance 承兑,接受,承诺
Accepting Bank 承兑行
Accessory Guarantee 从属性保函
Actual Tare 实际皮重
Ad Valorem(A. V) 从价
Additional on Direct 直航附加费
Additional on Optional Discharging Port 选卸附加费
Additional Risks 附加险别
Advising Bank 通知行
Aflatoxin 黄曲霉素险
Air Express Services 航空急件传送
Air Transport 航空运输
Air Transportation All Risks 航空运输一切险
Air Transportation Cargo War Risks 航空运输货物战争险
Air Transportation Risks 航空运输险
Air Waybill(AWB) 空运单
All Risks 一切险
Applicant 开证申请人,投保人
Arbitration Clause 仲裁条款
Arbitration 仲裁
Area 面积
Authorized Signature 签章
Average Tare 平均皮重
Average 海上损失(海损)

## B

Back-to-Back Credit 背对背信用证
Bag 袋
  Cloth Bag 布袋
  Gunny Bag 麻袋
  Paper Bag 纸袋
  Plastic Bag 塑料袋
Bale 包
Banker's Draft 银行汇票
Banker's Letter of Guarantee 银行保函
Bare Boat Charter 光船租船
Basic Risks 基本险别
Bearer B/L 不记名提单
Beneficiary 受益人
Beneficiary's Certified Copy of Shipping Advice 受益人证实的装运通知
Bill of Exchange, Draft 汇票
Bill of Lading(B/L) 海运提单
Bundle 捆包
Bushel 蒲式耳
Buyer's Sample 买方样品

## C

Capacity 容积
Carat 克拉
Cargo Receipt 承运货物收据

Carriage and Insurance Paid To(CIP) 运保费付至
Carriage Paid To(CPT) 运费付至
Carrier 承运人
Carton 纸箱
Case 箱
Catalogue 样本,彩页
Cause 约因
Central Banker's Notes 中央银行本票(钞票)
Certificate of Origin(C/O) 原产地证书
CFR ex Ship's Hold CFR 舱底交货
CFR ex Tackle CFR 吊钩下交货
CFR Landed CFR 卸至岸上
CFR Liner Terms CFR 班轮条件
Charter Party B/L 租船提单
Cheque, Check 支票
China Council for the Promotion of International Trade(CCPIT) 中国国际贸易促进委员会(贸促会)
China Insurance Clauses(CIC) 中国保险条款
China International Economic and Trade Arbitration Commission(CIETAC) 中国国际经济贸易仲裁委员会
CIF ex Ship's hold CIF 舱底交货
CIF ex Tackle CIF 吊钩下交货
CIF Landed CIF 卸至岸上
CIF Liner Terms CIF 班轮条件
Claim Payable At/In 赔付地点
Claim 索赔
Clean B/L 清洁提单
Clean Collection 光票托收
Clean Credit 光票信用证
Clean Draft 光票
Collection 托收
Collision 碰撞
Combined Certificate 联合凭证
Commercial Draft 商业汇票
Commercial Invoice 商业发票
Commission 佣金
Computed Tare 约定皮重
Conditioned Weight 公量
Conditions 承保险别
Confirmation Instruction 保兑指示
Confirmed L/C 保兑信用证
Confirming Bank 保兑行
Consideration 对价
Consignee 收货人
Consolidation 集中托运
Consolidation 集装箱拼装
Container Freight Station(CFS) 集装箱货运站
Container Transport 集装箱运输
Container Yard(CY) 集装箱堆场
Container 集装箱
Contract 合同
Copy B/L 副本提单
Corrosive 腐蚀品
Cost and Freight(CFR) 成本加运费
Cost, Insurance and Freight(CIF) 成本加运保费
Counter Sample 对等样品
or Return Sample 或回样
or Confirming Sample 或确认样品
Counter-offer 还盘,反要约,还价
Crate 板条箱
Credit (available) by acceptance 承兑信用证
Credit (available) by negotiation 议付信用证
Credit (available) by payment 付款信用证
Cubic Foot 立方英尺
Cubic Meter 立方米
Cubic Yard 立方码

Customary Tare 习惯皮重
Customs Invoice 海关发票

## D

D/P after Sight 远期付款交单
D/P at Sight 即期付款交单
D/P·T/R 远期付款交单凭信托收据借单凭信托收据借单
Damage caused by Heating & Sweating 受热、受潮险
Dead Freight 空舱费
Delivered at Frontier(DAF) 边境交货
Delivered at Terminal (DAT) 运输终端交货
Delivered at Place (DAP) 目的地交货
Delivered Duty Paid(DDP) 完税后交货
Demurrage 滞期费
Desk to Desk Service 桌到桌运输
Direct B/L 直达提单
Discount, Rebate, Allowance 折扣
Dishonor 退票
Dispatch Money 速遣费
Dock Receipt(D/R) 集装箱场站收据
Documentary Collection 跟单托收
Documentary Credit 跟单信用证
Documentary Draft 跟单汇票
Documents against Acceptance(D/A) 承兑交单
Documents against Payment Trust Receipt(D/P·T/R) 远期付款交单凭信托收据借单凭信托收据借单
Documents against Payment(D/P) 付款交单
Dozen 打
Drawee 受票人
or Payer 或付款人
Drawer 出票人
Drum, cask 桶

## E

Earthquake 地震
Endorsement 背书
Endorsement 批单
Enquiry 询盘,询价
Ex Works(EXW) 工厂交货
Explosion 爆炸
Extra Charges on Heavy Lifts 超重附加费
Extra Charges on Over Lengths 超长附加费
Extraneous Risks 外来风险

## F

Failure to Deliver 交货不到险
Fair Average Quality(FAQ) 良好平均品质
Fire 失火
Firm offer 实盘
FOB Liner Terms FOB 班轮条件
FOB Stowed FOB 理舱
FOB Trimmed FOB 平舱
FOB under Tackle FOB 吊钩下交货
Foot 英尺
For Reference Only 仅供参考
Force Majeure 不可抗力
Fortuitous Accidents 意外事故
Fragile 易碎物品
Free Alongside Ship(FAS) 装运港船边交货
Free Carrier(FCA) 货交承运人
Free from Particular Average(FPA) 平安险
Free in and out(F.I.O.) 船方装和卸均不管
Free in and out, stowed and trimmed(F.I.O.S.T.) 船方不管装卸、理舱平舱

Free in(F. I.) 船方管卸不管装
Free on Board(FOB) 装运港船上交货
Free on Rail (FOR) 火车上交货
Free on Truck (FOT) 卡车上交货
Free out (F. O.) 船方管装不管卸
Freight Ton 运费吨,计费吨
Fresh Water & Rain Damage(FWRD) 淡水雨淋险
Full Container Load(FCL) 整箱货
Fundamental breach of contract 根本违反合同

**G**

Gallon 加仑
General Additional Risks 一般附加险
General Administration of Quality Supervision and Inspection and Quarantine of the People's Republic of China(AQSIQ) 中华人民共和国国际质量监督检验检疫总局
General Average(GA) 共同海损
General Extraneous Risks 一般外来风险
Generalized System of References Certificate of Origin(GSP C/O, FORM A) 普惠制原产地证书
Grade of Goods 商品等级
Gram 克
Gross for Net 以毛作净
Gross Terms; Liner Terms; Berth Terms 班轮条件
Gross Weight 毛重
Gross 罗
Grounding 搁浅
Guarantor 担保人

**H**

Heavy Weather 恶劣气候
Hook Damage 钩损险
House Air Waybill(HAW) 分运单
House B/L 运输行代理提单

**I**

Import Duty 进口关税险
In bulk 散装
Independent Guarantee 独立性保函
Indicative Mark 指示标志,操作标志
Inflammable Solid 易燃固体
Inspection and Quarantine 检验检疫
Inspection Certificate of Origin 原产地证书
Inspection Certificate of Quality 品质证书
Inspection Certificate of Quantity 数量证书
Inspection Certificate of Value 价值证书
Inspection Certificate of Weight 重量证书
Inspection Certificate on Damaged Cargo 验残检验证书
Inspection Certificate 检验证书
Institute Cargo Clauses(ICC) 英国伦敦保险协会货物保险条款
Insurance Certificate 保险凭证
Insurance Policy 保险单
Insured Amount 保险金额
Insured Value 保险价值
Insurer/Underwriter 保险人
International Chamber of Commerce (ICC) 国际商会
International Commercial Terms(INCOTERMS) 国际贸易价格术语解释通则
International for Standardization(ISO) 国际标准化组织
International Money Order 国际小额本票
International Multimode Transport 国际多式联运
or International Combined Transport

or International Intermodal Transport
International Standby Practice 98 (ISP 98)《国际备用证惯例》
International Underwriting Association of London (IUA) 伦敦国际保险人协会
Invoice 发票
Irrevocable L/C 不可撤销信用证
Issue 出票

**K**

Kilogram(Kg.) 公斤、千克

**L**

Landed Quality & Weight 到岸品质、到岸重量;目的港(地)检验
Length 长度
Less than Container Load(LCL) 拼箱货
Letter of Credit(L/C) 信用证
Letter of Intent 意向书
Lightning 雷电
Liner B/L 班轮提单
Liter 升
Lloyd's Market Association (LMA) 英国劳氏市场协会
Long Form B/L 全式提单
Long ton(L/T) 长吨
Loss or Damage caused by Breakage of Packing 包装破碎险
Lump-sun Freight 整船包价

**M**

Mail Transfer(M/T) 信汇
Malicious Damage Clauses 恶意损害险
Manufacturer's Invoice 厂商发票
Master Air Waybill(MAW) 主运单
Mate's Receipt 大副收据,收货单
Measurement List 尺码单
Measurement Ton 尺码吨
Measurement 尺码
Memorandum 备用录
Meter 米
Metric ton(M/T) 公吨
Missing 失踪
Mode of Transportation 运输方式
More or less clause 溢短装条款
Multimode Transport Document (M. T. D) 国际多式联运单据
or Combined Transport Document (C. T. D)
or Multimode Transport B/L

**N**

Name of Commodity 商品名称(品名)
Natural Calamities 自然灾害
Negotiable 可转让的
Negotiating bank 议付行
Net Price 净价
Net Weight 净重
Neutral Packing 中性包装
Notification of Documentary Credit 信用证通知书
Notify Party 被通知人
Nude Cargo 裸装

**O**

Ocean Vessel 船名
Offer 发盘,要约,发价
On Board B/L 已装船提单
On Board 已装船
On Deck B/L 甲板提单
On Deck 舱面险
Open Policy 预约保单,开口保单
Optional Cargo 选卸货物
Order B/L 指示提单
Original B/L 正本提单
Original 正本

Ounce 盎司
Overland Transportation All Risks 陆运一切险
Overland Transportation Cargo War Risks-by Train 陆上运输货物战争险(火车)
Overland Transportation Insurance-Frozen Products 陆上运输冷藏货物险
Overland Transportation Risks 陆运险

**P**

Packing List 装箱单
Pair 双
Pallet 托盘
Parcel Post All Risks 邮包一切险
Parcel Post Risks 邮包险
Parcel Post War Risks 邮包战争险
Part Number, Product Number(P/N) 卖方产品编号
Partial Loss 部分损失
Partial Shipment 分批装运
Particular Average(PA) 单独海损
Payee 收款人,受款人
Paying Bank 付款行
Payment in due Course 正当付款
Payment 付款
Perils of the Sea 海上风险,海难
Piece 件
Poison Gas 有毒气体
Port Additional 港口附加费
Port of Destination 目的港
Port of Discharge 卸货港
Port of Loading 装运港
Premium 保险费
Presentation 提示
Principal 委托人
Principle of Insurable Interest 保险利益原则
Principle of Utmost Good Faith 最大诚信原则
Principle of Indemnity 补偿原则
Principle of Immediate Cause 近因原则
Proforma Invoice 形式发票
Promissory Note 本票
Protest 拒绝证书

**Q**

Quality as per Buyer's Sample 品质以买方样品为准
Quality as per Seller's Sample 品质以卖方样品为准
Quality Latitude 品质机动幅度
Quality of Goods 商品品质
Quality Tolerance 品质公差
Quantity Discount 数量折扣
Quantity of Goods 商品数量

**R**

Radioactive 放射性物品
Rail Transport 铁路运输
Rate of Freight 运费率
Ream 令
Received for Shipment B/L 备运提单
Recourse 追索
Reimbursing Bank 偿付行
Rejection 拒收险
Remittance by Banker's Demand Draft (D/D) 票汇
Remittance 汇款,汇付
Rent 租金
Revocable L/C 可撤销信用证
Revocation 撤销
Revolving Credit 循环信用证
Risk of Clash & Breakage 碰损、破碎险
Risk of Intermixture & Contamination 混杂、沾污险

Risk of Leakage 渗漏险
Risk of Odor 串味险
Risk of Rust 锈损险
Risk of Shortage 短量险
Roll 卷
Running Days;Consecutive Days 日或连续日

**S**

Sailing Schedule 班轮运价表
Sailing Schedule 船期表
Sale by Description/Specification 凭文字说明买卖
Sale by Grade 凭等级买卖
Sale by Inspected Goods 看货买卖
Sale by Sample 凭样买卖
Sale by Specifications 凭规格买卖
Sale by Standard 凭标准买卖
Sales Confirmation 售货确认书
Salvage Charges 救助费用
Sample 样品
Sanitary Inspection Certificate 卫生检验证书
Sea Waybill 海上货运单,海运单
Selected 精选货
Seller' Sample 卖方样品
Selling Packing 班轮运输
Selling Packing 销售包装
or Outer Packing 或:外包装
Set 套
Settlement of Claim 理赔
Shipment by Installments 分期装运
Shipper/Consignor 托运人
Shipping Advice 装船通知
or Shipping Statement/Shipping Declaration 或装船声明
Shipping by Chartering 租船运输
Shipping Mark 运输标志,唛头
Shipping Quality& Weight 离岸品质、离岸重量;装运港(地)检验
Short Form B/L 略式提单
Short Ton 短吨
Sight Credit 即期信用证
Sight Draft,Demand Draft 即期汇票
Societe Generale de Surveillance(SGS) 瑞士的通用鉴定公司
Society for Worldwide Interbank Financial Telecommunication(SWIFT) 全球银行金融电讯协会
Special Additional Risks 特殊附加险
Special Discount 特别折扣
Special Extraneous Risks 特殊外来风险
Specification 商品规格
Square Foot 平方英尺
Square Meter 平方米
Square Yard 平方码
Stale B/L 过期提单
Standard of Goods 商品标准
Standby Letter of Credit 备用信用证
Stow 理舱
Straight B/L 记名提单
Stranding 触礁
Strikes Risk 罢工险
String Sales 链式销售或连环买卖
Subject Matter Insured 保险标的物
Sue and Labor Expenses 施救费用
Sunk 沉没

**T**

Tare 皮重
Telegraphic Transfer(T/T) 电汇
Terms of Payment 支付条款
The Insured 被保险人
The People's Insurance Company of China(PICC) 中国人民保险公司
The Principle of Indemnity 补偿原则

The Principle of Insured Interest 保险利益原则
The Principle of Proximate Cause 近因原则
The Principle of Utmost Good Faith 最大诚信原则
Theft, Pilferage and Non-delivery (TPND) 偷窃提货不着险
This Way up 向上
Through B/L 联运提单
Time Charter on Trip Basis(TCT) 航次期租
Time Charter 定期租船
Time Draft 远期汇票
Time of Shipment 装期
To Order 凭指示
Total Loss 全部损失
Transferable Credit 可转让信用证
Transport by Chartered Carrier 包机运输
Transport by Scheduled Airline 班机运输
Transport packing 运输包装
Transshipment Additional 转船附加费
Transshipment B/L 转船提单
Transshipment 转运
Traveller's Cheque 旅行支票
Trim 平舱
Trust Receipt 信托收据
Tsunami 海啸
Turnover Bonus 年终回扣

**U**

Unclean B/L 不清洁提单
Unconfirmed L/C 无保兑信用证
Underwriter's Laboratory(UL) 美国担保人实验室
*Uniform Customs and Practice for Documentary Credits*, ICC Publication No. 600(UCP 600)《跟单信用证统一惯例》国际商会第600号出版物
*Uniform Rules for Collection*, ICC Publication No. 522(URC 522)《托收统一规则》国际商会第522号出版物
*Uniform Rules for Contract Guarantee*, ICC Publication No. 325(URCG 325)《合约保函统一规则》,国际商会第325号出版物
*ICC Uniform Rules for Demand Guarantees including Model Forms* 2010 *Revision*, ICC Publication No. 758 (URDG 758)《见索即付保函统一规则》,国际商会第758号出版物
Unit Price 单价
Usance Credit 远期信用证

**V**

Volcanic Eruption 火山爆发
Volume 体积
Voyage Charter 定程租船

**W**

War Risk 战争险
Warehouse to Warehouse Clause, W/W 仓至仓条款
Warning Mark 警告标志
Weather Working Days(WWD) 好天气工作日
Weight Memo 重量单
Weight Ton 重量吨
Weight 重量
With Particular Average(WPA) 水渍险
Withdrawal 撤回
Wooden Case 木箱

**Y**

Yard 码

# 与本书配套的二维码资源使用说明

本书部分课程及与纸质教材配套数字资源以二维码链接的形式呈现。利用手机微信扫码成功后提示微信登录，授权后进入注册页面，填写注册信息。按照提示输入手机号码，点击获取手机验证码，稍等片刻收到 4 位数的验证码短信，在提示位置输入验证码成功，再设置密码，选择相应专业，点击“立即注册”，注册成功。（若手机已经注册，则在“注册”页面底部选择“已有账号？立即注册”，进入“账号绑定”页面，直接输入手机号和密码登录。）接着提示输入学习码，需刮开教材封面防伪涂层，输入 13 位学习码（正版图书拥有的一次性使用学习码），输入正确后提示绑定成功，即可查看二维码数字资源。手机第一次登录查看资源成功以后，再次使用二维码资源时，只需在微信端扫码即可登录进入查看。